天安門ファイル

極秘記録から読み解く日本外交の「失敗」

城山英巳
SHIROYAMA Hidemi

中央公論新社

序章——日中国交正常化五十年の「分水嶺」

一九八九年六月四日早朝。北京市建国門外・日本大使館——。

天安門広場やその周辺で五十日間にわたり展開された学生や市民の民主化運動は、中国人民解放軍による無差別発砲の結果、「流血」の惨事という悲劇に変わった。

防衛駐在官（武官）の笠原直樹《かさはらなおき》のいる大使館政治部に、「北京飯店」の拠点から「天安門広場は落ち着いた模様」と連絡が入ったのは午前六時五分だった。大使館では、民主化運動観察の前線として、天安門広場に近いホテル「北京飯店」に確保した一室に館員が連日詰めていた。

笠原はメモに、日本大使館内の状況をこう記録している。

「外はすっかり明るくなっていた。誰も一睡もせず、あるものは情報を送り続け、あるものは電話をとり、あるものは電報を書き続けた。解放軍は、戦車まで動員した武力を使用して、学生の民主化運動を鎮圧した。長いあいだ日中友好のために頑張ってきた外務省中国関係者たち、いわゆるチャイナサービスといわれる人達のショックは大きい」

「市民に銃を向けるような、こんな中央はダメだ。いつかは倒れるよ」

「情けない。予想もしていなかった」

「皆が皆ガックリきていた」（「笠原メモ」）

政治部一等書記官で、チャイナスクール外交官の佐藤重和《さとうしげかず》は、天安門広場に通い、学生の動きをウオッチし、学生と行動を共にするうちに、民主化を求める学生たちの側に立っていた。チャイナスクールとは、外務省入省時に中国語を研修語として選択し、中国（一九七二年の日中国交正常化前は台湾・香港）に留学する外交官のことだ。

「われわれの世界ではあまり感情移入をしてはいけないが、現場にいるとどうしても、ああいう連中にシンパシーを持ってしまう」（佐藤インタビュー）

佐藤は六月四日未明、人民解放軍による武力制圧を目の当たりにして「私たちの対中経済協力、改革開放への支援というのは一体どんな意味があったのでしょうか」と涙ぐんだ。

駐中国大使の中島敏次郎《なかじまとしじろう》はチャイナスクールではないが、後にこう回想している。

「自国民に発砲して事件を片づけるような態度に対しては、民主主義という立場から見て、本当に残念だと思いました。また、中国の国民が気の毒だという印象を非常に深く持ちました。〔中略〕私は、これ以上中国にいるのはうれしくない、不愉快だという感情を抱きました。もう北京には二年ぐらいとなっていましたが、北京を去るべきときが来たという思いを深くしました」

（『外交証言録　日米安保・沖縄返還・天安門事件』一三二頁）

警察庁から日本大使館に出向していた政治部一等書記官の南　隆《みなみたかし》は、六月四日未明、人民解放軍兵士が学生や市民を撃ち殺すという天安門広場周辺で起こった惨劇の一部始終を見た。午前八時頃、記憶は定かではないとしているが、拠点があった北京飯店から建国門外の大使館まで歩いて帰った。長安街では数メートルおきに銃を持った兵士が立ち、緊迫していたことはよく覚えている。

大使館に戻ると、館員が集まって騒然としていた。その時、大使館のある上級幹部が「昨晩はどうだった。大したことはなかったのだろう」と聞いてきた。南は「えっ、大したことがない」と応じたが、その上級幹部がそう言う理由を、別の館員から教えてもらった。

「昨晩、マージャンをやっていたらしいですよ」

南は危機意識の低さに唖然《あぜん》とするしかなかった（南インタビュー）。

マージャンのケースは問題外だが、民主化運動から武力弾圧に至る過程で北京の現場外交官の感覚と、東京・霞が関の外務省幹部の受け止め方は、かけ離れたものだった。具体的に言えば、学生や市民の側に立ち「中国」の行方を憂えた北京と、「中国共産党」とどう向き合うかに頭を抱えた東京の間の「中国認識」の違いということになる。

天安門事件は、中国への侵略戦争という負い目を持ち続けた戦後日本が、中国共産党・政府に対し、言うべきことを言う毅然とした態度を取るべきかどうかを巡り、決断を迫られた初めての局面だった。最高実力者鄧小平《とうしょうへい》の指示を受けた人民解放軍が、腐敗の撲滅や言論の自由、独裁者の辞任など、自然な民主化要求を続けた学生や市民を無差別に撃ち殺すという流血の惨事であり、民主主義国家として日本の存在意義が問われた。

天安門事件前夜は、中国が最も民主主義に近づいた瞬間だった。それが六月三~四日の武力行使によって崩れた。六月四日以降、外交官たちは次のことで悩み、中国共産党の本質をつかもうとしたに違いない。

中国は改革開放が進めば、民主化や自由化に進むのか、あるいは、もともと市民に銃口を向け、実際に発砲することもためらわない強権国家なのか――。

贖罪《しょくざい》意識を強く持ち、「友好」と「協力」を主流とした戦後日本の対中外交にとって「分水嶺」であった。

しかし当時日本の対中外交を仕切ったチャイナスクール外交官たちは、天安門事件が起こっても、日本の対中政府開発援助(ODA)を通じて中国の「改革開放」は進み、自分たちにとって「望ましい中国」がつくられるだろうと堅く信じた。

天安門事件直後の一九八九年六月十二日の外交文書には《我が国にとって望ましい中国像》とは《あくまで、安定し、穏健な政策により近代化を進める中国》と明記されている。日本が改革開放に関わる中で、ゆっくりと安定した形で民主化や自由化に進む中国の姿を描き、それが「国益」につながると判断した。

これまでの天安門事件をめぐる数多くの研究や報道では、天安門事件を受け、日本政府は「中国を孤立させない」ため、共産党体制に手を差し伸べる外交を展開したと評価されている。「対中弱腰」「人権軽視」外交と批判されることも多い。中国共産党と向き合うに当たり、「『性善説』と『性悪説』のどちらに立つべきか」という議論に従えば、日本政府は、一九八〇年代後半の日中友好の「成功体験」に基づき前者を選んだ。

中国共産党との人脈がほとんど途切れた文化大革命（一九六六〜七六年）前半、排外的になった中国を痛いほど知る日本は、共産党とのパイプや対話を通じ、国際社会に引き込む説得を根気強く続けることでしか、中国の「変化」を引き出せないと考えた。

そのために使ったのが、鄧小平の改革開放を支援するため一九七九年に始めたODAだ。二〇二二年三月末の終了までに三兆六千億円以上の政府開発援助を中国につぎ込むことになったが、共産党の歴代指導者は、自国の経済成長のために使わなくてはならないカネを日本などから賄い、軍事拡張路線に邁進《まいしん》できた。中国の国防費（公表）は天安門事件後、約五十倍に膨らんだ。

二〇二〇年七月、米トランプ政権のポンペオ国務長官はロサンゼルス郊外のニクソン図書館で演説し、一九七二年に訪中して対中関係を切り開いたニクソン大統領が晩年、「われわれはフランケンシュタイン（怪物）をつくってしまったかもしれない」と振り返ったというエピソードを紹介した。中国を国際社会に取り込んで変化を促す、という五十年近く続いた米政府の対中「関与政策」の失敗を訴えたのだ。ニクソンは、八九年の天安門事件を経て中国が「大国」へと邁進する中、九四年に亡くなる直前にこう漏らしたという。天安門事件が起きた後も、中国共産党に巨額の援助をつぎ込んだ日本こそが「モンスター」をつくったという見方も、結果論から言えば、真実の一面を語っている。

一九八九年という戦後対中外交の分水嶺に、外務省の外交官たちは、何を考えて対中政策を決定したのか。その瞬間の外交記録や公電を綿密に検証し、政策決定者である外交官本人にインタビューを繰り返し、その堅い口をほぐしていくしかない。筆者は、時事通信社での一回目の北京特派員を終え、二〇〇八年から当時の外交官にインタビューを続けてきた。

天安門事件から三十年に当たる二〇一九年。筆者は同年一月、外務省に対し、胡耀邦《こようほう》元共産党総書記が急死して北京の学生がその後の民主化運動につながる追悼活動を始めた一九八九年四月十五日以降、北京の日本大使館が外務省に報告した公電を含めた外交記録の開示を請求した。外務省が、作成から三十年以上の外交文書が公開対象となる「三十年ルール」に基づき、「天安門事件外交ファイル」の秘密指定を解除したのは翌二〇年七月三十一日。

ファイル九冊、計三千百二十三枚に上る大量の記録を入手できた。同年十二月二十三日には一般公開も行われ、七月未公表分も含めてファイル十二冊、計約四千百五十枚が開示された。七月末の時点で黒塗りだった部分も明らかになった。外務省外交史料館はこの全ファイルをホームページに公開した。

「天安門事件外交ファイル」は、三十三年前、中国共産党に太い人脈と影響力を持ち、中国情報の収集に力を入れた日本のチャイナスクール外交官たちが、共産党関係者や米欧の外交当局者からどういう極秘情報を得て、どう対中政策に反映させたか、さらに日本の首相や外務省首脳がどういう中国認識をもって外交を進めたかを詳細に記録しており、史料的価値は高い。

中国共産党は二〇二一年七月、結党百年を迎えた。習近平《しゅうきんぺい》共産党総書記（国家主席）は、列強に蝕《むしば》まれた「屈辱の近代史」から始まる歴史観を愛する。つまり共産党の下に人民が団結して立ち上がり、「奮闘」と「闘争」を通じて「強国」になったプロセスであり、その中で「六四」（天安門事件）という負の歴史を消し去ろうとしている。中国のメディアが「六四」を報じることはなく、教育の現場で語られることもない。民間人が記念行事を開けば、逮捕されてしまう。こうした中で、日本政府の記録より天安門事件を再検証しようと考えた。本書では「天安門事件外交ファイル」を含めて日本計五千枚以上の外交記録を読み解いた結果、五つの「結論」を導いた。

⑴天安門事件につながる民主化運動の直接の契機は胡耀邦の急死だが、一九八〇年代後半からの情勢を見れば、大規模な民主化運動の発生は「必然」だったのではないか。

⑵学生や市民の民主化運動に共感した現場北京の外交官に対し、外務省は中国共産党・政府との関係を最優先し、民間側の動向を軽視した。そもそも「人権外交」を展開する議論はなかったのではないか。

⑶戦争への負い目、中国の人権や民主化など「国内問題」に立ち入ることへの躊躇《ちゅうちょ》、さらに西側陣営の圧力が強まれば強まるほど中国共産党は排外的になるという恐怖が先に立ち、共産党体制の本質が何であるかという議論が深まらないまま、チャイナスクール外交官らは「望ましい中国像」を追い求めたのではないか。

⑷米欧諸国は天安門事件からしばらく経つと、対中制裁強化を「口」では叫びながら、裏では中国経済利権の主導権を握ろうと経済協力を通じて対中接近を進め、日本の対中円借款再開よりも先行した。チャイナスクール外交官らが真に警戒したのは中国よりも米欧だったのではないか。

⑸表面的に対立した米中両国が実は机の下で手を握っていた。これを把握していなかった外務省は、「米中接近」を知ってようやくODA再開など独自の対中政策に踏み切れたのではないか。

二〇二二年二月の北京冬季オリンピック・パラリンピックをめぐり、日本政府は新疆《しんきょう》ウイグル自治区や香港の人権問題を理由に「外交ボイコット」に踏み切った同盟国米国に同調し、政府高官を派遣しなかった。しかし「ボイコット」という言葉を使わず、最大の貿易相手国である中国の顔も立てた。筆者はちょうどその頃、本書執筆を進め、「天安門事件外交ファイル」を検証していた最中だったので、北京五輪をめぐる日本政府の対応を見て、「既視感」に似た感覚が残った。

「三十三年前と同じようなことが繰り返されており、日本の対中外交は大きく変わっていないのではないか」――。

米欧諸国は現在、人権問題を理由に対中包囲網を強化しており、日本政府も三十三年前と異なり、米欧と連携して一緒に声を上げている。確かに外務省が、尖閣《せんかく》諸島や人権などの問題で中国側に言うべきことは言う場面が増えたのも事実だが、「腫れ物」に触るような外務省の対中外交アプローチはあまり変化していないのではないかというのが率直なところである。

日本政府が本格的な対中人権外交を行ってこなかったことは「天安門事件外交ファイル」を見ればよく分かるし、今の首相や外相も遠い新疆ウイグル自治区はなおのこと、近い香港でさえどんな悲惨な弾圧が行われているか関心を持っているとは言い難い。米欧民主主義陣営にならうことで、日本も「人権外交」を行っていると内外に見せかけようとしているだけではないか。

確かに二〇二一年五月に東京で開かれた日米豪印四カ国の枠組み「Ｑｕａｄ（クアッド）」首脳会議を見ても、日本政府は米国主導の下、覇権主義的な動きを強める中国に対抗する軸の構築と強化を急いでいるが、首相や外相、外務省高官たちは同時に、中国と経済分野や地球温暖化対策などで協力は欠かせないと考えている。日本にとっての喫緊の尖閣諸島をはじめ東シナ海情勢や台湾海峡の平和と安定、南シナ海での中国の膨張的海洋進出などに対応するためには、「一強」であるが故に、習近平との対話が不可欠であるとも認識している。しかし、対中強硬論を唱える自民党保守派やインターネット民意からの「対中弱腰批判」に神経を尖らせ、また、日米同盟の「呪縛」からも逃れられず、対中外交を前進できない。一方で、米欧、特に米政府は中国と緊張しているように見えて実は、一九七一年のキッシンジャー極秘訪中や、天安門事件時のように裏でがっちりと中国共産党と手を握り、世界一位と二位の大国が日本の頭越しに関係を強化しているのではと疑心暗鬼になっている。

なぜ三十三年前に、中国共産党に救いの手を差し伸べるような外交を展開したのか、と当時の関係者に尋ねれば、野望をむき出しに既存の国際秩序に挑戦する習近平のようなトップが出現するとは想像もしなかったと弁解するかもしれない。当時、日本の八分の一だった中国の経済規模が、今や日本の三倍超に上ることも想定外だっただろうし、湯水のように対中ＯＤＡをつぎ込んでも民主化どころか、「愛国」の名のナショナリズムがここまで激しく日本に牙をむくとは考えなかっただろう。結果的に「モンスター」になった中国は日本の期待通りにならなかった。なぜ「歴史の分水嶺」に共産党の本質をつかめなかったのか。

本書は天安門事件時の日本の対中外交の「失敗」や当時の人権軽視外交を批判するものではない。外交記録の分析と当事者のインタビューを組み合わせることにより、当時の日本政府と外務省の「組織的政策決定」と、政治指導者や外交官の「認識と個性」をつなぎ合わせ、その瞬間、瞬間になぜ、そのような決断を下したのか、あるいは下さざるを得なかったのかを検証することが目的である。

さらに本書のもう一つの目的は、中国共産党が一九四九年に中華人民共和国を建国して以降、党存亡の最大の危機となった天安門事件に関する日本の極秘記録から、歴史の教訓を読み解くことだ。そして、中国がこれからどう動くか、その時日本はどうすべきかについて示唆を与えたいと考える。

一九八九年に民主化運動を弾圧した鄧小平は、その直後の六月十六日、「いかなる領導《りょうどう》グループも一人の核心が必要である。核心がない領導グループは当てにならない」と檄を飛ばした（『鄧小平年譜・下巻』一二八一頁）。二〇一六年に「核心」となった習近平を「一強」とする共産党指導部のルーツは、天安門事件にある。習近平は同時に、共産党に異論を唱える民主派や人権派を次々と逮捕し、比較的自由だったインターネット空間の統制も強化した。二〇一九年に大規模なデモが吹き荒れた香港にも強権独裁体制の範囲を広げ、翌二〇年に「香港国家安全維持法」を制定し、香港から自由を奪い取り、台湾への軍事的圧力も強める。

二〇二二年二月下旬に始まったロシアによるウクライナ軍事侵攻を受け、中国共産党による台湾武力侵攻の行方が懸念されている。「共闘」するロシアへの肩入れを強めたり、台湾有事も辞さない姿勢を示したりすれば、中国への国際的圧力は極度に高まるのは間違いない。

三十三年前とは比べられないほどの強国になった中国はどう日本、米国、欧州と対峙するか。その答えは「天安門事件外交ファイル」の中にある。

二〇二二年九月二十九日、日中両国は国交正常化五十周年の節目を迎える。日本の対中外交を考える良い機会である。外交文書と証言を基に実証的に解き明かしたい。

目次

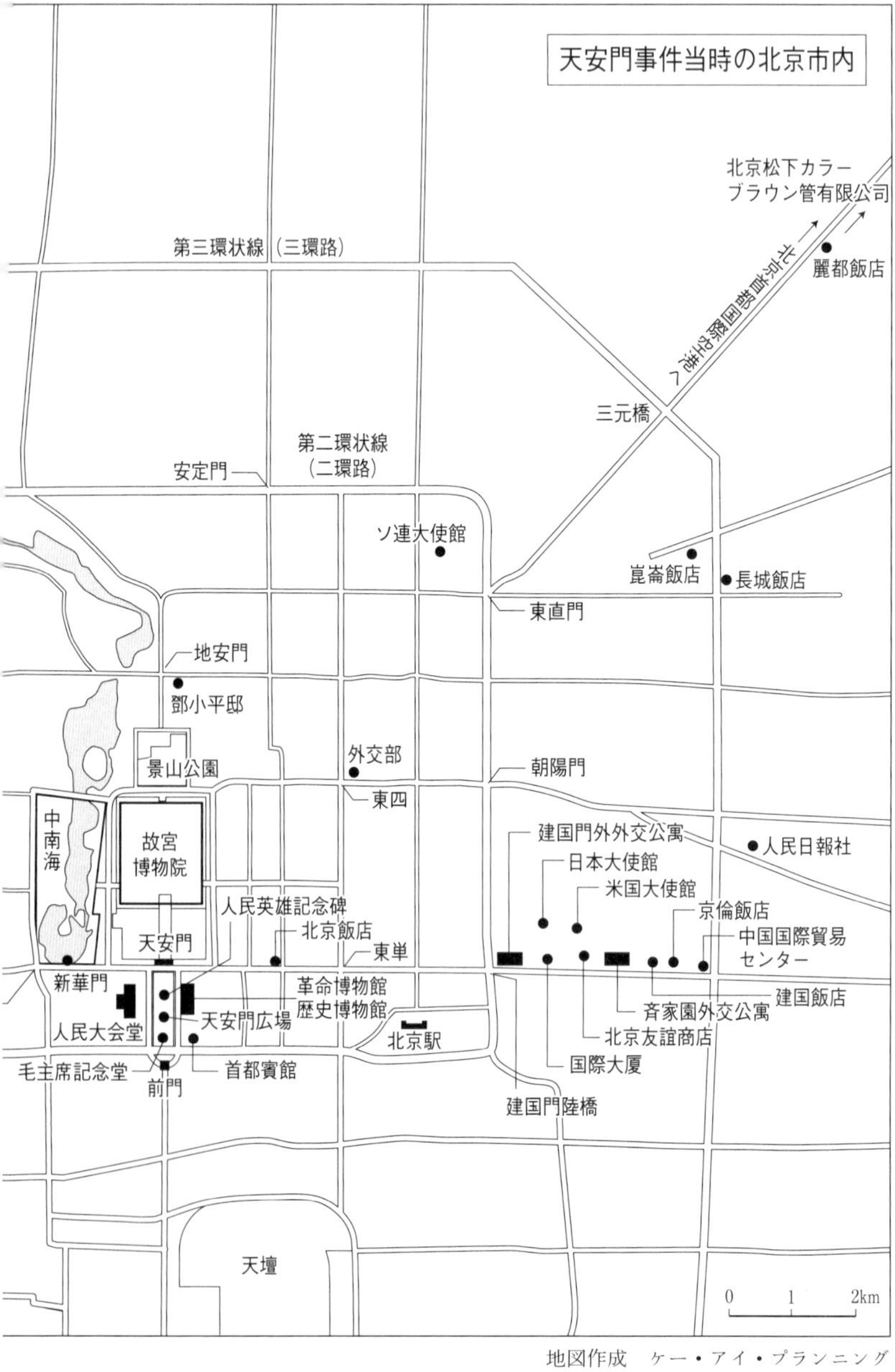
天安門事件当時の北京市内
北京松下カラー
ブラウン管有限公司
北京首都国際空港へ
麗都飯店
第三環状線（三環路）
三元橋
第二環状線
（二環路）
安定門
ソ連大使館
崑崙飯店
長城飯店
東直門
地安門
鄧小平邸
外交部
景山公園
朝陽門
東四
中南海
故宮
博物院
建国門外外交公寓
人民日報社
日本大使館
米国大使館
人民英雄記念碑
京倫飯店
北京飯店
中国国際貿易
センター
天安門
東単
新華門
革命博物館
建国飯店
歴史博物館
斉家園外交公寓
天安門広場
人民大会堂
北京駅
北京友誼商店
毛主席記念堂
首都賓館
国際大厦
前門
建国門陸橋
天壇
0
1
2km

地図作成　ケー・アイ・プランニング

六四回顧録編集委員会編『証言　天安門事件を目撃した日本人たち』（ミネルヴァ書房、2020年）
張良編『天安門文書』（文藝春秋、2001年）を基に修正

装丁　岩郷重力
帯・表紙
photo by The Asahi Shimbun/Getty Images

天安門ファイル　極秘記録から読み解く日本外交の「失敗」

凡　例

一、外交記録や公電の引用は《　》、引用のうち会談などの発言内容は〈　〉でそれぞれ括り、共にゴシック体で記した。
一、外交記録や公電など一次史料から引用する際には、読みやすくするため、文体を変えず、平仮名表記を漢字表記に変えたり、旧字体を新字体に改めたりした。一次史料の明らかな誤記は筆者の判断で修正した。
一、引用などのうち、筆者が重要だと思う箇所には傍点を付けた。外交記録などの作成者が強調するために引いた線はそのまま残した。
一、筆者による引用文中の註釈には〔　〕を用いた。
一、外交記録や公電の出典は本文中に記載したが、明確にするため初出は太字にした。
一、敬称は省略し、当時の肩書で記載した。

第一章——北京戒厳令の極秘記録

第一節　五月十七日・百万人デモ

その時岡山にいた李鵬

二〇二〇年七月三十一日、筆者の情報開示請求に基づき外務省が秘密指定を解除した「**天安門事件外交ファイル**」は、一九八九年五月十八日以降のものである。日本大使館では、キャリア警察官僚で政治部一等書記官の南隆（後の栃木県警本部長、内閣審議官）らが、それ以前から学生運動を日々情報収集していたが、四月十五日以降の外交文書は公開されなかった。

「一九八九年四月十五日」というのは、清廉かつ率直で、学生や市民から敬われた胡耀邦前共産党総書記が急死した日である。同年六月四日未明に起こった天安門事件は、胡耀邦の急死が学生の追悼活動につながり、それが民主化運動に発展し、武力弾圧されたものである。つまり胡耀邦の急死が直接の引き金になったと言われている。

四月十五日以降の外交文書が公開されなかったため、筆者は二〇二一年五月、改めて外務省に「胡耀邦前総書記死去に関する文書」の情報開示を請求した。しかしその結果、同年十二月に開示されたのは、中国課が一九八九年九月十八日に作成した「中国内政・外交報告（八九年四～六月）」と題した経過を記した文書だけであり、胡耀邦急死に対して外務省や在北京日本大使館がどう動いたか把握できなかった。そのため当事者のインタビューや回顧録で再現してみることにしたい。

胡耀邦は総書記だった一九八六年十二月、全国に広がった学生デモへの対処が甘いとして、最高実力者、鄧小平の逆鱗に触れ、八七年一月に総書記を解任された。その経緯については第二章で検証するが、総書記から降ろされた胡耀邦は、第十三回党大会が開催された八七年十一月以降、政治局委員に降格となった。

一九八九年四月十五日。胡耀邦は、共産党の中枢である「中南海」の懐仁堂で、自身の後任である趙紫陽《ちょうしよう》総書記が主宰して開催された政治局会議に出席していた。テーマは「教育問題に関する決定」であり、国家教育委員会主任（文相）の李鉄映《りてつえい》が説明を行ったが、その最中、胡耀邦は突然、顔面蒼白になり、呼吸も苦しく、両手が震えた。趙紫陽に対して「気分が悪い」と伝え、退席を求めた。他の政治局メンバーは胡耀邦に心臓病の持病があることを知っており、上海市党委書記の江沢民《こうたくみん》（後の総書記、国家主席）が携帯していた薬ケースから二粒のニトログリセリンを取り出し、その場にいた職員が胡耀邦に服用させた。駆け付けた医者は心筋梗塞と診断した。危険な状態であり、北京医院に搬送された（『関鍵時刻―李鵬日記』五五～五六頁）。

その一週間後、病状が急変したのだ。

李鵬《りほう》総理が胡耀邦急死の一報を聞いたのは、訪問先の岡山県でだった。駐中国大使、中島敏次郎も、来日した李鵬に随行し、天皇陛下との会見や竹下登《たけしたのぼる》首相との会談など東京での日程を終え、一緒に倉敷から開通一周年を迎えた瀬戸大橋を参観した。その後、昼に倉敷市で岡山県知事の歓迎宴が行われたが、その最中、中島は、北京の日本大使館から胡耀邦が亡くなったという連絡を受け、「胡耀邦さんがお亡くなりになったようです」と伝えたら、李鵬は「自分のほうでまず確認させてもらう」と答えた（前掲『日米安保・沖縄返還・天安門事件』二一五頁）。

中島と共に随行した外務省幹部によると、胡耀邦の急死情報を伝えた際、李鵬は「空《くう》を見つめていた」という。李鵬は訪日三日前の四月九日、北京医院に胡耀邦を見舞い、十分間超だが、会話していた（『李鵬日記』五六頁）。

胡耀邦の急死が李鵬に伝わった経緯について、『李鵬日記』の記述は中島の回顧より詳しい。宴会中に随行した中国外交部の李肇星《りちょうせい》新聞（報道）局長（後の外交部長）がその情報を報告してきた。情報源は取材で同行した共同通信記者だった。李鵬は信じられず、李肇星に北京に連絡して確認するよう指示し、李肇星が事実だと報告した。つまり李鵬のもとには様々なルートで胡耀邦急死が伝えられた。李鵬は、福岡から翌十六日に帰国の途に就くことになっており、銭其琛《せんきしん》外交部長らと相談して訪日の終わりが近いことから途中で帰国する必要はないと判断した（『李鵬日記』五四〜五七頁）。

まさか、胡耀邦の死去がその後に起こる大激変につながり、自分がその主役の一人を演じるとは予想すらしていなかった。

チャイナスクールへの違和感

日本大使館政治部一等書記官、佐藤重和（後の中国課長、豪州、タイ大使）は、四月十五日昼に同僚の館員からの電話で胡耀邦死去を知ったが、「あの大激動に至るドラマの幕開けであるとは、予想だにしなかった」と回想した（「天安門の花火」『外交フォーラム』二〇〇八年十一月号）。

後に最高裁判事となる大使の中島敏次郎は、条約局長、外務審議官（政務）、豪州大使と、外務省で主流の道を歩んだ。駐英大使になる選択もあったが、専門外の駐中国大使を選んだ。ナンバーツーの次席公使、久保田穣《くぼたみのる》（後のパキスタン大使）と共にチャイナスクールでなかった。佐藤の直属の上司に当たるチャイナスクールの政治部長、小林二郎《こばやしじろう》（同、バングラデシュ大使）は温和な人柄で、部下を立て、「自分が、自分が」と前に出るタイプではなかった。

佐藤は一九七四年に外務省に入省した。日中両国は七二年に国交正常化したが、まだ文化大革命の最中であり、七八年から始まる改革開放政策はまだ先だった。中国という国は「どっちに行くかその時点で分からなかった」が、隣国の日本にとって大事な国であり、潜在力もあるのではないかと感じて中国語を研修語として選択した。七五年七月からの在外研修で、最初のほぼ一年間は北京語言学院で中国語を学び、残りの約一年間は上海の復旦《ふくたん》大学に留学した。

「良かったのは日本人一人だったこと。大学の宿舎は、中国人学生が蚕棚（のような二段ベッド）に六人部屋だが、留学生は特別待遇で、その狭い部屋に私と復旦大の大学生二人と三人で住んでいた。うち一人は人民解放軍の兵隊さんで、毎日軍服を着ている。四人組の文革時代で、（労働者、農民、兵士が推薦で入学した）『工農兵』の大学生だった」（佐藤インタビュー）

佐藤は、一九七六年九月の毛沢東《もうたくとう》死去の際、北京にいた。人民大会堂での哀悼の式に参列した。「外国人も哀悼の意を表す」という宣伝に使うため、留学生も動員された。「一応、みんな涙を流さないといけないと思うから悲しんだ様子をしていたが、本当に悲しんだ人とそうじゃない人もいた」。

文革を煽《あお》った毛沢東夫人の江青《こうせい》ら四人組の逮捕（七六年十月）の際には、四人組の拠点だった上海にいた。「昨日までそれこそ江青を女神のように思い、〔四人組の政治局常務委員〕張春橋《ちょうしゅんきょう》を立派な指導者と言っていた人が百八十度くるっと『こんなに悪い奴だった』と評価が変わった。心の中で言いたいことはあったが、言えなかったんだと思った」（佐藤インタビュー）

中国現代史における激動の転換点の現場を見た佐藤が北京に赴任するのは一九八六年十二月。赴任してすぐ胡耀邦共産党総書記が失脚した。外務省内では「佐藤の行く現場に事件あり」とも言われた。佐藤は、中国専門家としての自身の人脈と分析に基づき、学生らの民主化運動を追っかけ、独自の情報源に秘かに会い、情報を集めていた。「一匹狼」的な外交官だった。自分の集めた情報を基に大使の中島と中国情勢や日中関係についての判断を下した。佐藤は筆者のインタビューの中で、民主化運動や天安門事件をめぐる日本大使館の対応や方針決定について「中島大使は私を信頼してくれた。私と大使で判断し、決定していた」と振り返った。その言葉には、チャイナスクール外交官として、中国専門家でない中島を補佐したという自負が窺える。

日本大使館政治部にはこのほか、警察庁から出向した南隆と、防衛駐在官の笠原直樹が存在感を放っていた。二人は、民主化運動から武力弾圧に到るまでの過程で現場を走り回り、情報収集で力を発揮するが、重要な方針が大使とチャイナスクール外交官で決められているという現状に違和感や不満を持っていた。

南隆は、当時親しくしていた、インテリジェンスを専門とする東欧の外交官からこう揶揄《やゆ》されたことがあった。

「日本はメディアも含め、一生懸命に情報を収集し、分析も行うが、政策決定には全く反映されないのが他の西側諸国と異なっている」

「つまり天安門事件が発生しようがなかろうが、当時の『日中友好路線』は不変だということだ。これは、人権問題などの情勢に応じて政策を柔軟に策定する欧米諸国との大きな違いだろう。元々人権問題にはそれほど関心がないという国柄もあるが、対中政策をより真っ当なものにするためには、大使館で得られる情報を、関係省庁はもちろんのこと、国民の代表者である国会において共有することが重要なのではないか」(南インタビュー)

一方、中国共産党体制が崩壊しかねない最大級の危機に直面し、特に自衛官である笠原が重視したのは、「組織力」「チームプレー」だった。「指揮官」がいる場所に「オペレーションルーム」をつくり、その中で「情報所」、「分析担当グループ」、「作戦立案グループ」、「後方支援グループ」などが有機的に活動するのが理想的だった。そこまで本格的ではないにしても、日本大使館では戒厳令発動から武力弾圧という中で、館員らが集めた情報が集約される「情報所」がつくられ、「オペレーション」が動くことになった。

「死ぬべきものが死なず」

佐藤重和の分析によれば、総書記を解任されて実権を失った胡耀邦の死がただちに政争につながるとは考えにくかった。一九八九年四月十五日は土曜日だったが、事実関係にコメントを付して東京への報告公電を起案した。館内でも佐藤の見方に異論はなかったが、「その時点での中国の学生や大衆の心理状態を十分に考慮したものではなかったかもしれない」と回想した（『天安門の花火』）。

中島大使秘書でチャイナスクール外交官の井川原賢《いがわはらまさる》（後の青島《チンタオ》総領事）は、「胡耀邦が死去した当日夜だった」と記憶している。四月十五日夜、会合が終わって自分が運転する車で天安門広場の前を通ったら、「一団」がいることに気づいた。広場内の人民英雄記念碑横に約二十人の若者が車座になって話し込んでいる姿が見えた。一度通り過ぎたが、気になって広場を二周して様子を窺った後、車を下りて広場に入った。「何をやっているの」と尋ねる井川原に対し、学生は「胡耀邦が今日亡くなったので、死を悼んでいる。彼は清廉潔白で、人民思いだった。今の指導者を見てみろ。胡耀邦のような人はいない。政治は腐敗している」と不満を口にした。

いわば、胡耀邦に対する追悼活動であり、今の指導者に対する抗議デモだった。井川原は「これからどうするの」と聞いた。学生は「これからも続ける」と力強く答えた（井川原インタビュー）。

佐藤の分析に反して北京の学生たちの反応は早かった。

胡耀邦が死去したのは四月十五日午前七時五十三分。午前、公式発表前に情報は広がり、最初に追悼のため天安門広場に向かう中国政法大学では青年教師の呉仁華《ごじんか》が、大きな花輪をつくり、集団で天安門広場に行き追悼しようと提案、仲間が同意した（『六四事件全程実録・上巻』一三～一四頁）。

北京大学学生で民主化運動の学生リーダーとなる王丹《おうたん》は四月十五日昼、大学構内にある広場「三角地」に、横断幕が登場したことを知った。「三角地」の掲示板には、多くの「大字報」（壁新聞）が貼られ、学生運動の情報発信地となった。午後になって「死ぬべきものが死なず、死ぬべきでないものが死んだ。国家の不幸、人民の不幸、民族の不幸だ」という横断幕も張られた。鄧小平を暗に批判したものと受け止められた。

中国独特の民意伝達手法の壁新聞は民主化要求運動史を語る上で欠くことができない。一九四九年の中華人民共和国建国後、毛沢東の指令や言葉が壁新聞として組織的に発せられ、毛沢東の権力強化の道具になった。しかし七六年四月、いわゆる第一次天安門事件（八九年の天安門事件は「第二次天安門事件」とも呼ばれる）では、毛沢東を批判した壁新聞も自発的に貼られた。詳しく説明すると、人民から慕われた周恩来《しゅうおんらい》総理が七六年一月に死去し、死者を弔う同年四月の清明節に、大衆が持参した花輪で天安門広場が埋まった。大衆は六六年から続く文化大革命や、文革を主導した毛沢東や「四人組」への批判を噴出させ、当局と衝突したのだ。それ以降、壁新聞は民主化要求の道具にもなった。

八九年四月十五日、北京大学では夜になり、「三角地」一帯で学生たちが胡耀邦の功績や死因などをめぐり議論を始め、北京師範大学、中国人民大学、中国政法大学でも壁新聞が現れた。天安門広場の人民英雄記念碑に、最初に追悼のための小さな花輪が置かれたのは午後七時四十分。人々が追悼のため次々と訪れたが、広場には混乱はなかった（『六四事件全程実録・上巻』二〇頁）。日本大使館の井川原が目撃したのは、これらの学生だったとみられる。

李鵬が福岡空港から北京に戻ったのは四月十六日午後六時二十九分。出迎えた姚依林《ようりん》副総理から、胡耀邦死去を受けて「北京のいくつかの大学で不穏な動きがある」という報告を受けた。姚依林は、一部の学生の中には、失脚した胡耀邦の無実を訴える内容の壁新聞を貼るだけでなく、共産党中央を攻撃したり、鄧小平に直接矛先を向けたりするものもあり、大学の中でも北京大学でその現象が深刻であると報告した（『李鵬日記』五七〜五八頁）。

胡耀邦への学生たちの追悼運動はさらに拡大する。

日本から帰国した翌日の十七日付の『人民日報』を見た李鵬は、「これはなぜなのか。『人民日報』は天安門広場に行って献花するよう学生たちを奨励しなければならないのか」と怒りを爆発させた。同紙一面には胡耀邦追悼のため天安門広場の人民英雄記念碑で献花する人々の写真が掲載されていた。李鵬は一九七六年の第一次天安門事件の状況と重ねてしまった。共産党機関紙がさらに多くの学生を天安門広場に行くよう煽動《せんどう》し、社会秩序の混乱をもたらしたと警戒感を強めた（『李鵬日記』六〇〜六一頁）。

ハンストこそ転換点

岡山県警警備部長だった南隆は一九八八年夏に外務省研修所に入り、八九年三月、北京に赴任した。赴任一カ月後の四月十五日、胡耀邦が急死し、それに伴う学生の追悼運動が発生して以降、連日、天安門広場に通った。

「中国内政を担当させられていたが、私は中国専門家でもないし、言葉も不十分。そこで毎日天安門広場に昼、夜と二回通い、スローガンを見分し、デモ隊の熱気や怒りを皮膚感覚でとらえることにした。私は、若い頃、警察庁における共産主義理論の大家であった柿島美隆《かきしまよしたか》氏が富山県警本部長時代に公安課長（一九八一〜八三年）として赴任し、多くのことを学んだ。柿島氏の主張は、人はまず『利害打算』、次に『理論（イデオロギー）』で動くが、『感情的対立』まで達すると解決が困難になるということ。大衆運動は、『感情的対立』まで行きつくと後戻りできなくなるということは成田闘争、沖縄基地反対闘争などで学んでいた。成田闘争は運輸行政の失敗で、反対派農民をあそこまで追い込む前に解決すべきだったと柿島氏は主張していた」（南インタビュー）

趙紫陽総書記が北朝鮮を訪問して北京を留守にしていた四月二十六日、共産党機関紙『人民日報』に「旗幟《きし》鮮明に動乱に反対せよ」との見出しを掲げた社説が掲載された。

社説は、胡耀邦の追悼に端を発した学生デモを「その目的は人心を乱し、全国を混乱させ、安定団結の政治局面を破壊することにある。これは計画的な陰謀であり、動乱である。その実質は、根本から中国共産党の指導を否定し、社会主義制度を否定することである」と断定していた。学生運動を「動乱」とはっきりと位置付けた。

北京の各大学では『人民日報』の「動乱社説」に対する怒りの声が高まり、四月二十七日に大規模デモを行うことを決めた。北京大学では同日午前八時、学生は同大南門を出発した。各大学では二十四日から授業ボイコットに入り、二十六日には学生自主組織「北京市大学臨時学生連合会」が発足し、王丹（北京大）とウアルカイシ（北京師範大）という学生リーダーが常務委員に選ばれた。王丹は、北京大南門を出発する際、真正面は黒山の人だかりで、学生が出て行くのを見守り、熱烈な拍手がしばらく鳴りやまなかった、と回想している（『王丹回憶録』一八八〜一九一頁）。

五月上旬には日本大使館の中国人スタッフまで堂々とデモに参加するようになった。デモ隊は出身地別に天安門広場内に拠点をつくり、籠城していた。南はスタッフに、その拠点だったバスまで案内してもらったこともある。

「〔デモは〕最初、民主化要求項目などを掲げ理性的であったが、五月上旬には『李鵬下台』（李鵬辞めろ）、『鄧小平下台』（鄧小平辞めろ）など感情的スローガンが一気に増えた。これは行きつくところまで行くなと確信した。わが国〔日本〕のような機動隊があれば、ある程度は籠城者を排除することも可能だだが、彼らにはノウハウもなく、しかもデモのスケールが違った。当時公安当局は、共産党中央がまとまっていない中、手を出せない状況だった」（南インタビュー）

「こりゃ大変なことになるんじゃないか」と思ったという南に対し、日本大使館の幹部はそれほど危機感を持っていないようだった。五月上旬、大使館で月に一回の全体会議が開催された際、中島大使が学生デモに関して「他の国の大使と飯を食うと、みんな憂慮しているが……」と発言したところ、あるチャイナスクール幹部は「中国人の連中は、楽しみがないから夕涼みみたいなものですよ」と言ったのを、南は今でも覚えている。南は「割合、それが大使館、日本政府の感覚ですよ」と回顧した（南インタビュー）。

しかし、学生たちが五月十三日に天安門広場で絶食（ハンガーストライキ）を開始し、学生デモは変質した。北京大学では同日昼、中国文学の青年教師、銭理群《せんりぐん》らがポケットマネーで、絶食前の学生たちにたらふく食べさせる「最後の午餐会」を近くのレストラン「燕春園」で開いた。ある青年教師は、アルコール度数の高い蒸留酒「白酒《バイチュー》」を手に「壮行の酒だ」と勧め、学生も飲み干すなど興奮が高まった。十三日午後零時二十分、実際にハンストを行う百六十人に、それを警護、救護する学生を含め計約四百人の「絶食団」が南門を出発した。午後一時には中国政法大でハンストに参加する十三人も出発した。この中には、後に中国で著名な人権派弁護士になる浦志強《ほしきょう》もいた（『六四事件全程実録・上巻』三五四〜三五五頁)。

筆者は、事件から三十年後の二〇一九年五月、王丹へのインタビューで「民主化運動の転換点はどこだったか」と尋ねた。するとこう答えが返ってきた。

「最大の転換点は絶食(ハンスト)だ。具体的に言えば、五月十三日。この日以前は学生運動だったが、それ以降は民主化要求運動になった。十三日以前に参加したのは学生だったが、以降はあらゆる民衆、労働者、知識人が入り、単純な学生運動ではなくなった。それはより良いことだったが、転換点になったのは間違いない」

ハンストは、学生デモをさらに盛り上げようと、五月十五日から、歴史的な中ソ関係正常化実現のため、ソ連共産党のゴルバチョフ書記長が北京入りすることをにらんだものだった。ソ連でペレストロイカ(政治体制改革)、グラースノスチ(情報公開)を進めるゴルバチョフに対し、中国共産党の変革を求める広場の学生たちは興奮した。

ゴルバチョフ訪中二日前の十三日午後三時、百人を超える北京大生は、「ゴルバチョフ、北京大はあなたを歓迎する」と書かれた横断幕を持ち、自転車でソ連大使館に行き、大使館員にゴルバチョフが北京大で講演するよう求め、招待状を手渡した。一日半で三千人以上の学生や教師の署名を集めたという。その十分前には、北京師範大の学生リーダー、ウアルカイシもソ連大使館を訪れ、ゴルバチョフに宛てた同様の招待状を出した。こちらは四日間で六千人の署名を集めた(『六四事件全程実録・上巻』三五六頁)。

十五日正午すぎ、ゴルバチョフは北京空港に到着したが、天安門広場で約十万人が集結していた。

広場に面した人民大会堂東門前で予定された歓迎式典に臨むことはできず、式典を空港で行い予定変更を余儀なくされた。日本大使館が六月一日に作成した「**中国民主化学生運動クロノロジー**」の「五月十五日」にはこう記録されている。

《ハンスト学生約二千人。夜十万人余が天安門広場に集結（人民大会堂前二〜三万人。東門階段上段まで占拠）。〔天安門広場東側の〕革命博物館前約十数台の救急車が待機。学生約二百人が入院》

「解き放たれたエネルギー」

五月十七日、ついに「百万人デモ」に発展した。天安門広場も、広場前の東西をつなげる長安街も、学生や市民で埋め尽くされた。

日本大使館は「百万人デモ」をどう観察したのだろうか。五月十八日付の「**中島駐中大使発外相宛公電「中国内政（五・一七デモ：当館観測）」**」は、現場の高揚感が伝わる記録だ。

《十七日のデモ・集会は、まさに各界各層の人々（新聞社、国家機関の職員や医師・看護婦さらに小学生までが含まれていた）が徒歩ないし自転車で天安門広場に向かい、広場のみならず広場付近の長安街をも人々がうめつくし、胡耀邦死去以来の一連の動きのなかで最大規模の人数が集まったとみられる》

《個々のフラストをかかえながら学生の動きに同情を示す人々が数十万の単位で集まっている状態は極めて異様なものがあり〔後略〕》

大使館員は、デモの中で、最高実力者の鄧小平中央軍事委員会主席の引退を要求したり、学生に強硬姿勢を示す李鵬総理を批判したりするプラカードを多く目の当たりにしている。これまで、胡耀邦の追悼から始めた学生たちの要求は、腐敗の撲滅や報道の自由、権力とのコネを利用した物資の横流しなどでぼろ儲けする「官倒《グァンダオ》」と呼ばれる官僚ブローカーの打倒などであったが、この頃から反共産党色が濃くなっていた。

井川原賢は「百万人デモ」の頃、ちょうど訪中した日本の要人に同行し、ゴルバチョフもいた人民大会堂を訪れていた。日本の要人と中国指導者の会談が終わり人民大会堂を出た瞬間、目の前の天安門広場を埋めた学生の期待の眼、刺すような視線を感じた。「ゴルバチョフ訪中で、情勢が好転していくんじゃないかという期待がみなぎっている輝いた視線だった」と回顧した（井川原インタビュー）。

公電はこうまとめている。

《今回の動きを通じ、党指導部の権威が大きくゆらいだことは疑いなく、無数の学生・市民が何らの規制を受けず、天安門広場を占拠し、「民主と自由」をさけぶことができることを実感したことの意義は大きく、党・政府指導部としては、今後、長期にわたり、こうした解き放たれつつあるエネルギーがこの国の体制の自由化、民主化、政治体制改革へ向けて強い圧力となって働くのをコントロールするのに腐心していくことになろう》

モスクワ発極秘公電

ゴルバチョフは、五月十六日に鄧小平中央軍事委員会主席と会談し、中ソ両国は三十年間にわたる不正常な状態に終止符を打つことを宣言した。

かたや「ペレストロイカ」、かたや「改革開放」と、世界の二大社会主義国が変革を迎える中での歴史的瞬間だったが、世界の目は天安門広場の学生に向けられた。中ソ首脳会談で北京入りした外国メディア記者も、民主化のため命懸けでハンストを続ける学生と、それを応援する市民の勇気ある行動に驚愕《きょうがく》した。

ソ連政府でさえ、天安門広場での学生デモの動きに釘付けになった。モスクワ駐在の原田《はらだ》親仁《ちかひと》一等書記官（後のロシア大使）は、五月十九日、ソ連の政府幹部のもとを訪れ、聞いた話を極秘公電として東京に送った（氏名や肩書は黒塗り）。

原田は筆者のインタビューに対し、情報源について「当時のゴルバチョフのグラースノスチとペレストロイカの雰囲気の中、改革志向の中国専門家で、中国担当幹部だった」と回顧した。ゴルバチョフ時代以前のソ連外務省員は、他国の大使館員と緊密に連絡を取ることを躊躇したが、この幹部は極めて率直だった。原田と幹部は頻繁に会い、仲良くなった。

ゴルバチョフの歴史的訪中が終わった直後、原田は別件で幹部に面会した。これまで中国内政について積極的に話したことのない人物だったが、今回だけは原田が別に質問したわけでもないのに興奮した面持ちで中国の学生運動について率直に語り始めた。

このソ連の政府幹部は、〈この動きには、学生、一般市民のみならず、政府幹部職員や国防部職員までも参加するようになっており、「人民の平和革命」とも称しうるものになっている〉と評価し、学生の動きがこのように一般人民の巨大なデモのうねりとして発展しているのは、〈インフレによる生活苦、「民主」の遅れ、特権階級の汚職、特権に対する人民の不満が極めて強いからである。かかる不満が、胡耀邦の死により連鎖反応的に爆発したのである〉と分析した。

ゴルバチョフが北京で熱狂的に歓迎された背景についてはこういう見方を示した。

〈何も民衆がソ連を好いているからではなく、ゴルバチョフが民主化、グラースノスチ、ペレストロイカといった正に中国人民が現在真に求めているものを象徴する指導者であるからだ。中国にとっての悲劇は、ソ連同様の改革を真に必要としているのに、ゴルバチョフのような指導者がいないということである〉


さらに〈鄧に引退してほしいというのが、自分も含めて一般人民の強い希望である〉と踏み込んだ。

中ソの歴史的和解直後の時期であるが、ソ連政府はまだ中国共産党政権を不信の目で見ており、共産党政権に立ち向かう学生デモに好意的な視線を注いでいるのは興味深い。

話を聞いた原田は極秘公電の中で、《中国指導部に対する批判が政府幹部職員にも強いことをうかがわせるものなので[redacted]の個人的発言ではあるも、御参考まで報告する》と記した（**川上駐ソ連臨時代理大使発外相宛公電「中国の学生デモ」「[redacted]内話」一九八九年五月二十日**）。

原田は当時をこう振り返る。「質問もしていないのに、先方が突然昂揚して鄧小平体制に批判的トーンの話をしたので、意外感を持ったのが正直な印象だった。ゴルバチョフの改革的風潮の下、中国共産党の守旧的姿勢に強い違和感を持っていたのでしょう。彼の見解はソ連政府の公式見解ではなかったろうが、本音ではソ連政府内部では広くシェアされていた心証だったと思う」（原田インタビュー）。

学生と市民、さらに政府機関職員や新聞記者らが一体となって最高潮を迎えた百万人デモが行われた五月十七日こそ、実は鄧小平を頂点とした共産党の権力闘争が最大の山場を迎えた日だった。

しかし日本大使館も含めた外交団や外国メディアも、天安門広場で繰り広げられた民主化に向けた流れに目を奪われ、よもや共産党の権力内部で鄧小平による戒厳令発動と趙紫陽の辞任という生死を懸けた闘争が展開されていたとは思ってもみなかった。

中国の運命を決した会議

ゴルバチョフとの会談を終えた趙紫陽は五月十六日夜十時、政治局常務委員会を招集した。趙は、ハンスト学生たちが最も強く要求していたのは、『人民日報』の「動乱社説」撤回であり、この問題は既に避けて通れず、この問題の解決なくして、ハンストを中止させ、学生と対話を進めることはできないと判断した。そこで初めて社説を修正するよう提案した。しかし李鵬は反対し、社説が自由化に反対する鄧小平の一貫した立場を反映したものだと主張した（趙紫陽『改革歴程』四六頁、『李鵬日記』一五九、一六三〜一六四頁）。

翌十七日午後四時、鄧小平の私邸で、趙紫陽、李鵬ら五人の政治局常務委員と楊尚昆《ようしょうこん》国家主席が顔をそろえた会議が開かれた。李鵬は『日記』に、鄧小平が招集したこの会議について「中国の運命を決定した会議だ」と記している（『李鵬日記』一六八頁）。

趙紫陽は会議で、「現在の唯一の方法は、四月二十六日の社説を否定し、学生と妥協し、情勢を緩和させることだ」と改めて提案した。これに対して李鵬は、「社説は正確だ」と譲らず、情勢は徐々に好転していたが、五月四日に北京の人民大会堂で開かれたアジア開発銀行（ＡＤＢ）年次総会で、趙紫陽が各国代表と会見した際の演説の内容が、「党中央の基調と異なっていたため、〔学生運動に〕また火がついてしまい、今のような事態に発展してしまった」と、趙を非難した。その上で「唯一の方法は、旗幟鮮明に動乱に反対することだ」と訴えた（『李鵬日記』一六八頁）。

趙はＡＤＢ年次総会で「彼らは、我々の根本的な制度に対して反対しているというわけでは決してなく、我々の仕事上の病弊を一掃するよう要求しているのだ」と学生に同情を示し、「中国で大きな動乱は起きないと深く信じている」と呼びかけた（『人民日報』五月五日）。「動乱社説」とは逆の立場に立ち、社説の修正を図ろうとしたのだ。

前述の「中国の運命を決定した会議」で、鄧小平は「問題は党内にある。紫陽の五月四日の演説が転換点であり、動乱を制止する唯一の方法は戒厳〔令〕だ」と命じた（『李鵬日記』一六九頁）。北京への戒厳令発動という「天の声」に対して趙紫陽は、「その時、とても気持ちが荒れていて、こう考えた。どうであろうと、軍隊を動員して学生を鎮圧する党の総書記になるなんて、願い下げだ」と回想した。立腹して帰宅すると、秘書の鮑彤《ほうとう》に対し、政治局常務委員会宛ての辞表を起草するよう指示した（『改革歴程』四八頁）。

デモ拡大の背景を分析した中国課

天安門広場の学生デモ拡大は、日中関係にも影響を与えそうだった。特に外務省は、中国共産党・政府との関係構築を最優先しており、民間からの大きなうねりに戸惑った。

外務省中国課は、「百万人デモ」翌日、つまり趙紫陽の辞意を固めた翌日の五月十八日、「**中国の学**

生の動き（**ハンガー・ストライキ**）」という「秘・無期限」文書を作成し、なぜデモが拡大したかについて分析している（以下「中国課文書」）。

同文書では「学生の動きが幅広い支持を得、拡大した背景」について次の五点を挙げた。

(1)特権階級に見られる腐敗、汚職への反対等学生の要求への心情的支持（一般市民の現状への不満の大きさを示す）

(2)インフレに苦しむ都市住民の不満

(3)「民主」、「自由」に対する一般市民の理解度が進み、学生を支持

(4)ハンガー・ストライキという非暴力的な方法に対する同情

(5)「皆も行くから」という群衆心理（子供連れ、笑顔も見られた）

外務省中国課は同じ十八日、前出「中国課文書」を下敷きにして、「**中国の学生デモ**」と題した外相発の「秘・無期限」公電を北京の大使館、上海、広州、瀋陽《しんよう》、香港の総領事館、ワシントン、ロンドンの大使館に発信し、モスクワ、ソウルの大使館にも転電した。

「中国課文書」と公電はほぼ同内容だが、公電の方は学生デモの直接のきっかけを《学生の自由化要求に理解を示したことが主たる原因となって失脚した胡耀邦の死》としたが、《潜在的原因》として三点を挙げた。

(イ)最近のインフレ、官僚の腐敗、不正の風潮への不満。
(ロ)「民主」の遅れへの不満。
指導部は、「民主」の早急な実施は法制度未整備の状況下で、混乱を引き起こし、「政治的安定団結」が損なわれるとして、慎重に実施中。
(ハ)知識人の待遇の低さへの不満。
学生、知識人は改革の恩恵を最も受けていず、昨今は「学習無用論」が蔓延。

公電では学生デモについて、胡耀邦の死が直接のきっかけとなり、それが引き金を引いただけで、背後にある「潜在的」要因として(イ)(ロ)(ハ)があると分析した。つまり学生デモは偶発ではなく、必然の結果であるとの見方を記している。

趙紫陽「涙」の訳

五月十九日夜十時。共産党中央と国務院は、党・政府・軍の幹部大会を招集した。解放軍総後勤部講堂を会場とする幹部大会など異例中の異例である。

趙紫陽は十九日未明、突然天安門広場に現れ、「われわれは来るのが遅すぎた。皆さんに申し訳なく思う」と、学生たちにハンストを止めるよう涙を浮かべて訴えた。これ以降、永遠に趙紫陽は公の場に姿を見せることはなくなるが、その日夜の幹部大会に総書記の趙紫陽が不在であったことから、「噂」だった「趙紫陽失脚」は真実味を帯びた。

在北京日本大使館は二十日、中島大使発外相宛「大至急」指定の公電「**中国内政（軍によるデモ鎮圧決定：当館観測）**」を東京に送り、「党・政府・軍幹部大会」開催の意味を《五月四日の趙紫陽講話以来の柔軟対話路線から改めて「動乱」阻止の強硬姿勢に転じた》と位置付けた。

その上で、突然とも言える大会開催の理由を次のように挙げた。

《デモ・ストに学生のみならず、機関職員や労働者までが加わるようになり、当初、一部学生の動きであればたいしたことになるまいと高を括っていた指導部を真に憂慮させるに至った》

《世界の注目を集めた中ソサミットの行事日程変更を余儀なくされ、中国の国際的イメージを失墜させた（と指導者が感じた）こと、特に、政治生活の最後の晴れ舞台であった中ソサミットをデモで汚された鄧の心中は穏やかならぬものがあったと推察される》

《ここ数日来、指導部への名指し攻撃、就中《なかんずく》、鄧小平への非難・アテコスリや引退要求のスローガンが急激に増大し（中略）鄧らの強い怒りをかった可能性が強い》

前掲公電「中国内政（軍によるデモ鎮圧決定：当館観測）」は、「涙」を流した趙紫陽が置かれた立場についても《保守派の人々の声が強まる中で、いわば学生側の立場にのっていく形に自己の政治的活路を見出さざるを得なくなったものと思われる》と分析した。

「趙が十七日の政治局常務委で辞表を提出した」、「十九日の幹部会議の前に開かれた政治局会議で辞任を表明した」との情報が流布していた。その上で公電は趙紫陽失脚情報を受け、改革開放以降の「鄧小平政治」を総括している。

《まさに八六年末から八七年一月の胡耀邦総書記辞任に至る動きの繰り返しとなった。鄧にしてみれば、自己の後継者として育てた胡、趙の二人をいずれも政治改革の要求の高まりの中で切らざるを得なくなるということで経済改革面で大きな業績を残した鄧も政治改革の面で大きな限界を有することを改めて示すこととなった》

「誤り」と判断すればすぐに正す――。良く言えば「柔軟な決断」、悪く言えば「非情な変わり身」が鄧小平政治の真骨頂だった。鄧小平は、一九八四年に訪中した中曽根康弘《なかそねやすひろ》首相と会談した際、〈今は、天が落ちて来ても、この二人に支えてもらう〉（**鹿取駐中大使発外相宛公電「総理訪中［鄧小平主任との会談］」一九八四年三月二十五日**）と、自ら抜擢した胡耀邦と趙紫陽を称賛した。しかし胡と趙を相次いで切り捨てる間の八八年九月、田中角栄首相の下で官房長官として日中国交正常化を成し遂げた二階堂進《にかいどうすすむ》前自民党副総裁と北京で会談した鄧は自身の政治スタイルを漏らした。

〈自分は、度胸が最も大きい方の一人であり、自分が実権をにぎり政策を進めていくと必ず大きな誤ちを犯す。しかし、他の指導者と同様に誤りがあれば改める。あまり意見を固持しない。そうすることにより誤ちを少なくできる。誤ちがあれば直ちになおす〉（**中島大使発外相宛公電「二階堂議員一行の訪中［鄧小平との会見、その一、中国国内情勢］」一九八八年九月十六日**）

戒厳令布告日の中南海

天安門広場やその周辺のデモ警戒が日課となった南隆は、戒厳令が発令された五月二十日も天安門広場やその周辺に足を運んでいる。

「さすがに五月二十日に戒厳令が出て、毎晩〔現場に〕行ってました。だんだんと車とか入れなくな

り、自転車で通った」（南インタビュー）

二十日午前十時、北京の一部に戒厳令が発動され、天安門広場に陣取る学生たちの最大の関心事は、戒厳部隊がいつ広場に来て、強制排除されるかだった。日本大使館は、五月二十日、前掲公電「中国内政（軍によるデモ鎮圧決定：当館観測）」でこう観察した。

《仮に、当局側が学生排除・鎮圧に成功したとしても、今回燃え上がった「自由・民主」政治改革を求める声はこうした抑圧により、さらに潜在的エネルギーをたくわえることになると思われ、また、抑圧側の主役となった鄧小平と李鵬に対する批判攻撃の心情は、学生・知識人さらには一部市民の間にさらに広まることとなろう》

日本大使館は、戒厳令発動により学生たちが「潜在的エネルギー」を蓄え、いずれ市民にも広がり、鄧小平や李鵬に向かっていくと予測した。

南は、戒厳令布告初日の五月二十日に何を見たのか。土曜日だった。天安門から西に約八百メートルの中南海に向かった。共産党指導者の住居や執務室がある政権中枢だ。

中南海は天安門広場とともに学生の抗議運動の目的地となってきた。一カ月前、胡耀邦死去三日後の四月十八日夜から十九日夜にかけ、長安街に面した正門に相当する「新華門」前に大量の学生が押し寄せ、武装警察と対峙する事件が起こった。

この時、李鵬の怒りは頂点に達した。

李鵬は四月十八日の『日記』に「数千人が深夜に新華門を襲った。こんなことは建国以来、発生したことがないことだ」と記した。十九日夜には新華門前は二万人以上であふれた。李鵬は同日深夜十一時半、趙紫陽に電話し、「〔学生運動の〕性質は既に変化した。すぐ検討しなければならない」と促したが、趙紫陽は「明日検討する」と述べ、新華門前での騒ぎに関しては「よく分からないが、破壊行為さえなければ、われわれは行動を取らない」と取り合わなかった（『李鵬日記』六三〜六七頁）。

「天安門事件外交ファイル」の中に、「中国の学生デモ」に関する「**在中国大〔使館〕からの主たる報告**」と題した公電が含まれていた。

中南海付近にいる当館館員（南）より、〔五月二十日〕午後三時ごろの状況を報告したところ、概要次のとおり。

一、天安門広場全体の数は七—八〇万人と昨日よりまだ少ないが、続々と集まりつつあり、士気の高揚が見られる。

二、中南海・新華門前で百数十人がすわりこみを始め、一部学生はベンチをならべてすわっている。〔中国〕政法大学教師十数人が断食をはじめた。中南海前の護衛兵の内二十人位は、門の前にすわってしまっている。

三、「新華社」、「瞭望」〔国営新華社通信発行の時事問題誌〕の合同デモ隊、六—七百人が新華門前でシュプレヒコール。スローガンは「李鵬やめろ」。

四、革命博物館から「民主」、「中国魂」と書かれたのぼりが出ている。

五、〔清朝末に院政を敷き宮廷で権勢を誇った〕西太后をもじり、「鄧太后」として鄧小平の似顔画が飾ってある。

ある日本大使館員は、同じ二十日の午後五時半から七時まで天安門広場を観察した。こう報告した。

広場はゴミの山で、かなり不衛生だった。

《同広場には、李鵬の演説、戒厳令発布の放送が流されているが、それに耳を傾ける者はいない》

《一部学生の間では、今や、七個師団の軍が投入されるとうわさされ、学生の集結を求めている》

夜八時に大使館政治部の若手書記官、丸山浩一《まるやまこういち》が天安門付近を見回ったところ、六つのスピーカーを装着した「指揮車」という大型バスが三つの広報を流していた。学生側の宣伝カーとみられる。

〈李鵬一派は趙紫陽をやめさせ、軍を用いた。今晩、全市民は天安門に集合して天安門広場をうめつくせ〉

〈学生たちは今朝地下鉄等交通機関をストップさせられたが、軍は地下鉄を使おうとしているので、地下鉄の出入り口を全市民でふさごう〉

〈労働者自治会が成立したので、参加希望者は天安門前に集合せよ〉

丸山は続いて北京駅付近に向かった。極めて平静で、食堂は繁盛していた。

戒厳令が敷かれても、学生のデモは続き、国営新華社通信の記者や職員も政権中枢前でデモを展開している。非難のターゲットは李鵬と鄧小平だ。日本大使館は二十日に東京に送った前出公電「中国内政（軍によるデモ鎮圧決定：当館観測）」で戒厳令発動直後の北京市内の「空気」をこう記録した。

《学生達は依然一般の市民・労働者に対しストライキをよびかけており、北京市内がゼネスト状況におちいる可能性さえ全くは否定できない。デモ鎮圧に出動した軍も一部は学生鎮圧のための出動を拒む動きや、学生達に説得されて元の部署に戻っていく動きもあるほか、実際に各所で学生達のピケにより市内進入を阻止されており、軍兵士が学生排除に躊躇している雰囲気も感じられる》

李先念「流血は不可避」

戒厳令が布告された五月二十日午後。南隆がウオッチしたデモ現場「中南海」の中に、ある大物日本人がいた。岡崎嘉平太《おかざきかへいた》全日空顧問（同社元社長、日中経済協会常任顧問）である。一九五〇年代から日中貿易の発展に貢献し、中国共産党・政府から日中友好の「井戸を掘った人」として重視される岡崎は、訪中百回目の記念行事出席のため、北京を訪問し、この日午後、中南海で、保守派長老で全国政治協商会議（政協）主席の李先念《りせんねん》と会談した。

九十二歳の岡崎はこの日、山東省済南から夜行列車で北京入りした。戒厳令発動で北京駅は混乱しており、岡崎ら一行の荷物が出てこず、苦労した。全日空北京支店の営業マネージャーの尾坂雅康《おさかまさやす》は、岡崎の宿泊する西苑飯店に氏を訪ねた。尾坂は、故郷の鳥取市で市議会議長を務めた父親が、鳥取県選出で日中友好議員連盟会長を務めた古井喜実《ふるいよしみ》代議士の有力支援者だった。立教大在学中には野村浩一《のむらこういち》教授のゼミで中国政治思想を学び、入社してまもなく文化大革命中の中国を訪れたこともあった。岡崎にもかわいがられた。

西苑飯店で尾坂に会った岡崎が、戒厳令を非常に遺憾に思っており、「鄧小平さんに会い意見しなければ」と語ったことが、尾坂の印象に今も残っている（尾坂インタビュー）。

その後、岡崎は中南海に行き、李先念を表敬訪問した。七十九歳の李先念は、一九八三～八八年まで国家主席、その後も政協主席を務め、抗日戦争や国共内戦を戦った革命世代の長老八人「八老」の一角を占めた。

一党支配体制の絶対を貫きながらも内外からは「改革派」とも見なされた鄧小平とは異なり、李先念は妥協を許さない保守強硬派と認識された。『人民日報』の「動乱社説」の下敷きになる鄧小平の発言を聞き、鄧に電話をかけ、「すぐ数十万人を逮捕する決断を下さなければならない！」と求めたそうだ、と趙紫陽は聞いた（『改革歴程』三二頁）。

この日、布告された戒厳令、さらにその後の武力弾圧でも李先念は主導的役割を果たした。自分がいる中南海の外で、学生が声を張り上げている現実に腹を立てていたのか、岡崎が聞きもしないのに、こう語気を強めた。外務省中国課が発信した「**中国の学生デモ**」（**一九八九年五月二十一日**）と題した外交記録に李先念の発言が残っている。

〈今回の動乱は、一握りの、社会主義を資本主義に変えようとする悪い人間がいて、学生や労働者を煽動したために発生した問題であるが、流血の事態は絶対に避けたいし、また避けねばならない。ただし、一部の人間に一つ言っておきたいことがある。それは、ある状況に至れば、流血は避けられないということを知っておくべきである〉

表敬訪問には、全日空営業本部国際部長の西川嘉伸が同席しており、日本大使館は、李先念の強硬発言を西川から聞いた。

岡崎嘉平太はその後、日本大使館政治部長の小林二郎に対し、李先念の発言を批判している。

〈あのような運動を動乱等と決めつけてはいかん、李主席も年をとったので頭がかたくなったのか、政協の人が同席していたので、かたいことを言ったのかわからないが、今度の学生運動に対する政府の対応はすごく遅く、あんなことではだめで、政府首脳はもっと早期に積極的に学生の中に飛び込み、解決に当たらねばならなかった、うんぬん〉

中国共産党との関係を重視し、李先念ら長老と交流を重ねた岡崎が、内部のやり取りとはいえ、〈年をとったので頭がかたくなったのか〉〈積極的に学生の中に飛び込〉むべきだったなど痛烈に批判したのは、日中友好人士の中にも、共産党と対峙した学生に同情し、支持する考えがあったことを示すものとして興味深い。一方、李先念には戒厳令を発布した当初から学生デモの武力弾圧と、それによって流血の惨事に発展しても致し方ないという考えがあったのだ。

〈一部の人間〉というのは誰のことを指しているのだろうか。素直に読めば、民主化運動を展開する学生リーダーか、または学生たちを煽動する「黒幕」と鄧小平からみなされた天文物理学者、方励之《ほうれいし》ら民主派知識人だろう。あるいは、そのバックにいると警戒している米国をはじめとする西側諸国なのか。もっと深く読めば、共産党内部の指導者に対して発した警告だったかもしれない。

五月二十日時点で、学生に同情し、戒厳令発動に反対した趙紫陽の失脚は既に確定していた。岡崎に対する李先念の発言は、趙紫陽に向けられたものとも読める。それだけ共産党内部で激しい権力闘争が展開され、その一端が岡崎を通じて外部に出されたものとみられる。しかし日本大使館はこの時点で、李先念の「本気度」を摑《つか》んでいたのだろうか。

小林二郎は、五月二十日夜、釣魚台国賓館で開かれた岡崎嘉平太の訪中百回記念晩餐会で、中国側メーンゲストの黄華《こうか》元外交部長にこう質問した。

〈昨夜〔五月十九日夜〕の中央政府と北京市の党・政・軍の会議で趙紫陽が出席していなかったが、どうしたのか〉

これに対して黄華は、〈病気のため欠席したのであり、その代わりに喬石《きょうせき》〔政治局常務委員〕が同会議を主宰した〉とのみ答え、多くを語らなかった。小林はさらに、戒厳令が敷かれたものの政府が実力行使に出ていない状況に触れ、〈衝突はあり得るのか〉と突っ込んだ。〈流血は避けなければならないが、双方が頭に血がのぼってきているので、どんなことが起こるかわからない〉。やはり言葉は少なかった〔前掲「中国の学生デモ」〕。

元外交部長にどこまで権力内部の正確な情報が入っているかどうかは明らかではない。ただ、〈双方が頭に血が上っている〉というのは、「共産党・政府と学生」と読むのが普通だが、共産党内部の「保守派長老と趙紫陽」と読むべきだろう。

――第二節　五月二十七日・「趙紫陽失脚」確報――

「共産党関係者」内話

日本大使館として、趙紫陽解任の事実について中国共産党・政府関係者から裏取りする必要があるのは言うまでもない。秘密のベールに包まれ、新華社や中央テレビ、人民日報だけでは内部をうかがい知れない中国政治を把握するためには内部関係者から「取材」する作業が不可欠になる。

「天安門事件外交ファイル」を読む限り、この作業を一手に担っているのは佐藤重和である。

戒厳令が発動された五月二十日、佐藤は「中国党関係者」と会った。この内容が記された**中島大使発外相宛公電「中国内政（学生運動と趙総書記の辞任：内話）」（一九八九年五月二十一日）**は、「極秘・大至急」に指定されている。「内話《ないわ》」とは外国の政府関係者らとの忌憚《きたん》なき非公式な意見交換で、情報源を明かせない時に多く使われる。ここも情報源の氏名は、非公開となり、黒塗りとなっている。

中国党関係者はまず佐藤にこう明かした。

〈今回の事態の流れにつき、自分が上司から聞いていたところは、「北京大学ビラ」の内容と一致しており、趙紫陽が学生の要求にほぼ応ずるが如き意向を示し、これが政治局内で否定されていったとみられ、十七日の政治局会議で趙の解職が決定された。あわせ、デモ学生排除の方針も決定された〉

十七日の趙紫陽解職も併せ、正確な内部情報を入手しており、佐藤の普段からの情報源への食い込み方が如実に分かる公電である。

四月二十六日付『人民日報』の「動乱社説」は、鄧小平講話が基調となったが、アジア開発銀行総会での演説で趙紫陽は学生に同情し、学生の要求に応じるかのような意向を示して「動乱」であるとの党の判断を否定した。佐藤は〈かかる強硬論に立っていた鄧が、その後の趙の柔軟路線を認めたのは何故か〉と尋ねた。党関係者はこう答えた。

〈鄧を含め指導部は、今回の学生運動を当初より大したものではないと思っていた。鄧としては、ゴルバチョフ訪中までとにかく、何とか収拾してくれればよいとの考えから、趙にその処理を任せたものと思う。趙は趙で、これを自己の政治的立場の強化の機会としたいという意向もあったものと思う。十六日、趙がゴルバチョフとの会見冒頭で鄧が最終決定権者であるとの発言を行ったのは、明らかに、責任回避を意図したものであり、趙の苦しい状況を反映したものであった〉

「鄧が最終決定権者」という趙紫陽の発言は、趙の失脚を決定的なものにしたので触れておこう。

　趙紫陽は十六日午後のゴルバチョフとの会談で、二年前に党中央委員も退いた鄧小平が今も、重要な問題で舵取りをしているという党の「秘密決議」を対外的に暴露してしまった。この暴露に鄧小平は激怒するのだが、趙紫陽にすれば、「鄧小平が現在、依然として中国共産党の最高意思決定者であるのは党中央が決定したもので、組織的には合法的である」と認識しており、鄧の反応を「予想外」と考えた（『改革歴程』六七頁）。実際に趙は一九八七年十一月、第十三回共産党大会閉幕後の内外記者会見で香港の記者の質問に対し「重大な問題にぶち当たった際、彼〔鄧〕に教えを請えば、もっとうまく対応できるだろう。もちろん喜んでそうする」と答えている（『人民日報』八七年十一月三日）。

　しかし世間はそう受け止めなかった。学生たちは、趙紫陽が自分たちとの対話を望んでいるが、最高実力者である鄧小平が反対してそれを認めず、事態の打開を図れないのだと解釈した。李鵬も「趙の発言自体は実情に符合しているが、国家が動乱で存亡の危機にあるタイミングを選び、このような話をするのは下心があり、意味深長だ」と考えた（『李鵬日記』一六一頁）。

　佐藤と「中国党関係者」のやり取りに話を戻すが、佐藤はさらに〈十七〜十八日のデモに大挙一般職員、労働者が現れ、党機関職員までも出てきた背景には、趙の働きかけもあるとの説があるがいかが〉と疑問をぶつけた。

〈党宣伝部の職員もデモに出かけたが、自分の見る限り、これは自発的なものである。宣伝部内では部長、副部長がデモに加わらないようという指示を出し、処長〔課長〕以上は結局参加しなかったが、若手職員はこれに構わずどんどん参加して行った〉

公電で黒塗りだった情報源はどうも共産党中央宣伝部の関係者のようだ。

〈なお、市民、労働者がデモにくり出した一つの要因としては、学生のほかに新聞記者たちがデモを行い、その旨が各メディアで報じられたことが大きかった〉

人民日報や新華社を含めた官製メディアの記者がデモに参加し、大きく報じられたことで、共産党・政府内の職員も安心してデモに参加したのだった。

カラス舞い「天の怒り」

佐藤重和は情報源について「われわれが付き合っていたのは、改革派に偏っていた」と振り返る。「『電報書くんだ』となったら誰もしゃべらないから、雑談するように〔話を引き出して〕頭の中で〔相手の話を〕一生懸命覚えた。メモ帳なんか出したら〔相手は話さず〕ダメだから、大使館に戻ったら話を思い起こしてバーと電報を書いた」〔佐藤インタビュー〕

親日的だった胡耀邦総書記の下で働いていた体制内改革派の情報源を引き継いだケースもあったとみられる。「天安門事件外交ファイル」を読むと、佐藤は報道関係者を情報源にしていた。

戒厳令発動三日後の五月二十三日。天安門広場では百万人がデモに参加し、要求は李鵬総理の退陣に絞られた。天安門中央に掲げられた毛沢東の肖像画に、青年が墨汁の瓶を投げ付け汚される事件も起こった。全日空北京支店の前出、尾坂雅康の手記にはこう記された。

「百万人デモのあと、にわかに空が曇り、強風と豪雨が到来、広場には数千羽のカラスが舞う。天の怒り、地の声を感じる」

この日、佐藤は「報道関係者」に会い、話を聞いている。具体的な所属報道機関名は黒塗りだが、「極秘・大至急」指定の公電には《同人は従来より李鵬には非常に批判的であり、発言にもその傾向が強いが、とりあえず。なお、本電の扱いには留意願いたい》と注意書きを加えた（**中島大使発外相宛公電「中国政情〔報道関係者内話〕」一九八九年五月二十三日**）。

〈趙が辞表を提出したとの話については、自分は承知していないが、趙が辞任を承知するとは思えない〉

趙紫陽解任に懐疑的な見方を示した報道関係者は、日本政府が李鵬に協力しないよう促した。

〈こうした圧倒的な民衆の声の前に、李鵬が辞任に至るかどうかは分からない。中国の党の上部で行われている議論は、しばしば民衆の考えとは正反対だからである。ただ、仮に李鵬がこのまま居すわるとしても、民衆はだれも彼を支持しない。このことは外国との関係にも影響しよう。日本政府が李鵬政府に協力することは必ずしも人民の支持を受けるとは限らず、感謝されないかもしれない〉

共産党・政府だけと協力関係を構築してきた日本政府に対して日中関係の再構築を迫る要請だった。党・政府と対立した中国の「民」から日本政府は嫌悪される可能性があるとの見方だ。

佐藤は五月二十七日にも、「報道関係者」と会った。やはり所属新聞社名や記者名は黒塗りで、「極秘・大至急」指定の公電には、《なお、同人は、改革派への大幅な締付けが行われるであろうとして、現状に非常に憂慮を表明し、会話の際も通常とは全く様子を異にし、常に周囲を気にしながら話をしていたところ、本電扱いにはくれぐれも留意願いたい》と記されている（**中島大使発外相宛公電「中国政情［[redacted]報道関係者内話］」一九八九年五月二十七日**）。

《通常とは全く様子を異にし》とあり、二十三日の「報道関係者」と同一人物の可能性もある。

報道関係者は、「趙紫陽失脚」に関する最新情報を明かした。

〈趙紫陽の失脚は決まってしまった。趙が逮捕されたというようなことはないが、中南海で実質上外出できない状態にある。また、この数日来心労のためか心臓を患っており（「供血不足」なる理由）、身体も不安定な状況にある〉

〈趙の処分については、胡耀邦（失脚）の時のような「誤り」というより厳しく、「反党集団」として扱われる可能性が大きい。これには、政治局常務委員会内で最終的に趙に同調した胡啓立《こけいりつ》も連座しよう〉

ただ報道関係者は、戒厳令が敷かれても、まだ学生デモの武力鎮圧には否定的だった。

〈目下軍の大量動員等が種々伝えられているが、これらの軍は、天安門広場にいる学生に向けられたものではなく、党内のいわゆる「反党集団」に向けられたものであり、（中略）反対派に対する威嚇作用を狙ったものである。従って、自分は、軍が直ちに学生の排除に向かってくるとは思わず、先ず、そうした党内の反対勢力を抑え込んで、党内の体勢を固めた上で、学生の孤立化を図り、その上で要すれば排除にとりかかることになろう〉

一方でデモの過激化も予測し、それは的中することになる。

〈進歩的学生達の間には、すでに今の政府には何を言ってもムダという無力感が広がりつつあり、市民を含め、一方では非暴力・不服従の形で運動が広がるとともに、将来的には暴力的行為に訴える者が出てくる可能性も否定できない。現在の中国の支配体制は単に鄧小平のみの問題ではなく、仮に鄧小平が世を去っても、この地位を楊尚昆が継ぐだけである〉

この報道関係者のような改革派知識人には失望だけが広がっていた。

「趙は鄧に敗れた」

佐藤重和は五月二十七日、報道関係者から「趙紫陽の失脚は決まってしまった」という決定的な情報を得たのに続き、同日夜には、久保田穣公使と小林二郎政治部長が情報源と夕食を共にするのに同席した（**中島大使発外相宛公電「中国政情［[redacted]内話］」一九八九年五月二十八日**）。情報源の氏名や肩書は、黒塗りとなっているが、日本大使館が重要局面で内部情報を得るために日頃から懇意にしている中国共産党・政府幹部と見ていいだろう。情報源はこう明かした。

〈二十五日、政治局拡大会議（百余名出席）が開催され、趙紫陽、〔趙秘書の〕鮑彤をはじめ四十余名の趙紫陽派の者が反革命・反党分子・反徒と決定され、趙紫陽等は軟禁状態に置かれる一方、同決定は全国に通達された。二十七日中には行政機関の課長クラスまで下達されていると思う〉

〈今回の一連の動向の背景には、学生を中心とした民主化を求める動きや、一般大衆の不満等とは別に、政府内部での権力闘争があった。当初は趙紫陽の李鵬に対する奪権闘争的なものであったが、そ

れが趙紫陽の鄧小平に対する奪権闘争的なものに発展し、最終的に趙は鄧小平に敗れた〉

〈趙は、鄧小平を引退させ、自ら実力を得ようとしたため、鄧との間の確執に発展していった。鄧小平が趙紫陽に対する姿勢を最終的に明確にしたのは、ゴルバチョフ・ソ連書記長来訪時における、「国家秘密の暴露」である〉

その上で、趙紫陽を「反徒」とした際の「罪状」として情報源は以下の四つを挙げ、さらに続けた。

(イ)国家機密の暴露
(ロ)学生運動の煽動
(ハ)これまでの経済政策の失敗
(ニ)腐敗の元凶

〈趙が会議の決定を経ずして機密暴露を行ったことで鄧小平は激怒した。趙としては、権力闘争の過程で自己の状況が不利になり、追いつめられてきたために、最後のカケに出たのであろうが、結果は敗北につながった。機密暴露は言わばやけぱちになって鄧小平に責任を転嫁する意図で行ったものであろう。趙紫陽は鄧小平を引退に追い込もうとしたのであろうが、軍に対する影響力も弱く、政治力量もとぼしく、更に大衆と一体化していなかったのが敗因である。〔中略〕趙は党の指導者としての器ではないと思う。なお、趙は反革命と認定されたといっても、起訴される可能性は少ないと思う〉

五月二十七日時点で学生デモはやや下火傾向であり、情報源はデモの行方にも楽観的だ。

〈今更軍が直ちに天安門広場の制圧に乗り出すこともないと思われ、学生の自然解散を待つことになるだろう。軍の出動は、デモに対するデモという要素があった〉

〈今回のやり方はスターリン式なやり方の最後のものとなるかもしれない。また、今後軍内部で不満分子が趙紫陽の擁立をはかる等、軍の内部が分裂し内乱が発生する可能性はもはやほとんどない。趙紫陽は大学も出ておらず、学問もなく政治家と言うにはふさわしくなく、彼をかついで反乱を起こすほど価値のある人物ではない〉

〈歴史の大きな転換期にある中国において、今回の政変はイデオロギー色抜きの単なる権力闘争（奪権、反奪権闘争）であり、この結果改革開放の推進という中国の路線には変化はなく、〔中略〕今回の事件で安定度は増したとさえ言いうる。〔中略〕今後、官僚政治家である李鵬の指導の下、更に経済改革を推進していくであろう〉

発言の内容から見て、情報源の素性は、趙紫陽シンパの幹部ではないだろう。佐藤が普段から付き合う改革派で趙紫陽シンパの知識人とは認識が異なっている。

日本の静観は「賢明」

一方、趙紫陽シンパでない幹部さえも学生運動を一応評価し、「中国の変化」を見出しているのは興味深い。

〈今回の学生運動は、学生・一般大衆を含め百万人以上の動員をしたにもかかわらず、大きな事故も発生せず、見事であった。学生組織は統制がとれ、民衆の共感を得ることに成功した。しかし、中国の政治システムは、未だこうした民衆の意向が政治権力に直接反映されるだけの力を有していない。ただし、このような百万人デモにもかかわらず大きな事件に発展しなかったのは中国の民主化が成熟しつつあるものと受け止めてもらいたい。自分は、今回の学生の運動に中国青年のすばらしさを見い出し中国の将来に希望がもてるようになった。五年後、十年後には、こうした世代が次第に社会の中枢に進出し、中国も変化していくことであろう〉（前掲「中国政情［[redacted]内話］」）

　このほか、共産党・政府幹部とみられる情報源は、日本大使館の久保田公使や小林政治部長、佐藤に対して〈アメリカ政府は、今回の学生運動に対して中国に対し様々な見解を表明したが、日本政府が静観の態度をとったことは賢明である。今後も心配せずに中国に対する経済協力等を進めてほしい。あわてて何か言ったりすることは得策ではない〉と釘を刺した。

　この発言を解釈すれば、日本政府は米政府とは違い、中国の学生デモに肩入れするわけでもなく、中国政府を批判するわけでもなく、中国政府が望むように対応していることを称賛されたのである。日本政府はこの情報源から、「口は出さず、カネさえ出していればいいんだ」と馬鹿にされたような扱いを受けたと言ってもいいだろう。

第三節　五月三十一日・北京・東京異なる認識

あくまで「中国内政問題」

米政府は一九七二年のニクソン大統領訪中以降と同様、共産党指導部のみを通じて「中国」とかかわるべきか、それとも中国人民や社会全体にかかわるべきか――。一九八四～八七年に米紙『ロサンゼルス・タイムズ』北京支局長を務めたジェームズ・マンは著書『米中奔流』（邦訳一九九九年）の中で、天安門事件前夜の一九八〇年代後半における米政府の中国認識について詳細に検証している。

一九八五年十一月から天安門事件直前の八九年四月まで米国の駐中国大使を務めたウィンストン・ロードは、ニクソン大統領訪中の立役者となったキッシンジャー国家安全保障担当大統領補佐官による一九七一年の極秘訪中にも随行した。ロードは、一九八八年六月一日、妻のベティ・パオと一緒に、北京大学にいた。民主化に関心のある学生と野外で交流する「芝生サロン」に招かれ、民主化運動リーダーとなる王丹らを前に講演した。天安門事件のちょうど一年前の出来事である。

上海生まれのパオは一九四六年、八歳の時に外交官の父の赴任先であるニューヨークに渡り、その直後の国民党と共産党の内戦を受け、そのまま米国にとどまった。文化大革命中の一九七三年とその後の七九年に里帰りし、八一年には中国を舞台にした小説も発表し、全米でベストセラーになった。三回目の帰郷が大使夫人としてだった（パオ『中国の悲しい遺産』、金美齢「訳者あとがき」）。夫妻は中国民間の民主派や改革派との交流も大切だと感じていた。

ジェームズ・マンは、ロードら北京の米大使館側が「方励之をはじめとする数人の反体制活動家や知識人を中国社会の新しい構成要素と見なしていた。〔中略〕政治改革を叫ぶ人びとは中国の都市部において一つの勢力として定着したかに思えた」と考えていたと指摘する一方、ホワイトハウスのブッシュ大統領やスコウクロフト大統領補佐官（国家安全保障担当）に対しては「中国社会が変化しつつあるとは認識せず、〔中略〕中国の政治改革もさほど重視してはいなかった」と分析した（『米中奔流』二七五～二七六頁）。

秘密指定を解除された天安門事件に関する日本の外交記録を見て、筆者は、霞が関や永田町（外務省、官邸、国会）と、北京の日本大使館の間でも米国と同様のことが言えると確信を持った。

東京の外務省では、あくまで日中関係をつくるパートナーは共産党・政府であり、その関係を最優先する対中方針が一貫していた。例えば、日本大使館は五月二十二日、外務省中国課から「**中国の学生デモ**」と題した文書を受け取っている。同文書には「日中関係への影響」としてこう記されていた。

《本邦プレスの報道振り（学生に同情的）もあり、李鵬現指導部の今後の対応振り如何では、日中友好協力関係をプレイ・アップ（大きく扱う）したり、円借款等の経済協力を積極的に推進することに対する批判も出て来ることがあり得る。但《ただ》し、我が方としては、本件はあくまで中国の内政問題との立場から、はねかえりはないことを期待との対応とする》

中国課では、李鵬が中心となった中国政府との間で日中友好を継続、強化していく方針だった。円借款をはじめ経済協力を続ければ、日本国内では政府の対応に批判的な声が高まるほか、中国国内でも対日感情が悪化すると認識していた。しかし中国学生らの民主化運動は「あくまで中国の内政問題」であり、静観することで、日本への「はね返り」が来ないことを期待するというのが基本的スタンスであった。これが摩擦を抱えながら大崩れしなかった一九八〇年代の日中関係の現実であった。

しかし在北京日本大使館の外交官たちからは、市民や学生による百万人デモのエネルギーを連日目の当たりにして、日本政府としても学生らの民主化運動に無関心であるべきではないとの反発が出てくる。北京の現場若手外交官と東京・外務官僚の中国認識の違いが浮き彫りになった。

日本大使が民主派学生と接触する

実は日本大使館では一九八〇年代、親日的だった胡耀邦に近い改革派の幹部や学者らに接近し、実際に「生の情報」を得ていた。当時の日本大使館幹部によると、中日友好協会幹部や中国人新聞記者だけでなく、胡耀邦総書記の秘書で懐刀と言われた鄭必堅《ていひっけん》（後の共産党中央宣伝部常務副部長、中央党校常務副校長）、中国社会科学院日本研究所所長の何方《かほう》と昵懇《じっこん》だった。趙紫陽の経済ブレーンで、「中国経済体制改革研究所」所長を務めた陳一諮《ちんいっし》とも交流があり、元日本大使館幹部は、陳が会食の際、「改革開放の行き着く先は資本主義だ」と豪快に笑っていたのを覚えている。

改革派が中国政治の主導権を握った時代であり、体制内の改革派から話を聞けば、中国共産党で何が起きているかはある程度つかめた。八五年二月に中国社会科学院政治学研究所長に就いた厳家其《げんかき》とも付き合いがあった。趙紫陽のブレーンとして政治体制改革作成に関わった厳家其は、民主化運動が盛り上がった一九八九年五月十七日に発表した「五・一七宣言」で、「中国にはまだ皇帝の称号なき皇帝がおり、年老いて愚昧な独裁者がいる」、「老人政治を終わらせよ！　独裁者は辞職せよ！」と鄧小平を痛烈に批判した（『チャイナ・クライシス重要文献・第二巻』一一六頁）。陳一諮は天安門事件後に米国に、厳家其はフランスにそれぞれ亡命した。

日本大使館では体制内の改革派知識人と交流しても、民主派学生との接触はほとんどなかったが、一九八九年四月、胡耀邦死去を受けて追悼運動を展開した学生の動きを観察するようになる。民主派の学生が、中国政治を動かす大きな存在としてもはや無視できなくなったという判断があった。

中島大使の秘書、井川原賢は、天安門広場での学生デモの状況が落ち着いている頃を見計らい、中島にこう持ち掛けた。

「大使、天安門広場の学生運動は御覧になられましたか。もしよろしければ少し見に行きませんか」。日程も空いており、天気も良かった。中島は一瞬、言葉に詰まり、「大丈夫かなあ」と漏らしたが、「じゃあ一緒に行こう」と応じた。その足で天安門広場に行き、井川原を通訳に学生と言葉を交わした。

中島は「〔中国の学生指導者と直接話をしたのは〕もちろん最初で最後です。そんな気楽に会えるようなものではありません。黙って入っていくわけですから。周りが私を中国人だと思っているから、制止されないだけの話です。〔中略〕薄気味の悪い感もありました。デモの最中ですから」と回想している（『日米安保・沖縄返還・天安門事件』二一七〜二一八頁）。

井川原は中島と天安門広場に行った時期について記憶が曖昧だが、「百万人デモ〔五月十七日〕や戒厳令布告〔同二十日〕の前。五月上旬頃ではなかっただろうか」と振り返る。「あの時は安全な時期で、大使が行っても大丈夫だという判断があったほか、大使ご自身も見られた方がいいと考えた。学生と意見交換するのが目的でなく、〔民主化運動を〕自分の目で見て肌身で感じてもらうことだった。でもやはり抗議運動だから、大使はいろんな意味で『大丈夫かなあ』と言ったのでしょう」（井川原インタビュー）。

中島が天安門広場に行き、学生リーダーから話を聞くというのは、北京の現場の外交官たちがそれだけ、民主化を求める学生運動の力を実感し、中国の変化を予感したからに他ならない。しかし、民主化運動は「中国の国内問題」と見なした霞が関のチャイナスクール外務官僚から見れば、日本の大使が民主派学生と接触することなど、これまでの感覚では考えられない事態だっただろう。

外務省が黒塗りにした「長期独裁体制」

在北京日本大使館の外交官たちの中国認識を「天安門事件外交ファイル」を基に見てみよう。大使館員は、五月十七日に展開された百万人デモの際も、民主化を要求する学生の力に期待していた。

「**学生運動と趙紫陽の失脚**」（以下「**学生運動文書**」）――。在中国大使館が一九八九年五月三十一日に作成した「秘」指定の分析報告である。筆者がこの外交文書を、学生たちの民主化運動を追っていた佐藤重和に見せたら、「おそらく私が書いたものでしょう」と振り返った。

この文書は、《中国の政情については、依然流動的ないし不透明な要素も多く、また、今後、これまでの事実関係につき明らかになる部分もあろうと思われるが、三十一日の時点で今回の一連の動きに関し、分析・評価、その及ぼす影響、わが国としての対応等について、当館のとりあえずの見方をとりまとめたペーパーを別ＦＡＸ信にて送付する》として、六月三日、つまり天安門広場制圧作戦が始まる一日前の午前零時七分から十一分にかけて、外務省に送られた（**中島大使発外相宛公電「中国政情［当館分析ペーパーの送付］」一九八九年六月三日**）。

筆者が、情報開示請求により入手した二〇二〇年七月三十一日のファイルにもこの文書は含まれていたが、全九ページのうち最初の七ページはほぼ黒塗りだった。しかし同年十二月二十三日に「天安門事件外交ファイル」が一般公開された際、黒塗りは消えた。その間わずか五カ月間だが、外務省が三十年前の出来事といえども、今なお対中関係に影響が出る可能性があると躊躇したのだろうか。情報開示請求で得た黒塗り文書を見て、三十年以上も前の記録であっても対中配慮しなければならない理由について理解に苦しんだが、いずれにしても五カ月後に秘密文書の全容を見ることができた。

「学生運動文書」は「分析・評価」の「総論」でこう記している。

《趙は最終的に、鄧小平の支持を失い、自らの後見人であった鄧により切捨てられることになった。このことは、政治体制の民主化・自由化の問題が現在の中国の党指導部にとり如何にデリケートな問題であるかを裏書きするとともに、十年間独裁体制をしいてきた鄧が、この問題については頑なな態度をとり続け、独裁者の支持を失った指導者は切られるという長期独裁体制の弊害を露呈することとなった》

ちなみに今回公開された「天安門事件外交ファイル」では、鄧小平の《長期独裁体制》というキーワードがたびたび登場するが、筆者の請求に基づく二〇二〇年七月末の外交文書公開ではなぜか「独裁」の部分が黒塗りになっていた。五カ月後の一般公開では「独裁」の黒塗りは解除されたが、外務省は今も「鄧小平独裁」という言葉にも気を遣っているようだ。

「学生運動文書」に何が書かれていたのか、本題に戻ろう。「総論」ではこう分析した。

《学生運動は、今回、質的にも量的にも大きな発展をみせ、中国において「民主化」要求が一つの大きな流れとして進むであろうこと、また、学生がその中で中核的役割をはたすであろうこと、を予測させることとなった》

「学生運動文書」を貫く基調は、学生運動を通じて中国は民主化の方向に向かう、という期待と、鄧小平独裁体制の限界である。「新たな中国」時代の到来を予感したのだ。

《デモに際するスローガンは、当初は、「民主」や「待遇改善」を求める比較的無難なものが大勢であったが、後期には、李鵬や鄧小平の辞任を要求するものが圧倒的多数を占めた。白昼堂々現職指導者を名指しで攻撃するといったことは以前の中国では全く考えられないことであり、こうした声を体制側がもはや力では抑えられなくなりつつあることを示している。あわせ、特筆すべきは、こうした大規模デモが、自発的参加により行われたことである。〔中略〕こうした一連の新たな現象は、現状への不満が人々の間に限りなく広がっていることを示し、そうした人々が、不満を外に表わすようになったということであり、為政者として今後こうした、エネルギーを無視するわけにはいかなくなってきていることを示していよう》

《少なくとも長期的に見る限り、今後の中国の政治において、人民英雄記念碑に「自由・民主」の旗を掲げた学生たちや、軍用車の前に立ちはだかった市民たちが大きな声をあげるようになってくることは問題ないものと思われ、その意味で、今回の学生・市民の運動は、鄧小平による十年の改革を継ぎ、新たな改革の時代を指し示すものとなる可能性すらあると言えよう》

中国の「民」を無視できなくなった

「学生運動文書」が興味深いのは、こうした民主化のうねりに対して日本政府がどう向き合うかを提言していることだ。

《中国側からとにかく「静観」しろと言われて「静観」することを意味するものではない》

実は、この文書をまとめる前日の五月三十日、中国外交部の徐敦信《じょとんしん》アジア局長が、久保田穣次席公使と会見し、〈現在の情勢は複雑であるため、日本側がこれを「静観」してくれることを希望する〉と述べ、中国の内政問題であることを理解するよう求めた。

東京への公電では「静観」という部分に《この点特に強調していた》と記している（**中島大使発外相宛公電「中国政情〔日中関係への影響：外交部アジア司長との会見〕」一九八九年五月三十一日**）。

しかし、現場の外交官は、日本政府としてこれを「静観」してはいけない、中国の変化に日本政府としても関与すべきであると考えた。これまでの日本政府は対中政府開発援助（ODA）を通じて中国共産党政権が推進した「改革開放」を支援し、「友好協力」が対中外交の基軸となっていた。繰り返しになるが、この文書が作成されたのは五月三十一日で、まだ流血の惨事は起こっていない。

日本政府は一九七二年の日中国交正常化以降、共産党・政府だけを相手に日中関係の構築を進めた。現共産党政権への大衆の民主化要求は、共産党・政府だけを相手とした日本政府の対中関係を見直す転機となると認識した。

《わが国としては、或は国民の一部には反感さえ存在することが明らかになった政府を相手とすることになるかもしれないという意味で、戦後の日中関係上殆ど経験したことのない局面を迎えたということができよう。極論すれば、現〔中国〕政府への支持・協力表明が一部〔中国〕国民からは反感をもって迎えられるという要素も十分考慮に入れつつ進める必要が出てきつつあると言えよう。少なくとも、今回の百万人デモで現れてきた民主化の流れは、今後の中国の将来への流れと見ることもでき

るわけであり、そうした人々の考え方や受け止め方にはわが国としても十分注意を払っていくべきであろう》

日本の外交官が天安門広場で見たものは、鄧小平や李鵬ら共産党最高指導者を打倒しようとしている「民」の声であった。共産党・政府を相手にし、対中ODAなどを通じて共産党を支援し続ければ、日本政府あるいは日本も、中国の民から「嫌悪」の対象になりかねないと危惧した。それはまさに《戦後の日中関係上殆ど経験したことのない局面》だった。なぜなら、もしかしたら中国は「共産党の中国」でなくなるかもしれない。民主化は《今後の中国の将来への流れ》ではないかと感じ、中国の民間との関係を構築し、対中外交を展開する必要があると提言したのだ。

「農民の国」に民主化は無理という見立て

こうした日本大使館の分析と提言は、六月三日夜から四日未明に展開された、人民解放軍による民主化要求運動の武力弾圧で崩れることになる。学生の中に入り込んでデモの動きを追った佐藤重和は、「学生運動文書」の背景にある「学生らの民主化要求運動」をどう見ていたのか。

「それまでの中国政治の常識から言えば、デモなんて潰そうと思えば、いつでもあっという間に潰せる。共産党を離れていろんな活動が組織的にできる国ではないんだから、最初はみんな少数の学生による動きだと思っていた。しかし意外と潰れずに続いた。私は政治担当ですからいろいろと調べてみると、それこそ共産党の上層部も割れている。そういうことから関心を持った」（佐藤インタビュー）

毎日のように天安門広場に行き、学生たちを追っかけて話をしていると、どうしても民主化要求運動にのめり込み、学生側に感情移入し、シンパシー（共感）を感じてしまった。

「本当にドラマの中にいるような感じだからね。大国中国が本当に変わる、一変するかもしれない。政治的に分裂して大変な状況になるかもしれない。考えれば考えるほどいろんな可能性があった。結局、今はそれが良かったかどうかは別にして結果的に一番まとまり、安定した方向に中国は向かった。しかし舵の取り方次第でいろんな可能性があった。個人的には〔当時〕中国の広い意味での民主化など、われわれが期待する中国像がありました」（佐藤インタビュー）

こうした佐藤の中国認識が「学生運動文書」に記録されたような民主化への期待感につながったと言えるだろう。

序章で触れたが、六月四日未明の武力弾圧の現場にいた佐藤は、目の前で中国の若者が撃たれるのを見て「私たちの対中経済協力、改革開放への支援というのは一体どういう意味があったのでしょうか」と涙ぐみ、チャイナスクールの先輩外交官だった谷野作太郎《たにのさくたろう》アジア局審議官（後の中国大使）に電話した（谷野インタビュー）。

第五章で明らかにするが、外務省中国課は、民主化運動の武力弾圧五日後の六月九日、重病説や死亡説すら出ていた鄧小平が登場して混乱した事態が一応収束に向かうだろうと評価した際、中国の民主化問題についてこう分析した。

《政治問題にほとんど関心がない八億の農民が政治的安定と経済的繁栄のみを追及する保守的な基盤として存在し続ける限り、中国の民主化実現は容易ではない》（**中国課「中国情勢［鄧小平の登場］」一**

九八九年六月十日）

中国課は六月二十六日に作成した「極秘・無期限」指定の外交文書「**中国情勢**」でもこう記した。

《将来の可能性はともかく、当分の間、中国における民主化要求の力を過大評価することは誤り。農民を中心に中国人の大多数は政治的自由に無関心》

中国課は、中国は「農民の国」であり、民主化は無理だと片づけてしまった。

さらに外務省は天安門事件後、「流血」の惨事に失望した佐藤ら現場の外交官とは違い、中国共産党を孤立させない外交を展開する。

《民主・人権より長期的・大局的見地の重視》

《温かい目で中国側の状況を見守っていく》

天安門事件直後に外務省の作成した外交文書にはこう明記されている（「**我が国の今後の対中政策「今回の事態を踏まえて」**」**一九八九年六月二十二日**、「**中国情勢―日米外相会談大臣発言要領―**」**日付不明**）。

筆者がこの外交文書について尋ねると、佐藤は「本省でのそういう立場と、われわれのように現場にいた人間とはちょっと感覚が違う。『温かい目』というのはないですよ。こんちくしょうと思っていた」と振り返った。

第二章——「六四」は必然だった

第一節　「二つの学生デモ」はなぜ起こったのか

靖国参拝に反発する「反日デモ」

外務省中国課は、天安門広場での百万人デモ翌日の一九八九年五月十八日、前出公電「中国の学生デモ」で、民主化運動の直接のきっかけを胡耀邦の急死と位置付けながらも、インフレや官僚の腐敗、知識人の待遇の低さなど「潜在的原因」が民主化要求の背景にあったと分析した。本章では天安門事件の「原点」として、八九年の民主化運動以前に発生した「二つの学生デモ」に注目し、その背景にある「潜在的原因」を探ってみたい。時間の針を四年逆戻りさせる。日本を近代化のモデルと位置づけ、「親日派」として「日中蜜月」時代をつくった胡耀邦時代である。

胡耀邦総書記と意気投合した中曽根康弘首相は、一九八五年八月十五日の終戦の日に靖国神社に公式参拝した。

中曽根の靖国神社公式参拝から三十四日後。一九三一年の満州事変のきっかけとなった柳条湖事件の記念日である九月十八日夕方、天安門広場で北京大学生らによる反日デモが発生した。

外務省中国課長の槙田邦彦《まきたくにひこ》（後のアジア大洋州局長、シンガポール大使）のもとには、北京の日本大使館政治部長、阿南惟茂《あなみこれしげ》（後の中国課長、中国大使）から連絡があり、槙田は「反日デモ」に驚いた。なぜならその三日前の九月十五日、新日鉄などが関与した日中経済協力の象徴的プロジェクトである上海宝山製鉄所の第一号高炉の火入れ式が行われ、予定通りに稼働を開始していたからだ。それだけに槙田は「反日デモは突然で、予想していなかった」と回想している。

北京の日本大使館では、北京の大学に留学中だった複数の外交官補からの報告を集め、東京・外務省宛ての公電を作成している。

九月十九日午前一時十六分に外務省に届いた中江大使発外相宛の「秘」扱いファクス公電「**日中関係（当地における九・一八記念集会）**」や、九月二十三日午前零時すぎに外務省に到着した日本大使館発の「秘」公電が、経過を詳細に報告している。

それらによると、北京大学構内の掲示板には、九月十日から、記念日の十八日に天安門広場でデモを呼び掛ける壁新聞が物理学部学生によって貼られ、十三日には「九・一八をどう記念するか」と題する壁新聞も登場した。一連の壁新聞を要約すると、中曽根の靖国公式参拝は《政府が戦犯を神として認めたことを意味し、これは警戒すべきことである》と主張し、対日貿易赤字の拡大や日本製の欠陥商品輸出問題を受けて《日本はかつて武力をもって中国を侵略したが、今は中国人を騙《だま》すなどして経済侵略を行っている》と批判していた。日本人を《海賊民族》と非難するものもあった。

日本大使館の公電は、《一部少数の壁新聞が対日批判にことよせて対外開放政策等の政府の政策批判を行っていたことは注目される》と記しており、大使館は「反日」が「反政府」に転化されていることにも関心を寄せた。

北京大学当局は学生の要求に対して、《学生の愛国心より発する行動》と認め、校内の運動場で集会を行うことに同意したが、学生が天安門広場に行ってデモを行うことは認めなかった。十七日に大学で演説した外交部の楊振亜《ようしんあ》アジア局長（後の駐日大使）は、〈校外示威行動は、市内秩序を破壊し、また一部外国記者により中国の政治的不安定性の宣伝に利用され、中国の経済建設、対外開放政策にとって利益にならない〉と警戒を強めた。

九月十八日午後一時、北京大学図書館前では約二千人の学生が集まった。その後一部学生がデモ行進を開始し、校門に達したが、あくまで学外行動を禁止する大学当局と公安当局がすべての校門を封鎖した。午後三時頃、校長は〈今回の学生の行動が愛国心の発露〉だと認め、従来通り校内運動場で記念集会が行われた。

「北京大学全学生」からとする中曽根に宛てた書簡も作成された。前年の一九八四年三月二十四日、訪中した中曽根が北京大学で講演した際、日本の軍国主義復活は絶対にないと言明したにもかかわらず、翌年にA級戦犯の祀《まつ》られた靖国神社に参拝したことから、書簡は中曽根の言行不一致に不満を爆発させた。

《一年前、我々は、自分の校庭で閣下を御接待したことがある。その時、閣下は、中日の子々孫々にわたる友好のために努力する旨示された。しかし、最近、はからずも閣下は公職の身分で正式に靖国神社を参拝された。〔中略〕中国人民及び日本軍国主義の被害を受けた全ての人民は、過去の悲惨な歴史を決して忘れず、また、歴史の悲劇の再演を決して許すものではない》（**外相発中国大使等宛公電**

「北京大学学生の中曽根総理宛書簡〔靖国問題〕」一九八五年九月二十四日）

九月十八日午後三時頃、校外でのデモは禁止されたが、校門封鎖前に学外に出ていた一部学生は、他大学の学生と共に、天安門広場に向けデモ行進を開始。数カ所で武装警察官の阻止に遭いながら五時頃に天安門に到着した。当初、広場に入場することは許されなかったが、秩序正しく行進することを条件に許可された。デモ隊三百〜四百人は、「国辱を忘れず、たゆまなく強くなろう」というポスターを掲げ、「中曽根総理に抗議する」「日本軍国主義打倒」などのスローガンを叫び、広場を一周し、持参した花輪を人民英雄記念碑に捧げた。翌十九日付の北京発『朝日新聞』は、天安門広場で「反中曽根デモ」に参加した北京大と清華大の学生は約千人に上ったと報じた。

槙田は、反日デモが起こった背景について筆者のインタビューに「裏には歴史問題のみならず、改革開放政策を契機として芽生えた種々の社会矛盾への不満があったことは事実でしょう。そのような不満のはけ口として、歴史問題は格好のテーマだった」と分析した。

北京大生の本音を描写した「片山報告」

若者たちにとっての「種々の社会矛盾」とは何なのか。

当時北京大学で留学中だった外交官補、片山和之《かたやまかずゆき》（後の上海総領事、ペルー大使）は、「『九・一八』反日集会デモに関する考察」（一九八五年十一月十八日）と題した計十三頁の報告を書いている（「中国における反日運動〔九・一八デモ及び今後の見通し〕」一九八五年十一月十九日）（以下「片山報告」）。

「報告」は外務省中国課幹部とみられる者が「よく書けている」と手書きでチェックしているが、確かに「反日」の裏に隠された北京大生の当時の現実と本音が如実に描写されている。

筆者は「中曽根首相の靖国神社参拝を受けて中国で起こったデモに関する文書」を外務省に開示請求し、二〇二一年十一月二日に開示されたが、この中に「片山報告」が含まれていた。

《若者の間には就職、給料、住宅、物価、あるいはもっと漠然とした形で社会に対する不満がくすぶっている。エリートとして将来を約束された北京大学生とて例外ではない。劣悪な学習設備・環境、一部屋に六～七名も押し込められる一般学生の宿舎、消灯時間（夜十一時）等の規則、重《かさ》む食費等日常生活に関する不満は多い。昨年末には夜十一時の消灯時間を導入した大学当局に対し抗議のデモを行い、学長宅を囲む等の示威行動の結果、第三教室（比較的大きな建物）の終日使用が学生に認められるといういきさつもあった。これら学生の不満は何かを契機としていつでも堰が切られる情況である。実際九月十八日の北京大学構内に於ける抗議集会に参加した学生の七～八割は必ずしも対日抗議行動に関心を有していない上記学生及び騒ぎ自体を楽しむ学生であったというのが複数の北京大学生の一致した見方である》

片山は報告の中で、中曽根の靖国参拝から壁新聞が貼られるまでに約一カ月の「空白」があることから、今回のデモが《学生の「自発的」な行動によるものか、それとも党・政府の意向を受けた「やらせ」的行動なのか》、という問題を提起している。さらに、学生の大学構内での壁新聞掲示について《彼らに勇気を必要とさせ、身の危険を覚悟させるものであるのか？》、《何らかの後ろだてがなければ実行しにくいものなのだろうか》とも問うている。こう「答え」を出した。

《内容的には「愛国的精神」から書かれたものであり、政府・党としても抑えにくい内容であること、学生に聞いても、今回のような「愛国的」壁新聞を掲示することにはそれ程の躊躇はなく、「革命」の伝統を有する北京大学の血気盛んな学生であれば自発的に壁新聞を貼り出すことは決して不思議ではないと語る者が多い》

必ずしも「後ろだて」は必要ないという見方である。

さらに天安門広場へのデモ行進に反対であるという当局の意向を疑うことは難しく、学生の行動は「自発的」であり、天安門広場で約一時間にわたって公安当局の介入を受けずに行進できたのも、結果的には当局が「黙認」あるいは「追認」せざるを得なかったのが事実だろうと結論づけた。

《政府・党当局も一定の枠の中で、つまり抗議対象が「日本軍国主義」の復活に留《とど》まり、現在の対外開放政策に対する批判や「民主・自由」の要求に拡大されない限りにおいて、彼らの行動を容認しつつもデモについては終始一貫して反対あるいは否定的態度を取った。しかし最終的にデモ封じに成功せず、天安門広場での公安当局による実力行使を得策ではないと判断し、学生のデモを結果的に黙認あるいは追認する形になったように思われる》

「片山報告」が指摘しているように、北京大生が「反日デモ」を起こした背景には、必ずしも日本に対してだけ矛先が向いたのではなく、就職や物価高、学習環境など社会矛盾への不満が根底にあった。後に触れる一九一九年の「五四運動」など中国の危機の際に立ち上がった北京大学の愛国と革命の伝統を引き継ぐ学生は、日本や米欧と比べて遅れている中国の現状に危機感を持ち、単に改革開放を進めるだけでなく、政治改革や民主化も進める必要を痛感していた。この北京大の精神は八五年の反日デモが終わっても消えることがなく、膨らみ続けたのだ。

「孫娘と沖縄に行きたい」と胡は応じた

中曽根の靖国参拝と、学生の反日デモを受け、予定していた安倍晋太郎《あべしんたろう》外相の訪中の日程もなかなか決まらず、十月十日からの訪中にずれ込んだ。

中曽根は後に回顧した。

「九月になると、中国が反応しましてね。『〔靖国神社には〕戦犯がいるじゃないか』という批判が出てきた。〔中略〕戦犯や軍国主義の問題もありましたが、他面、権力闘争で、敵は本能寺、胡耀邦追放が保守派から企てられていたようでした。実際には陳雲《ちんうん》氏以下の保守派が動いていたと思いますよ」（中曽根『天地有情』四九二頁）。

その上で中曽根は、「〔翌一九八六年の〕靖国参拝をやめたのは、胡耀邦さんが私の靖国参拝で弾劾されるという危険性があったから」と認めている（『天地有情』四六三頁）。

そして中曽根は、一九八六年十一月八～九日、訪中している。外務省情報調査局の外交官が北京で接触した中国の信頼できる対日関係者は、「おやっ」と思ったと回想している。本来ならカウンターパートである総理の趙紫陽が中曽根を迎えるべきなのに、共産党総書記の胡耀邦が迎えたからだ（**外務省情報調査局分析課「信頼できる中国の対日関係者の話」一九八七年三月十七日**）。それだけ胡耀邦にとって思い入れの強いものだった。

胡耀邦はそれまでも中曽根や日本に肩入れしすぎ、趙紫陽によると、胡耀邦は一九八三年十一月に訪日した際、事前の議論もなしに日本の若者三千人を中国に招き、鄧小平は納得しなかった。さらに八四年三月に訪中した中曽根を中南海の自宅に招き宴会をしたことなどについても、鄧は「中国は今まで個人外交をしていない。われわれの中には、中曽根とうまく付き合えない者もいるようだ」と非難した（『改革歴程』一八七〜一八八頁）。

前出「信頼できる中国の対日関係者」も、胡耀邦について〈主観的指導は目に余るものがあった〉とし、〈戦略家ではなく、思いつき発言が多く、興奮しやすく、言いすぎであり、個人の好みを露骨に出すタイプ〉と語り、日本関係についても〈問題がないわけではない〉と、次のことを批判した。〈〔一九八五年に〕長崎と福岡に二つの総領事館を作ったり、結局三千人となったが、当初は三万人とも一万人ともいわれた青年交流の最初の提案などは実にばかばかしい笑い話である〉

中曽根は胡耀邦側から直接招待された八六年十一月の訪中で、日本の対中政府開発援助（ＯＤＡ）で建てられた「日中青少年交流センター」の定礎式に一緒に出席した。迎賓館「釣魚台国賓館」の中でも最も格式の高い十八号楼で宿泊し、鄧小平とも会談した。

帰国の途に就く直前の九日午後二時すぎ。胡耀邦による中曽根への「お別れの挨拶」が催された。釣魚台国賓館の広大な敷地内の池に面した十八号楼のホールに、胡耀邦は孫娘とともに現れ、中曽根に孫娘のピアノ演奏を聞かせた。胡耀邦は立ち上がり、日中関係の夢を語り、演奏に合わせてステップを踏んだ。その瞬間、胡耀邦の入れ歯が落ちるアクシデントもあったが、「日中関係のトゲが収められた雰囲気だった」と、中曽根に随行した中国課長の槙田は回想している（槙田インタビュー）。

中曽根はこの場で、胡耀邦に〈今後二年に一度は会うべきである〉と述べ、訪日を招請した。これに対して胡は〈次回は沖縄に行ってみたい、孫娘を連れていきたい〉と応じた（**中国課「中曽根総理**

の訪中［気付きの点等］」一九八六年十一月十日）。

わずか二カ月前にステップを踏み、入れ歯を落としてまで日中関係の夢を語ったトップが失脚することは信じられない展開だった。

学生を刺激した上からの「政治改革論」

中曽根康弘が訪中した一九八六年、鄧小平は政治体制改革なくして経済体制改革はあり得ないなどとたびたび言及していた。皮肉にも上からの「政治体制改革」の動きが、民間の改革派や民主派の知識人や学生を刺激し、中曽根訪中の一カ月後に全国で学生デモが吹き荒れる。

訪中を控えた中曽根は、中国の政治体制改革や民主化の行方がどうなるかに関心を持っていた。首相官邸で外務省幹部による訪中ブリーフィング（説明）が行われ、中国課長の槙田も中曽根の左側三〜四番目に座っていた。

「今中国が言っている政治体制改革とは何なのか」

中曽根は幹部に尋ねた。

居並ぶ外務省上層部は黙ったままのため、槙田が手を挙げて自分の見解を述べた。

「経済改革は改革開放の中で発展したが、政治面では進んでいない。文革や毛沢東時代が終わり、民意を反映させる政治をどうつくるか為政者として考えているのです」

槙田は「中曽根さんは世界の鄧小平から教えを請う姿勢だった」と振り返る。中曽根は鄧小平と政治体制改革について議論を行った。槙田の記憶では、鄧小平は何度もペッと吐いた痰《たん》を見事に痰壺に命中させながら話し、中曽根に「われわれも複数政党制というのを考えないわけではない。しかしそれは時期尚早だ」と答えた。これを聞いた槙田は、「鄧小平としてはそういう方向に持っていこうとは思っていない。持っていくような余裕はないんだな」と感じた（槙田インタビュー）。

このやり取りについて、中国共産党の公式記録で鄧小平は、中曽根に「われわれは、政治体制改革を進める必要性と緊迫性をますます感じているが、いまだ手がかりを見つけ出していない」（『鄧小平年譜・下巻』一一五二頁）と伝えたことになっている。

鄧小平が「政治体制改革」の肝と位置付けた「党政分離」は、毛沢東時代には政府・国家機関に対して共産党が絶対優位だった統治メカニズムを改め、党の政府機関への干渉排除を狙ったものだ。鄧小平が一九八〇年に「党と国家の指導体制改革」を最初に提起したのは、党・政府・軍の三権を握ったライバルの華国鋒《かこくほう》を追い落とす意味もあるとされた。

鄧小平は、社会主義の道、プロレタリア独裁、共産党の指導、マルクス・レーニン主義と毛沢東思想の堅持を指す「四つの基本原則」を唱える一方、政治体制改革へも前向きに言及した。胡耀邦失脚後の一九八七年の第十三回共産党大会に、後任の趙紫陽総書記が提起した政治体制改革の青写真策定に携わった呉偉《ごい》（元共産党中央政治体制改革研究室処長・研究員）は、「党政分離や機構改革、権力委譲といった政治体制改革を進めようとした鄧小平は、共産党と国家の体制を増強するための活力を与え、効率を高め、人民や群衆の積極性を引き出すのに政治体制改革が有益だと考えた。しかし、われわれから見れば政治体制改革ではなく、行政改革にすぎない。鄧は民主主義を行う考えはなく、三権分立などには強く反対していた」と語った（呉偉インタビュー）。

鄧小平にとって「四つの基本原則」と政治体制改革は矛盾するものではなかったが、民主化を求める知識人らは、鄧小平は一体、「四つの基本原則」を唱える独裁論者なのか、あるいは政治改革論者なのか、見極められず、もしかしたら完全な自由化・民主化論者の胡耀邦総書記に引きずられる形で民主化の方向に進むのではないかという淡い期待を抱いていた。

中国の八〇年代はまさに、「政治体制改革」と「四つの基本原則」が「攻防」を繰り広げる中で、知識人や学生たちの民主化要求が拡大する時代だった。

安徽から広がった学生デモ

政治体制改革や民主化の機運が盛り上がる中、中曽根の靖国神社公式参拝を受けた「反日デモ」を契機に表面化した学生のうっ憤や不満、さらに国を憂える愛国感情は、何も北京大学に限ったことではなく、翌一九八六年末、全国レベルの学生デモに発展した。「民主」「自由」が絡んだ学生による反共産党デモの色彩が濃いものになった。

中国の議会に当たる人民代表大会（人代）の代表（議員）は、市の中の区や県など末端行政単位では住民の投票による直接選挙によって選ばれる。当時もそうだったが、実際には共産党が選んだ候補しかなかなか立候補できないのが現実だ。

一九八六年は選挙の年だった。学生たちは完全な自由選挙の実施を要求したが、自分たちの推薦する候補者は選挙に出ることも許されず、不満と憤慨が高まっていた。安徽《あんき》省合肥《ごうひ》の中国科学技術大学では、区や県の代表を選ぶ方法に不満を表明する壁新聞が貼られた。同大第一副学長を務める方励之の支持と後押しで十二月五日に学生デモが始まった（楊継縄『鄧小平時代』四九二頁）。

中国科技大学のデモは、五日後の十二月十日、上海に波及した。方励之が十一月に演説した上海交通大学と上海同済大学などでも壁新聞が現れ、中には政治体制改革を推し進めるよう要求し、公然と「四つの基本原則」を否定した内容も現れた（『人民日報』一九八六年十二月二十四日）。

十二月十九日午後、学生たちは上海市中心部の人民広場で集会やデモを行い、夜には市政府庁舎に押し寄せた（前掲『人民日報』）。二十二、二十三両日には上海の同済大学、交通大学、復旦大学など市内の二十以上の大学の学生が相次ぎ街頭デモを展開した。湖北省武漢市でも十二月五日と九日、武漢大学、華中師範大学などでデモが起こり、杭州、南京、成都、西安、天津、長沙などに広がり、多くの学生が「四つの基本原則」を批判した（『鄧小平時代』四九二〜四九三頁）。

中国科技大で学生デモが最初に爆発したのは、副学長の方励之をはじめ教員が、大学の民主的運営がいかに重要であるかを理解していたからだ。まさに知識人らがメディアや討論会で政治体制改革議論を行っている最中の一九八六年九月二十一日の共産党機関紙『人民日報』は、方励之のインタビュー記事を掲載した。学生を育てるためには何が必要かと尋ねられた方励之は、「まず政治民主思想の自由な雰囲気だ」と断言した。

元旦に天安門へ進め

デモは首都・北京市に拡大した。

十二月二十三日、『人民日報』の一面に掲載された「安定団結の政治局面を大切にし、発展させよう」という記事に反発して北京で学生デモが起こった。『人民日報』は連日、「四つの基本原則」や「ブルジョワ自由化反対」に反旗を翻して民主化を求める学生たちに対して警告を発していた。

北京市人民代表大会（議会）常務委員会は三日後の二十六日、「デモ示威に関する若干の暫定規定」を可決。政府はデモの事前申請や許可制など統制に乗り出したが、翌二十七日に清華、北京両大学で規定に抗議する十数枚の壁新聞が貼られ、「ひと握りの集団が法を定め、大衆は何も言えない」、「民主主義とは国家権力を正確に管理することである」と反発した（『読売新聞』十二月二十八日）。

「元旦大遊行、進軍天安門」（元旦大デモ行進、天安門へ進め）

「首都学生大聯合、元旦十時天安門前集合」（首都学生は大連合し、元旦午前十時に天安門前に集合）

北京大学では十二月二十九日、こう記された壁新聞やスローガンが現れた。三十一日には北京大学、清華大学、北京師範大学などでついに、「首都大学生民主運動聯合会」と署名した壁新聞が現れた。

「元旦示威去!!!」（元旦にデモ行進に行こう）と書かれ、「われわれ（北京の大学生）は初めて連合で新年元旦にデモ活動を行う。昼十二時に開始し、午後五時に終了。場所は長安街（中南海）新華門、座り込み方式でデモする」と提案していた（『鄧小平時代』四九三頁）。

「天安門デモ」「中南海新華門で座り込み」。二年後の一九八九年春、民主化を求める学生運動の「原点」はここにある。

『人民日報』は、デモ予告のあった一九八七年一月一日の社説で「四つの基本原則堅持は改革開放のための根本的な保証だ」と掲げ、デモに断固反対する立場を改めて示した。学生デモ対応が甘いとして胡耀邦失脚を決めていた鄧小平の意向を反映させた社説だった。

年が明け一九八七年一月一日、厳寒の北京は厳戒態勢が敷かれた。

政府はこの日、天安門広場で三千六百人から成る優秀少年先鋒隊を組織し、人民英雄記念碑前で「祖国の美しい明日のために」と題した官製イベントを開催し、広場への立ち入りを禁止していた。こうした中、数百人の学生が天安門広場東側の歴史博物館から突然現れたのは午後一時だった。横断幕を広げ、「言論の自由」「デモの自由」というスローガンや「デモ規定撤回」を叫んで長安街を西へ、天安門正門付近を行進したが、わずか十数分間で警察に制止され、一部学生が警察に連行された（『鄧小平時代』四九三頁、『朝日新聞』一月三日）。

昼間の集会で警官隊に抵抗した学生二十四人が連行されていることが判明したため、一月一日夜九時すぎに北京大の学生約二千人が同大構内で「インターナショナル」を歌いながらデモ行進した。その後、清華、人民大学の学生も加わり天安門広場を目指し、「自由万歳、民主万歳、仲間を返せ」と叫びながら出発した。小雪がちらつき氷点下約十度の中、野次馬も加わって多い時で一万人に膨れ上がったという（『読売新聞』一月三日）。

デモに近づかないよう自重した日本大使館

外務省は一九八六年十二月から翌八七年一月の学生デモの背景として次の二点があると分析した。

一点目、《一九七八年以来の改革の流れ、特に最近の政治体制改革の動きに刺激され、「民主」や「自由」を要求する政治的環境の存在》。

二点目、《学生の生活環境（狭い宿舎、まずい食事、物価上昇等）に対する不満等》（「竹下幹事長訪中資料」一九八七年一月）。

二点目は、中曽根の靖国神社公式参拝後の反日デモの時にも背景にあるとされた問題だが、学生の不満は膨らみ続けた。北京の日本大使館では、八五年九月のデモでは日本がターゲットになったことから、北京大学などに留学していた外交官補らを通じて情報収集したが、外交官補らもデモ現場に直接近づくことを避けた。八六年末からの学生デモでも館員が「大使館」という組織としてデモ現場に行ったり、学生と接触したりすることがないよう自重した。

日本大使館の当時の美根慶樹《みねよしき》政治部長（後のユーゴスラビア大使）は「明示的に禁止していたわけではないが、気を付けなければならないとよく言っていた。危ないということに尽きる」と回顧した（美根インタビュー）。

一九八七年五月には、共同通信北京特派員の辺見秀逸（辺見庸として九一年に芥川賞受賞）が、八七年二月末から三月初めにかけて計四回にわたり胡耀邦総書記辞任の背景などに関して中国共産党中央の内部文書を特ダネとして報道したことを受け、中国外交部から情報源を明らかにするよう要求されており、五月十一日、国外退去となった（『朝日新聞』一九八七年五月十二日）。

外務省では、それより二カ月前の三月十七日、北京で前出「信頼できる中国の対日関係者」から次のような情報を入手していた。

〈外交部新聞司〔報道局〕は、国家安全部などからの圧力を受けて、共同通信社がスッパ抜いた〔一九八六年〕十二月三十日の鄧小平講話全文など数篇の党内文書の出所について、厳重なチェックを開始、日本記者の国外退出問題も出てきた〉

美根慶樹は一九八七年五月九日、辺見の国外退去処分について外交部に唐家璇《とうかせん》アジア局副局長（後の外交部長、国務委員）を訪ね、公式の説明を求めた。「何の理由も示さず捕まえて国外追放、退去を命ずるというのは乱暴ではないか」と唐家璇に抗議したら、唐は「乱暴」という中国語では激しい言葉に反応し、顔を真っ赤にして「乱暴とは何だ」と激怒した（美根インタビュー）。

共産党当局は、西側諸国が中国国内の民主化の動きに干渉する事態に神経を尖らせた。民主派学生との接触を「危ない」と判断した日本大使館には、共産党を刺激したくないという忖度《そんたく》があった。

鄧小平の逆鱗に触れる

安徽省合肥で始まった学生デモに対して後に解任される胡耀邦総書記はどう対応したのか。デモ開始から三日がたった一九八六年十二月八日、自身が主宰した党中央書記処会議でこう語った。

「現在、学生の間に少し問題が出ているが、全体の局面に影響していない。確かに学校管理の不備という問題があるほか、生活面が民主的かどうかという問題もある。改革し、改善する必要があるが、大げさに驚くこともない。民主は世界的潮流であり、台湾を含めてこのような変化が現れている。〔学生たちを〕うまく導き、〔当局は〕導くことを学び、圧力を加えてはいけない」（呉偉『中国80年代政治改革的台前幕後』一〇二頁、満妹『思念依然無尽』四七一～四七二頁）

胡耀邦が学生たちに同情的なのが良く分かる発言だが、民主化は台湾も含めた世界の潮流というくだりは興味深い。ソ連のペレストロイカのほか、台湾の蔣経国《しょうけいこく》政権下で、三十七年間続く戒厳令解除の検討や野党・民主進歩党の結成準備が本格化しているという報道が相次いで出るのが一九八六年十月である。八〇年の光州事件で民主化運動が軍に弾圧された韓国でも、八八年のソウル五輪開催に向けて民主化の動きが出ていた。

胡耀邦の娘、満妹は、父親の回顧録の中で学生デモに対して「父はずっと『驚くべきことは何もない』と認識していた」と振り返っている。その上で、長く青年活動に従事した胡耀邦は、青年や学生に対して満ちあふれた希望を持ち、「青年や学生というのはいいものだ。彼らの純粋さ、愛国心、向上心は国家や民族の未来であり、希望だ」と述べ、寛容な態度を一貫させていた、と回想している（『思念依然無尽』四七二頁）。

しかし鄧小平は、学生デモに衝撃を受け、怒りの矛先を胡耀邦に向けた。一九八六年十二月三十日、胡耀邦総書記のほか、趙紫陽総理、李鵬、万里《ばんり》両副総理、胡啓立党中央書記処書記、何東昌《かとうしょう》国家教育委員会副主任を私邸に呼んだ。

北京大学では二十九日、天安門にデモ行進しようとの壁新聞が貼られ、首都でも不穏な動きが拡大していた。鄧小平はデモ問題についてこう語気を強めた。

「これは、一つや二つの地方の問題でもなく、一年、二年の問題でもない。数年間にわたりブルジョワ自由化思想への反対の旗幟を鮮明にせず、態度を断固としなかった結果だ。『四つの基本原則』堅持を旗幟鮮明にしなければならない。さもなければブルジョワ自由化を放任することになる。問題はここにあるのだ」（『鄧小平年譜・下巻』一一六〇〜一一六一頁）

趙紫陽の回想によると、鄧小平は、方励之と王若望《おうじゃくぼう》（上海の作家）を名指しし、早くに王若望を党から除名するよう指示したのになぜそうしなかったのかと胡耀邦を詰問し、デモが起きた責任はすべて胡にあるとみなした。その上で、独裁的手段を使っても構わないからデモの鎮静化を図るよう命じた。趙は「この感情の爆発で、自由化をめぐる一九八四年以降の鄧と胡の対立はますます深まった」と回顧した(『改革歴程』一九二〜一九三頁)。

鄧は、「波風を立たせるであろうが、恐れることはない。方励之、劉賓雁《りゅうひんがん》(『人民日報』記者)、王若望に対する処分は断固たるものでなければならない。彼らの気違いじみた態度は極点に達しており、共産党を変えようとしている」と怒った(『チャイナ・クライシス重要文献・第一巻』四四頁)。「独裁的手段を使っても構わない」という発想には、天安門事件での武力弾圧指示につながる、鄧小平の「下からの民主化」への嫌悪感を読み取れる。鄧小平に「重大な誤りがあった」と断定された胡耀邦は一月二日、鄧に総書記辞任を申し出る手紙を書いた(『思念依然無尽』四七二頁)。

胡耀邦の失脚は一月十六日の共産党中央政治局拡大会議で決まるが、鄧小平は二日前の一月十四日、私邸に楊尚昆らを招き胡耀邦の処遇を話し合った。『鄧小平年譜』は協議の中で鄧小平が「軟処理」(ソフトな処理)を提案し、皆が「同意した」と明かしている(下巻、一一六五頁)。この結果、胡耀邦はこの年十一月、党大会後も政治局委員にとどまることになるのだ。

第二節　「竹下幹事長訪中」の中の解任

「風邪」「過労」の胡耀邦は竹下に会わず

胡耀邦の辞任申し出は、しばらく表に出ることはなかった。こうした中、竹下登自民党幹事長が一九八七年一月十一日から北京を訪問した。竹下は、次期自民党総裁選に出る予定で、ポスト中曽根を目指しており、訪中で外交に強いところをアピールする狙いだった。

「**竹下自由民主党幹事長の訪中**（**一九八七年**）」という外交ファイルが、二〇二一年四月二十二日に外務省外交史料館で公開され、胡耀邦解任直前に行われた竹下幹事長訪中の全容が判明した。

在北京日本大使館に宛てた一月六日の外相発公電によると、外務省には、中曽根首相から、「竹下幹事長訪中の際に、自民党総裁として胡耀邦共産党総書記宛ての親書を託したい」と連絡があった。同時に中曽根は、竹下が鄧小平、胡耀邦、趙紫陽の三人と会見できるよう大使館として最大限努力するよう指示を出した（**外相発中国大使宛公電「竹下幹事長の訪中」一九八七年一月六日**）。

中曽根は一月八日付の親書にこう書き、外務省を通じて日本大使館に送信した（**外相発中国大使宛公電「竹下幹事長の訪中」一九八七年一月八日**）。

《我が国の次代を担う政治家として、貴総書記閣下を始めとする貴国指導者の皆様が竹下幹事長と会見し、親しく意見を交わしていただけるよう私からも心より希望する次第であります》。親書で竹下を持ち上げた。

しかし竹下の北京入り二日前の九日、中国外交部は、竹下と胡耀邦の会見予定の取り消しを連絡してきた。最初、理由を「風邪」としたが、翌十日には「過労」と訂正した（**中江駐中大使発外相宛公電「中国内政［「胡総書記異変」説］」一九八七年一月十五日**）。

胡耀邦は一九八六年十二月二十八日に中南海でフランス社会党代表団と会見して以降、動静が伝えられておらず、翌八七年一月十二日になって、同じ社会主義国として独自の中国人脈を持つユーゴスラビアの国営タンユグ通信が北京発で、「胡耀邦総書記辞任の根強い噂」と報じたことで、北京の日本大使館にも緊張が走った。大使館ナンバーツーの次席公使、湯下博之《ゆしたひろゆき》（後のフィリピン大使）は十四日、ユーゴスラビア大使館の中国専門家であるトミッチ公使参事官に「取材」している。トミッチは湯下にこう漏らした。

〈タンユグの報道は全くの推測記事であり、当地ユーゴ大使館としては、タンユグがあのような推測記事を流したことにアンハッピーである。タンユグとしては功を急ぐ記者心理からうわさや断片的な事実を基にあのような報道を行ったものと思う〉

ただトミッチ自身も胡耀邦の問題について〈自分としては政治局あたりで会議が開かれ激しい議論が行われたと考えている〉と分析した（**中江大使発外相宛公電「中国内政［胡総書記の動静・内話］」一九八七年一月十四日**）。

実際のところ一月十二日には、方励之が中国科技大副学長ポストを解任され、十三日には王若望の党籍剥奪も決まり、胡耀邦をめぐる外堀は埋まっていた。

竹下は胡耀邦と会えなかったが、十三日午前に鄧小平との会談が実現した。日本大使館や朝日新聞北京支局には東西両陣営の外交団や報道関係者から「会談内容を教えてほしい」という要請が事前に相次ぎ、中国外交部関係者さえも注目していた（『朝日新聞』一月十五日）。

大衆のうねりへの恐怖

中江大使発外相宛公電「**竹下自民党幹事長の訪中（鄧小平［中央顧問委員会］主任との会談）一九八七年一月十四日**」から、「**学生デモ等中国内政**」の部分を引用しよう。

鄧小平は竹下との会談で、一九八六年十二月の学生デモを振り返った。

〈われわれが今回のデモで重要視している点は、われわれの思想分野に混乱が起ったことである。問題の所在はその点にある。最近、若い青年達に対する様々な誘導が増加している。青年学生達を正しい方向に導かないのは重大なミスである。われわれは学生に対する様々の誘導が増加している事について指導部が軟弱に対処している点を改めなければならない〉

〈他方、今回デモに関係した一部の下心を持った人々を暴露しなければならない。彼らは共産党および社会主義の道に反対するとの露骨なスローガンを掲げている。その背後には、特定の人物がおり、これを煽っている。後ろで煽っている者の中には、非常に悪辣な者もいる。〔中略〕中国を全面的に西側化即ち西側の資本主義を全面的に中国に持ち込もうとしている。これらの動きを煽動する人物はみな有名人であり、彼らに対し真剣に対処すべきである。これらの人物は共産党の中におり、みなさんも御存知の通り方励之、劉賓雁、王若望達である〉

学生デモの悪の根源は、学生を煽ったとして「黒幕」にあると断定したのだ。そして自身も打倒された文化大革命に話が飛んだ。

〈文革の初期に「大民主」というスローガンが掲げられ、これにより人民があおられ、内戦状態になった。毛主席は、文革の教訓を「全面内戦、一切打倒」の八文字にまとめたが、このことからみても、七割正しく三割が間違っていたとの文革に対する毛主席の評価には問題がある。日本には文革の十年の経験は無いと思う。われわれは、文革の経験を肝に銘じ、これを絶対にくり返してはならないと決意している〉

鄧小平は、文革を発動した毛沢東に対して「三割」どころか、もっと誤りが大きいと言いたかったのだろう。

「大民主」とは何か。一言で言えば、毛沢東独特の大衆動員型政治運動である。毛沢東は一九五六年十一月、「われわれが好むのはプロレタリア階級が指導する大民主であり、階級の敵に対して行うものだ」と訴えている（『毛沢東年譜・第三巻』三四頁）。「小民主」とは議会制民主主義や言論の自由などを指す。

毛沢東は、知識人らを大量弾圧した「反右派闘争」（一九五七～五八年）では「右派」を、文化大革命（一九六六～七六年）では、国家主席の劉少奇《りゅうしょうき》や総書記の鄧小平ら政敵を「〔資本主義の道を歩む〕走資派」として、「階級の敵」とみなし、「大民主」方式で、毛沢東を信奉する紅衛兵や大衆を動員した。第一章で触れたように、大衆闘争の形式として毛沢東の指令や言葉を伝える壁新聞は、大きな武器となり、毛沢東の個人崇拝強化に役立った。

鄧小平は、文革で紅衛兵に迫害された経験から、毛沢東が好んだ大衆がうねりを上げる「大民主」への恐怖が極めて強かった。鄧が竹下に漏らした「大民主」に人民が煽動され、「内戦状態になった」という言葉は体験に基づく本音だろう。

一九七八年秋。北京・長安街沿いの繁華街である西単《シーダン》の壁が壁新聞で埋まり、「民主の壁」と呼ばれた。壁新聞から発信された情報を基に、翌七九年三月まで「北京の春」と称される民主化運動が盛り上がった。壁の前は黒山の人だかりで、熱心にメモを取ったり、即席の討論会を始めたりした。「北京の春」で中心的な役割を果たした民主活動家、魏《ぎ》京生《きょうせい》は、最初は壁新聞で、次いでガリ版民間雑誌『探索』を発行し、七九年三月二十五日の号外で「民主主義かそれとも新たな独裁か」という文章を発表。世間では「改革派」と評された鄧小平について「徹底的に民主化に反対する側にたち、独裁政治を断固として維持しようと構えているのであり、彼もやはり、もう二度と人民から信任され、擁護されるに値いしないのだ」と訴えた（『中国民主活動家の証言』一七八頁）。もはや鄧小平は毛沢東と同様の独裁者であり、「ニセの開明派」「ウソの改革派」と言わんばかりに痛烈な批判を展開した。

号外発行四日後、魏京生は北京市公安局に逮捕されたが、翌日の三月三十日に鄧小平は「四つの基本原則」を打ち出した。魏にはその後、十月に懲役十五年という厳しい判決が言い渡された。

鄧小平にとって「大民主」を煽動した主体は、文革時には毛沢東や四人組であり、彼らに動員され、鄧を打倒した紅衛兵であったが、「北京の春」や八六年のデモでは民主化や自由を求める学生や知識人だった。その姿が文革時と重なって見え、潰しにかかった。一九八九年の民主化運動でも、「鄧小平辞めろ」と求める学生・市民のうねりを見てトラウマに襲われ、武力による鎮圧を選択したのではないか。

「謝謝」で確信した失脚

胡耀邦の責任も視野に学生デモを潰す鄧小平の断固たる決意を聞いた竹下は大きくうなずく。

〈わが国〔日本〕では六〇年代「大学管理法」を制定し事態は沈静した。鄧主任は、ただ今、自らの哲学を踏まえて今回のデモに対する見方を説明され、われわれも右説明を理解出来た。日本の経済界は、今回のデモを懸念しているが、自分〔竹下〕は、帰国してから今回のデモに関し自信を持って説明出来る〉

民主化を求める学生デモを押さえ込んだ鄧小平を支持し、評価しているように聞こえる発言である。しかし日本政府、与党・自民党とも、日中友好を最優先に考え、中国共産党・政府との関係しか見ていない時代であり、会談に同席した日本大使館幹部たちもやり取りを聞いて違和感がなかっただろう。中国の民主派への共感や期待も乏しかったからだ。

中曽根の靖国公式参拝を契機に、北京大学、清華大学生による反日デモが起こったように当時、学生や市民は歴史問題に起因して根強い反日感情を持っていると見なされた。日本政府や外務省は共産党・政府こそこうした反日感情を抑え込み、日中友好路線を進めてくれると期待していたのだ。

竹下登が、日本の一九六〇年代の安保闘争や大学管理法制定などの説明をしたところ、鄧小平は一言、〈好《ハオ》〔結構である〕〉と述べ、〈そろそろ時間ですね〉と続け、立ち上がる気配を示した〔前掲「中国内政［「胡総書記異変」説］」）。

大使の中江要介《なかえようすけ》は、胡耀邦が「風邪か過労で寝ている」と中国側から聞かされたが、やはり「怪しい」と感じていた。そのため竹下に対してあらかじめ「胡耀邦の動静が注目されているから、鄧小平と会った際に胡耀邦の動静を聞いてほしい」と依頼していた。竹下は鄧小平との会談中、遠慮して胡耀邦の動静を聞かず、鄧と一緒に席を立とうとした。そのため中江からその場で促された竹下はようやく帰り際に「鄧小平閣下、胡総書記は過労だと聞いていますが」と尋ねた（中江インタビュー）。

この場面について外交公電にはどう記録されているのか。

前掲公電「竹下自民党幹事長の訪中（鄧小平主任との会談）」には「**胡耀邦の健康問題**」という項目がある。

〈そろそろ時間でしょう〉と述べた鄧小平に対して竹下は、〈日本の投資家は、胡耀邦総書記が推進している改革の政策を感謝の気持で見守っている。胡総書記は過労で休養中であると側聞するが、一刻も早い回復を願う〉と持ち掛けた。

〈「謝謝」（ありがとう）〉。鄧小平はこう一言だけ言って立ち上がった。

こうしたやり取りを間近で聞いた中江は「これはダメだな」と直感した。しばらく前から胡耀邦は「日本を持ち上げすぎ、はしゃいで保守派からやられている」と聞いていたが、鄧の言葉を聞き、胡耀邦の失脚は間違いないと確信した（中江インタビュー）。

会談後の記者ブリーフィングは、同行の林義郎《はやしよしろう》衆院議員（後の蔵相）が担当した。胡耀邦の動静を知りたい記者から、鄧小平の表情や中国側会談参加者の雰囲気などについて質問が相次いだが、「特に変わった感じはなかった」と答えた。これは嘘であり、前出公電「中国内政（「胡総書記異変」説）」は、**《その他の国会議員は全員胡総書記に関して何らかの異状事態があるとの印象を受けており、この点は本使（中江）はじめ当館からの陪席者についてもほぼ同様であった》**と記している。

中国外交部の唐家璇アジア局副局長は、竹下の北京に続く上海訪問に随行した。吉田重信《よしだしげのぶ》上海総領事（後のネパール大使）は、唐から話を聞く機会があり、学生デモが話題になった。

唐は、方励之、王若望、劉賓雁の三人について〈表面に出ているだけで、もっと見えないところに、「暗闇の中に」いるやつがいる〉と漏らした。これに対して吉田が〈党中央にも居るのか〉とさらに尋ねたところ、唐は〈党中央よりはむしろ地方に居る。〔党中央〕宣伝部にも居る〉と答えた。

さらに唐は、胡耀邦の地位について質問を受け、〈現時点では何とも言えないが、何が起ったとしても人事異動だ。人事異動はありえる。政変などでは断じてない〉と続けた（**吉田総領事発外相宛公電「胡耀邦総書記の地位等」一九八七年一月十五日**）。唐には何らかの情報が入っていたかもしれない。

日本大使公邸に来た中国の「総理候補」

胡耀邦解任公表の当日、つまり一九八七年一月十六日夜、将来の総理候補といわれた改革派指導者の田紀雲《でんきうん》副総理が実は日本大使公邸を訪れた。これまで大使らとどういうやり取りを行ったかは知られていなかった。

「**田紀雲中国国務院副総理訪日**（**一九八七年**）」が、外務省外交史料館で二〇二一年四月二十一日に公開され、胡耀邦解任当日のやり取りが明らかになった。大使公邸に招かれた田紀雲は、経済担当で、対外開放政策の責任者の一人だった。一月十九日から、桜内義雄《さくらうちよしお》元外相（後の衆院議長）が会長を務める日本国際貿易促進協会の招待で、日本を訪問することになっていた。中国指導者が来日する前に、日本大使が公邸に招き、日本料理などをふるまいながら意見交換するのは恒例である。

田紀雲副総理一行に向き合った中江要介大使も、湯下博之次席公使も、チャイナスクール外交官の畠中篤《はたけなかあつし》経済部長（後の豪州大使）と美根慶樹政治部長も「胡耀邦が危ない」という噂は知っていたが、中南海の権力内部で何が起こっているのか知る由もなかった。

例えば、田紀雲が公邸を訪れる前日の一月十五日、「極秘・至急」扱いの前出公電「中国内政（「胡総書記異変」説）」は、日本大使館としてどこまで情報収集が進んでいるかを報告している。

《胡耀邦総書記をめぐって最近数日間プレスを中心に胡失脚説、鄧の批判を受けたとの説等が流されているところ、現時点ではこれらの説の当否を確認する材料は十分でなく、またかりに何らかの異変が発生しているとしても事態は流動的である可能性も大であり、従って現時点で確たる見通しを立てることは困難である》

一九八六年八月に北京の日本大使館に着任した美根は当時、中国の権力内部で何が起こっているか理解できていなかった。インタビューにこう振り返った。

「私の前任政治部長の時代、中国は改革開放に向かっていた。だんだんと『中国は共産主義ではない』『強権的な保守派なんていうのは力がない』という印象が非常に強かった。『そういうものか』と頭の中で考えていたら全然違う。ブルジョワ自由化反対という議論が党内で行われていたが、その政治的本質が分からなかった。自分で考えたり、悩んだりしているうちに『こういうことか』と分かってきたのは、ブルジョワ自由化をめぐる保守派と改革派の対立がいかに深刻かということだった」

実際には保守派によるブルジョワ自由化反対の矛先は、胡耀邦に向かっていた。

外務省情報調査局分析課は、胡耀邦解任直後、「秘・無期限」扱いの「**国際情報日報**」（**一九八七年一月二十八日**）で、《かねてより「ブルジョワ自由化」についての胡耀邦の姿勢、〔独断専行的な面が目立ち〕「集団指導原則」に背馳《はいち》する胡の諸言動のみならず、鄧体制下の若返り人事等にも反感を抱いて来た「保守派」その他各長老が日頃の鬱憤をすべて押しつける形で胡耀邦批判を集中していったものと推測される》と分析している。

日本大使館は、親日派として日中友好関係を支えた胡耀邦が果たして失脚したのかどうか情報収集に追われた。胡耀邦の動静は、中江ら日本大使館幹部、さらに中曽根、日本政府、外務省にとって最大の関心事項だった。

次の「親日派」をつくろうと動く

以下は田紀雲と中江大使のやり取りである（**中江大使発外相宛公電「胡耀邦総書記の辞任〔田紀雲副総理の発言〕」一九八七年一月十七日**）。

中江〈中曽根総理は、胡耀邦総書記との信頼関係・友情を大切にし深めていきたいと考えておられるところ、最近、胡総書記は、外国からの客に会わず、仕事から遠ざかっているように見受けられるがいつになったら外国の客人に会い、従来の仕事を開始されるのであろうか〉

田紀雲〈残念ながら、今この質問に答えることが出来ないが、この宴会が終るころには新華社の放送で知ることになろう。中国の鄧小平、李先念、趙紫陽等の政治家は、中曽根総理とは面識があり、お互いに良い友人の間柄になっている。重要なことは、両国の友好関係は両国人民の間に深く根をおろしているので、一部の人事異動により両国関係に影響を及ぼすことはないということである。日本の歴代の総理は、中日友好関係の発展のために貢献された〉

田紀雲は、鄧小平中央軍事委員会主席、李先念国家主席、趙紫陽総理の名前に言及したが、胡耀邦総書記には言及しなかった。

約三十分後の午後七時に新華社の報道が中江のもとに届けられた。

共産党中央政治局拡大会議が一月十六日に開かれ、次の四項目を決定したと伝えている。

一、胡耀邦同志の総書記辞任申し入れに一致して同意する
一、趙紫陽同志を総書記代理に一致して推薦する
一、以上の二項目を次回党中央委員会で追認する
一、胡同志の政治局委員、政治局常務委員の職務は保留継続する

新華社は「胡同志は、彼が党総書記の期間に、党の集団指導体制に違反し、重大な政治原則問題で過ちがあったと自己批判した。総書記辞任を中央に求め、会議は胡同志に厳しい批判を行った。同時にありのままに彼の仕事の成績を肯定した」とも伝えていた（『人民日報』一九八七年一月十七日）。「重大な過ち」とは、前年末から展開された学生デモへの対応を指していると考えられた。

中江は新華社報道を見て、〈副総理の言われた内容が今明らかになった〉と述べた。田紀雲はこう返した。

〈総書記を辞任したとは言え、政治局員及び政治局常務委員の職には留まっている。辞任の理由は、学生デモだけではなく、長年来の問題に関連したものである〉

中江〈趙総理が総書記代行となる由であるが、総理の職務はどのようになるのか〉

田紀雲〈そのことは、八八年の全人代〔全国人民代表大会〕で決められることになろう。これから益々趙紫陽の肩の荷が重くなる。国務院の日常の仕事は今までも自分（田）たちに任されており、まるで百貨店のような仕事をしている〉

田紀雲の来日は二度目だった。一回目は、一九八二年五月、趙紫陽総理の日本公式訪問に国務院副秘書長として随行した。趙紫陽の側近であり、日本大使館も当初から《田副総理が趙紫陽総理の最有力後継者候補の一人であり、将来日中関係において極めて重要な役割を果たすことになるのはまず間違いない》と見ていた（**中江大使発外相宛公電「田紀雲副総理の訪日」一九八六年九月三十日**）。

このため、胡耀邦総書記辞任という党内の政治闘争を受けて趙紫陽が次期総書記の地位を確実にした結果、日本大使館は、総理後継者として争われてきた李鵬と田紀雲の間では、《田紀雲の方が一歩リードすることとなった》と分析し、田の訪日は《従来考えられていた以上に重要な意味をもつこととなった》と東京に報告した。その上でこう外務省に提案した。

《趙紫陽がこれまでどちらかというと欧州指向型で、日本に対しては胡耀邦ほど親近感をもっていなかったことに着目すると、その直接の手足として働く田紀雲を、「知日派」できうべくんば「親日派」としてわが方に取り込むためには、今回の訪日は絶好の機会である》（中江大使発外相宛公電「胡耀邦辞任と田紀雲訪日［意見具申］」一九八七年一月十七日）

日中関係を支えてきた親日派、胡耀邦の解任と同時に、日本大使館では「次の親日派」をつくろうと、さっそく「欧州派」の趙紫陽につながる田紀雲を取り込もうとする変わり身の早さが、この「限定配布」公電から垣間見える。現実的とはいえ、人脈に頼らざるを得ない日中関係の脆《もろ》さも見える。

さらに、日本大使館は、来日した田紀雲と中長期的な大局の問題をじっくりと話し合い、《日本は中国にとって真に友人とするに足る国だ》という強い印象を与えるよう促している（前掲「胡耀邦辞任と田紀雲訪日［意見具申］」）。

「大至急」指定された前出公電「胡耀邦総書記の辞任（田紀雲副総理の発言）」は、政治局拡大会議終了後、日本大使公邸に駆け付けた田紀雲について《顔色は良かったが、目が充血しており、党で重要な会議が長時間にわたり続けられていたことをうかがわせた》と記している。

田紀雲一行は、予定より早く午後七時四十分に公邸を後にした。

第三節　「胡耀邦なき」日中関係

中国から指摘された三つの懸案

一九八九年六月の天安門事件当時に駐中国大使だった中島敏次郎が中江要介の後任として北京に着任したのは、八七年十一月十日だった。その直前の十一月六日に、中曽根の後任として、自民党幹事長だった竹下登が首相に就任した。外務省中国課は一九八七年十月二十一日、「**中国赴任に当っての抱負**（**中島大使**）」と題した「秘・無期限」指定の外交文書を作成している。

《わが国が国際化を進め、国際社会において各国との協力の下に応分の貢献を行っていくに当っては、過去の歴史を念頭におき謙虚であるべきと考えており、中国との間では特にかかる認識を忘れてはならないと考えている》

敗戦から四十二年。「経済大国」を突き進み、「政治大国」として国際貢献を拡大させたいと考えた日本政府は、対中国関係では「過去の歴史」をどう清算するかという難題を抱え続けた。《謙虚であるべき》と言えば聞こえはいいが、「腫れ物」に触るような中国との付き合いを迫られていた。

中国ではそれに先立つ十月二十五日から十一月一日に第十三回共産党大会が開催され、胡耀邦失脚後、総書記代理だった趙紫陽が正式に総書記に就いた。

「中曽根・胡耀邦時代」の日中関係は完全に終結した。鄧小平は、胡耀邦の中曽根への過剰な肩入れや中曽根の靖国参拝を苦々しく見ており、国交正常化した一九七二年の「田中角栄・大平正芳時代」の日中関係に戻そうとしていた。こうした中で、胡耀邦失脚後の日中関係は「きしみ」が続出した。

中島は二〇一二年に刊行された回顧録で、着任当時に挨拶に回った際、四、五人の中国の指導者から一律に対日関係で「三つの問題があり、これを早く片づけろ」と言われたと明かしている（『日米安保・沖縄返還・天安門事件』二一〇頁）。

⑴東芝機械の対共産圏輸出統制委員会（ココム）規制違反事件
⑵光華寮裁判
⑶「雲の上」発言

ココム違反事件で日本政府が対共産圏向けの東芝機械の輸出を一年間禁止したことを受け、中国政府は一九八七年九月十八日、二十四億円に上る同社と中国側との既契約分の民用機械やプラントの輸出が履行不能に陥っていると日本政府を批判した（『読売新聞』九月十九日夕刊）。

光華寮は京都にある中国人留学生寮。一九五二年に中華民国（台湾）が買い取り、寮生の自主管理が続いたが、文革の頃、中華人民共和国（中国）支持者が多数を占めたため、台湾側が六七年九月、寮生に明け渡しを求めて京都地裁に提訴した。一審途中の七二年九月、日中国交正常化で台湾と断交したことで問題が複雑化した。

七七年九月の京都地裁の一審判決は、中国に所有権が継承されたとして台湾の請求を却下した。その後も控訴や差し戻しが続き、八七年二月、大阪高裁は台湾の所有権を認める判断を下した。

つまり中島が大使として着任した時点で、台湾の所有権を認めた大阪高裁判決に対して中国政府が反発する構図だった。中国側は日本政府に対して司法への介入を要求したが、日本側は三権分立の原則の下で司法への政府の介入を断固として否定し、外交の火種に発展していた。

光華寮問題での日中関係の悪化という「火」に「油」を注いだのが「雲の上」発言だ。

八七年六月四日、訪中した矢《や》野《の》絢《じゅん》也《や》公明党委員長と会談した鄧小平は、対日批判を展開し、「率直にいうと、日本は世界のどこの国よりも中国に対する借りが一番多い国であると思う。国交回復の時、我々は戦争の賠償の要求を出さなかった」と述べた（『朝日新聞』六月五日）。

六月四日午後、「矢野・鄧」会談要旨が北京の日本大使館から外務省に届き、鄧の発言を知った外務省事務次官、柳谷謙介《やなぎやけんすけ》は同日夕、霞クラブ（外務省記者クラブ）との記者懇談の席で、「鄧主任も雲の上の人になったような感じがする。日中関係は経済を中心に着実に進展しており、大きな潮流になっている。鄧主任にはこうした実務にもっと耳を傾けてほしい」と反論したのだ（『朝日新聞』六月五日、同二十一日）。

柳谷は、日中国交正常化の翌一九七三年三月末、初代駐中国公使として北京に着任し、七八～八〇年にはアジア局長を務めた。八五年一月に事務次官に就いた。柳谷によると、「雲の上」発言が出たのは、「ディープ・バックグラウンド・ブリーフィング」という引用不可の完全オフレコをルールとする、月一回の記者懇談会の席だった（『柳谷謙介オーラル・ヒストリー・下巻』二〇四～二〇五頁）。しかし翌五日の紙面に「雲の上」発言が掲載された。

中国では「雲の上」には、「頭が呆けた」という意味を含めることから、中国政府は反発したが、外務省もメディアも記者懇談での「オフレコ発言」だからと、発言主を「外務省首脳」としたまま特定しなかった。

柳谷はちょうど六月末に定年を迎えることからこのまま退職しようと考えた。その時、藤森昭一《ふじもりしょういち》官房副長官が、このまま辞めてしまえば「世間は、これを引責辞職と言うだろう。また、中国側もそういうふうに取って、またそれを取り上げるだろう。これは、『国家の威信』に関わる問題であるから、絶対にそうあってはならない」と述べ、退官日の延期を要請した。後藤田正晴《ごとうだまさはる》官房長官の意向だという（『柳谷謙介オーラル・ヒストリー・下巻』二一一〜二一二頁）。結局、柳谷は予定通りに退官。安倍晋太郎前外相らは「よくやった、よくやった」と発言を支持したが（同、二〇八頁）、結局、藤田公郎《ふじたきみお》アジア局長が徐敦信駐日公使と交渉し、決着が図られた。

最大の懸案は光華寮裁判だった。外務省中国課は、一九八七年一月に自民党幹事長として訪中する竹下の応答要領（想定問答）としてこう記載している（**中国課「光華寮問題［応答要領］」［竹下幹事長訪中用資料］一九八六年十二月二十四日**）。

《〔光華寮問題での〕応酬は、結局日中関係を不安定化し、良好な日中関係を望まぬ第三者を喜ばせるだけである》

日中友好至上の中国認識が垣間見える。

外務省アジア局は一九八七年十月二十日、「**当面の重要外交問題に関する新総理ブリーフィング資料**」を作成している。実はこの日未明、中曽根が、後継の自民党総裁に竹下幹事長、宮澤喜一《みやざわきいち》蔵相、安倍晋太郎自民党総務会長の三候補から竹下を密室裁定しており、外務省はさっそく新総理用の資料を作成した。「秘・無期限」に指定されているが、光華寮問題では「応答のポイント」として《当方からは提起せず、先方の反応の変化を窺うことが本問題のポイント》と提案している。

この提案通り、鄧小平らの光華寮問題への発言はどんどん変化することになる。

竹下首相の対中密使

中島敏次郎は、北京に赴任する直前、次期首相の竹下登と二回会った。一九八七年十月二十六日、祝日の十一月三日である（『読売新聞』十月二十七日、十一月四日）。中島によると、竹下とは昔から気さくに話をする関係だった（『日米安保・沖縄返還・天安門事件』二一二頁）。

果たして何を話したのか不明だったが、二〇二一年四月二十二日、外務省外交史料館で「**日中関係（日本大使の赴任）**」と題した外交ファイルが公開され、中島が竹下と何を話したかが明らかになった。

この外交ファイルに入っている「**中島新中国大使と竹下幹事長との会談（十月二十六日）**」の記録を作成するに当たり、中島は中国課の事務方に対して〈竹下氏の発言が機微にわたるため、本報告の供覧は現段階では厳にアジア局限りとする〉よう指示した。竹下が自身で対中関係の打開を図るための「密使」の存在を認めているからだ。竹下は中島にこう打ち明けた。

〈二十六日付毎日朝刊に報道されたように、先般王光英《おうこうえい》香港光大実業会長と会った。同人とは、三菱信託会長の紹介で会ったたが、今後自分と中国側のパイプ役と目されている人だけに、「王」に関する情報を得たい〉

会談記録には、『毎日新聞』記事も添付されている。香港発の毎日新聞報道を一部引用しよう。

「王光英氏は、竹下自民党幹事長が次期総裁の指名を受けた直後、最初の外国要人として、竹下氏と会い、日本の『次期首相』から中国の『次期総書記』にあてたメッセージを言付かって、中国に戻った」

王光英は一九八三年から全国政治協商会議（政協）副主席も務めていた。北京では八七年十月二十五日から五年に一度の共産党大会が開かれ、趙紫陽の総書記就任が決まっていた。鄧小平や趙にパイプを持つ王光英は竹下の密使としては十分に「大物」である。

王光英とは何者なのか。文化大革命で紅衛兵の迫害を受け死んだ劉少奇元国家主席の未亡人王光美《おうこうび》の実兄で、王光美に連座し、八年間にわたり投獄され、激しく攻撃された。ファーストレディの王光美は、毛沢東夫人で四人組の一人、江青から激しい嫉妬を受けた。

王光英は復活後の一九八一年、天津市副市長に就く。九七年に香港を中国に返還することを決めた「香港問題に関する中英共同声明」に趙紫陽総理、サッチャー首相が調印したのは八四年十二月十九日だが、王光英は前年の八三年、鄧小平と趙紫陽の要請を受け、改革開放政策後に初めて香港に本部を置いた中国国有企業として光大実業を創設し、会長と社長に就いた。香港に設立したもう一つの企業「紫光実業」は「趙紫陽」の「紫」を取ったものとされた。王光英は香港に進出するに当たり、一九七一年に極秘訪中して米中接近の立役者となったキッシンジャー元米大統領補佐官を顧問に迎えた。中国返還が決まった香港で、国務院直属の総合商社として成長し、「紅い資本家」とも呼ばれた。

王光英の父親は竹下登と同じ早稲田大学出身で、日本と少なからぬ関係がある。竹下の「密使」を務める前から、中国の改革開放推進に向けて日本と米国の協力が不可欠だという考え方を持っており、三菱信託銀行を含め経済界とも交流があった。

王光英の件だけでなく、何としても対中関係を好転させたい竹下の中島に対する指示は、実に細かく、人脈やパイプで物事を解決しようという竹下の政治姿勢が表れている。

本丸である光華寮問題で中島にこう尋ねた。

〈光華寮事件訴訟の留学生側弁護団長を長らく務めた柏木弁護士が先般他界したが、自分とは親しい間柄であった。後任弁護団長が(イ)誰になったのか(ロ)どういう人か、さらに(ハ)同弁護団長が訴訟戦略上、どういう手を考えているかにつき情報を得たい〉

竹下は〈自分は、野党とのパイプが太いので、これまであったように、野党が訪中をして勝手放題発言するということはさせない〉とも述べた。

竹下と中島の面会時間は三十分間程度の予定だったが、一時間以上に及んだ。それでも話は済まず、竹下は中島に対して十一月三日午前十時に東京・代沢の私邸に来るよう求めた。

円借款という「おみやげ」

改革開放政策という中国の近代化努力に対して日本官民ができる限りの経済協力を行うことは大平正芳首相の一九七九年の訪中で決まった。第一次円借款（計三千三百億円）は七九〜八四年度、第二次円借款（計五千四百億円）は八四〜八九年度にそれぞれ実行された。

中曽根は首相として一九八四年三月に訪中した際、総書記の胡耀邦から経済協力への謝意を述べられると〈かえって恐縮しており、対中協力は戦争により大きな迷惑をかけた反省の表れであり、当然のことである〉と応じ、戦後賠償の意味合いがあることを認めた（**鹿取大使発外相宛公電「総理訪中［胡耀邦総書記との会談］」一九八四年三月二十五日**）。

竹下と中島は、ギクシャクした日中関係の切り札として、日中平和友好条約締結十年に当たる一九八八年に竹下首相が訪中し、その際に第三次円借款の供与を表明することを掲げた。

北京着任前に中島は、次期首相の竹下に対して、できるだけ早い時期に訪中してほしいと告げ、その際には「おみやげ」が必要となるので、検討するよう望んだ。円借款は、「おみやげ」として最も大きなものだった。竹下も中島に対して、第三次円借款について〈中国は他国に比べて極めて円借

〔款〕消化率が高い国と承知しており、他の地域との横並びにとらわれる必要はなく前倒し実施を含め積極的に取り組むべし〉と指示した（前掲「中島新中国大使と竹下幹事長との会談」）。

竹下は十一月七日の首相就任記者会見で訪中の意思を表明した。これに対し、趙紫陽総書記は十一月十九日、着任したばかりの中島大使の表敬訪問を受け入れた。場所は中南海である。

中島大使発外相宛公電「本使の趙紫陽総理表敬」（一九八七年十一月十九日）には、趙紫陽による異例の厚遇が書かれている。

《なお、新任大使の総理への表敬は通常十〜十五分（立ったまま）程度の由であるが、今回は着席して約四十五分間会談した》

中島は、竹下が首相就任の日に趙紫陽宛ての親書を書いたと明かした上で、その親書を手渡した。鄧小平宛ての竹下の親書の伝達も依頼した。趙紫陽の来日も招請した。

これに対して趙紫陽は、〈第十三回党大会を終わったばかりで、これから改革・開放の仕事を一層進めて行かねばならず、当面非常に忙しくなる〉と述べ、訪日は改めて相談したいと話すにとどめたが、竹下訪中には反応した。

〈竹下総理は明年訪中の用意ありとの意図を表明されていることにわれわれは留意している。私は、本日中国政府を代表して、竹下総理の御訪中を正式に招請したい。竹下総理と会うのを楽しみにしている〉

この頃、光華寮問題などで態度を硬化させていた鄧小平も軟化し始めていた。

鄧はその三日前の十一月十六日、社会党の土井たか子委員長と人民大会堂で約一時間会談した（**中**

島大使発外相宛公電「土井社会党委員長の訪中〔鄧主席との会談〕」一九八七年十一月十六日）。光華寮問題に言及した。

〈それ程大きな問題とは思わない。解決は容易と思うが、残念ながら中曽根総理の在任中は解決しなかった。竹下新総理が早期に解決されることを希望している〉

日本大使館は公電にわざわざ注釈を付けた。

《鄧主席の発言は批判めいたものでも、また、わが政府に一方的に要求を押し付けるといった調子のものでもなかったので念の為》

鄧小平は、失脚させた胡耀邦との関係や靖国神社参拝などで評価していない中曽根から竹下への政権交代を機に、対日関係のリセットを示唆した。光華寮問題への鄧小平の態度を見て日本の外交官も変化を感じ取ったのだろう。

外務省中国課が「**竹下総理・宇野外務大臣の訪中時期**（**考え方**）」という極秘文書を作成したのは、年が明けて一九八八年一月二十六日だった。

竹下の訪中時期について他の外遊日程を考慮し、七月以降になる可能性が高いと指摘した上で、《総理就任後時間が経過し過ぎているため、中国軽視と受け止められかねないとの見方があり得る》と神経を尖らせた。そのため竹下訪中前に宇野宗佑《うのそうすけ》外相の訪中を実現し、その機会に竹下の訪中時期について合意することにした。さらに、この文書の中で中国課は、《日中関係の全体的雰囲気及び訪中に係る諸準備（おみやげ及び懸案）》を検討する必要があると提言した。「おみやげ」とは前述した通り第三次円借款であり、「懸案」とは光華寮問題である。

二つはセットだった。竹下訪中に向け、第三次円借款供与で光華寮問題を含めた日中間の懸案を決着させる政治的狙いがあった。それほど腫れ物に触るように中国共産党・政府に対応した。

鄧の毛沢東批判

一九八七年十一月十六日、前述した土井たか子社会党委員長と鄧小平の会談記録は、第十三回中国共産党大会が終了し、「鄧小平・趙紫陽体制」が始動する中で、約一年七カ月後の天安門事件につながる共産党内部の権力構造を理解する上で興味深い鄧の発言であふれている。

貫かれているのは、政治権力が集中し個人崇拝を強めた毛沢東の晩年への批判であり、自身も迫害された文化大革命の教訓から集団指導体制を構築する決意である。

鄧小平は会談冒頭、こう述べた。

〈自分は年老いて今年八十三歳になったが、八十三歳にしてはまだ元気な方かもしれない。しかし中国のことわざにもあるように、年寄りは激しい急流から勇ましく身を引いた方がよい。十三回党大会で自分の肩の荷が少し軽くなりゆったりしている〉

〈年寄りは自覚しなければならない。われわれにも経験がある。毛主席の晩年にもそのような状態があった。毛主席の知恵は超人的なものであったが、年を取った晩年には一貫しなくなった。われわれ年寄りは、今次第十三回党大会の前に引退することを相談しあった〉

第十三回党大会の焦点は、既に述べた政治体制改革と指導部人事だった。

共産党大会閉幕翌日の党第十三期中央委員会第一回全体会議（一中全会）で選出された人事を見る

と、趙紫陽が総書記に就き、最高指導部を構成する政治局常務委員会の中で、留任は趙紫陽だけで、李鵬、喬石、胡啓立、姚依林の新任四人を合わせた計五人で構成されることになった。

鄧小平が〈われわれ年寄りは……〉と土井に語ったように、ライバル同士の長老、鄧小平と陳雲は、政治局常務委員ばかりか中央委員からも外れた。しかし鄧は中央軍事委員会主席に留任し、中央規律検査委員会第一書記だった陳雲は、鄧から中央顧問委員会主任のポストを譲り受けた。八二年に発足した中央顧問委は、四十年以上の党歴を持つ革命第一世代の老幹部で構成され、鄧小平は長老の引退を勧めるとともに指導部の若返りを実現するため発足させ、自ら主任に就いていた。

話を鄧小平と土井たか子の会談に戻すと、土井は鄧にこう振った。

〈これからも指導的役割を十二分に発揮されることを希望している。日本では主席や総理がどうなるか関心がもたれている〉

一中全会で党人事は公になったが、国家・政府人事は翌八八年四月上旬の全人代で選出されることになっている。これに対して鄧小平は人事を暴露し、日本メディアには秘密にするよう念を押した。

〈党からは比較的若い同志を総理代行に推薦することとなっている。本日は一つニュースをもらすが総理代行には李鵬を推薦する。ただし、この点は新聞には発表しないでもらいたい。常務委員会で認められるかどうかわからないからである。李鵬は五十数歳、確か五十八歳である。李先念も国家主席を辞任する。だれを推薦するかはまだ言えない。国家主席には比較的高齢の威信のある人が望ましい〉

土井は続けて〈鄧主席御自身国家主席になられればいかが〉と持ち上げると、鄧はこう返した。〈自分は軍事委主席だけは保留した。その下に第一副主席を設けたが、主席は空のポストにして欲しいと願っている。軍は国の重要な構成部分である。八十歳を過ぎた自分に統率されるのはどうであろうか。いずれにしても自分の仕事は出来るだけ減らしたい。若い人に機会を与えることにもなるし、自分も長生きできる。既に何度も言っていることだが、自分は〔香港が中国に返還される〕一九九七年七月まで生きたい。そして引退した一人の老人として香港へ行ってみたい。これが奮闘の目標だ〉（「土井社会党委員長の訪中」）

翌八八年四月八日に国家主席に選出されたのは、鄧小平の盟友で、八九年の民主化運動弾圧で主導的役割を果たす長老の楊尚昆だった。

第四節　転換点としての一九八八年

インフレの嵐

一九八八年に入り、政治体制改革を含めて第十三回共産党大会後の順調な情勢は一転し、趙紫陽は後に「〔八八年の〕変化は巨大で、情勢は『良』から『悪』に転換し、天安門事件という結果になってしまった」と回顧した（『改革歴程』二四一頁）。その最も深刻な問題は、新たな改革開放政策を進める上での産みの苦しみとして当時「陣痛」と言われたインフレと物価上昇の嵐であった（『読売新聞』一九八八年三月二十四日）。それに伴う社会不安も高まった。

一九八七年十一月二日、党大会が閉幕して一中全会が終わった直後の記者会見。鋭い外国人記者と趙紫陽の間でこういう質疑応答があった。

「最近私が聞いたところでは、中国の多くの人が物価上昇に不満を持っているらしいが……」

総書記の趙紫陽はこう答えた。

「改革九年来、わが国人民の収入は増加し、生活水準は向上した。しかし物価も確かに上がった。『給料だけを上げ、物価を上げず、引き下げさえする』。人民の望むのはこんな総理だが、見たところ、私は総理としてできなかった。次の総理は私よりうまくやることを望む」（『人民日報』十一月三日）

「〔翌年四月に選出される〕次の総理に任せる」という発言から、この時点ではまだ強い危機感を抱いていないようである。

中国は当時、計画経済から市場経済に向けた経済体制改革の移行期にあった。改革開放のひずみが噴出し、その中で一儲けしようと悪だくみを働く者も絶えなかった。「倒爺《ダオイエ》」と呼ばれた闇ブローカーである。当時、「双軌制」という二重価格制度が存在した。つまり計画経済に基づき政府が統制する公定価格と、市場に任せる価格のことであるが、鋼材やエネルギー製品からカラーテレビなどに至るまで、安い公定価格で大量に入手し、市場での高い価格で売れば、差額で巨額の利益を得られる。この制度を悪用し、公定価格での購入権を掌握する官僚や国有企業幹部自らが、品不足に付け込んで値を吊り上げてから横流しするケースが深刻になり、官僚に賄賂を贈って安価な公定価格の商品を手に入れては巨利を貪《むさぼ》る者も後を絶たなかった。いわゆる「官倒《グアンダオ》」（官僚ブローカー）は、八九年の民主化運動で学生や市民にとって強い不満の対象となった。

一九八八年の年明けとともに物価が上昇し、趙紫陽は本格的な価格と賃金の改革に乗り出した。価格改革の第一歩として五月に、肉、卵、野菜、砂糖といった主要副食品の公定価格を撤廃することで値上げに踏み切った。当時、基本給の一割程度とされた十元以内の手当を支給したが、六月に消費者物価指数の上昇率は前年同期比で一九％を記録した。庶民の実感はこれを上回り、買いだめ、物不足が各地で見られた（『朝日新聞』一九八八年九月二十七日）。

趙紫陽の狙いは、国家統制で価格が決まる商品に対して市場メカニズムを導入することだった。価格改革がどうしても必要である背景には、公定価格を低く抑制する代わりに政府が生産者に出していた巨額の補助金が、国家財政を圧迫しているという事情があった。公定価格を支える巨額補助金を削減し、公定価格を市場価格に移行させる価格改革に乗り出せば、一時的に物価は上昇するが、いずれは価格が安定し、不合理な二重価格制度は改善され、「官倒」による腐敗も抑制されると踏んだ。しかし急速なインフレとともに買いだめなどが広がる中、価格改革はうまく進まなかった。積極改革路線の趙紫陽総書記と、引き締め安定路線の李鵬総理、姚依林副総理の間の溝と確執は広がった。

北京大の自由な空気

一九八九年四月からの学生運動でリーダーとなる王丹は八七年九月、両親の母校である北京大学に進学した。当初は国際政治学部で、後に歴史学部に転部する。

王丹は後に「北京大学で勉強した二年は長くはなかったが、我が人生で最も重要な転換点で、それは北京大学と切っても切れない関係にある。まさに北京大の自由な空気は、自由を追い求めるという理想を養ってくれた」と回顧している（『王丹回憶録』八一頁）。

高校三年時から共産主義青年団（共青団）が毎週一回開く「週末青年懇談会」に参加し始め、北京大に入学後も継続した。八七年十二月五日の懇談会は、「民主と法制」をテーマに共青団中央大楼（ビル）四階会議室で開かれ、後に国家副主席になる当時の共青団中央書記、李源潮《りげんちょう》が出席し、参加者から意見を聴いた。王丹も「政治体制改革」と「学者の政治参加」について発言した（『王丹回憶録』八八頁）。

中国ロックの草分け的存在だった崔健《ツイジェン》が、北京大の食堂ホールでコンサートを開いたのは一九八七年十一月二十三日。王丹はその時初めて「一無所有」（俺には何もない）を聴き、熱狂した。王を含め学生たちは、束縛からの打破を切望し、自由な気持ちを追求する中で、歌の中にその思いをぶちまけた（『王丹回憶録』八六頁）。北京交響楽団のトランペット奏者の崔健はロックの世界に転向し、八六年に「一無所有」を世に出した。

「僕は君に僕の追い求めるものを与えるよ。私の自由も。で君はいつも笑う。何もないよと」

その歌詞は、民主化や自由を求める大学生たちの心情を刺激し、八九年春に民主化運動が展開された天安門広場で学生の愛唱歌となった。崔自身も広場に現れ、歌ったこともある。その結果、崔の影響力を警戒する中国当局は天安門事件後、彼に活動停止を迫ったほどだった。

第十三回共産党大会で趙紫陽総書記が政治体制改革を報告し、北京大学でも、鄧小平や趙紫陽が想定するのとは違った目標を掲げる政治体制改革議論が熱くなった。王丹も「われわれはますます言い表せないような緊張した雰囲気が周辺に充満するのを感じることができ、興奮するような期待感を帯びていた」と回想した（『王丹回憶録』九二頁）。

こうした中、一九八八年五月四日、北京大学は開校九十周年を迎えた。五月四日は、一九一九年、第一次大戦後のパリ講和会議で結ばれたベルサイユ条約で山東省の旧ドイツ権益が中国に返還されず、日本に付与されたため、学生らの反日愛国ナショナリズム運動に火がついた「五四運動」の記念日でもある。胡啓立共産党政治局常務委員、李鉄映国家教育委員会主任、陳希同《ちんきどう》北京市長らが同日午前十時、祝賀大会のため大学を訪れた。

翌八九年の「五四運動」七十周年は民主化運動が最高潮に向かう契機になるが、北京大学大講堂を埋めた五千人以上の教員や学生、来賓を前に丁石孫《ていせきそん》学長はこう挨拶した。

「今日の偉大な変革の時代に、われわれは北京大学の背負う責任が重大であると深く感じる」（『人民日報』五月五日）

退屈で学生に不評だった胡啓立の演説に比べ、丁石孫の講話に学生たちの拍手が止まなかった。なぜなら同年四月の「両会」（全国人民代表大会と全国政治協商会議という毎年春に並行して開かれる二つの重要会議）で、全国政治協商委員である丁石孫の発言が、学生たちの強い支持を得たからだ（『王丹回憶録』九五頁）。丁石孫はこう発言していた。

「ここ二年間、北京大生の思想はとても活発であり、私はとても嬉しく、彼らに国家の重大事項に関心を持つよう鼓舞した。私は、学生が国家の重大事項に関心を持つのは良いことであり、学生がそのことを顧みず個人的な問題だけに関心を持つことを恐れている。私は学生との接触の中で若い世代は道理をわきまえ情理にかなっていると感じている」(『人民日報』一九八八年四月六日)

丁は、一九八六年末の学生デモを抑え込んだ指導者が「学生には正しいところは一つもなく、社会の非難も甚だしい」と話したことに苦言を呈した。学生に同情する北京大学長の発言が『人民日報』に紹介され、「学生が騒ぎを起こすことを恐れないでほしい」という丁の発言まで掲載された。

柴慶豊事件という予兆

丁石孫の発言が四月六日に伝えられた直後、北京大の学生たちは、知識人の待遇の低さについて激論を交わし、キャンパス内の広場「三角地」の掲示板には壁新聞が相次ぎ貼られた。

四月十日は日曜日だった。一年生の王丹は、民主派の青年教師や、元北京大物理学部学生の劉剛《りゅうごう》ら計二十人以上と一緒に天安門広場に向かった。人民大会堂前で座り込みを始め、「教育経費を増加させよ」という横断幕を掲げた。王丹にとって人生初めての天安門広場での抗議行動だった(『王丹回憶録』九六頁)。

その後、こうした中で突発的に起こったのが「柴慶豊《さいけいほう》事件」であった。

この事件は、ちょうど一年後の天安門事件の衝撃のため日本で語られることは今ではほとんどないが、胡耀邦急死を契機にした八九年の学生運動の予兆であった。

一九八八年六月二日未明、北京大に近い海淀《かいでん》区中関村《ちゅうかんそん》の食堂で、北京大地球物理学科の二十二歳の大学院生、柴慶豊が、隣で飲食していた二人とささいなことから喧嘩となり、二人組が取り出したナイフで刺された柴は出血多量で死亡した。

この事件を知った学生たちは、「文教地区ですら生命の安全も保証されないのか」と不満を募らせ、学生約七百人が二日夜から三日未明にかけ、「人権よ、永遠に」などとスローガンを叫びながら、北京大から天安門広場にデモ行進した（『朝日新聞』六月三日）。

王丹もこのデモに参加した。六月三日午前五時に解散し、自宅に戻った後に大学に行くと、キャンパス内の「三角地」の掲示板は壁新聞であふれ返っていた。学生たちの感情は爆発しており、壁新聞や激論の矛先はもともとの治安問題から、国家・政府体制の問題に向かっていた。知識人の低い待遇、社会治安の悪化、物価の高騰、「官倒」など党の不正という問題を挙げ、「すべて一緒にかたを付けろ」と呼び掛けた。当時、この四つが最も関心の高い問題だった（『王丹回憶録』九八頁）。

ただ壁新聞を取材した『朝日新聞』は六月八日付で「かつてのような激しい内容のものは見当たらず、もっぱら指導者を皮肉ったものや、ひとひねりした当てこすりが多く、迫力の点ではいま一つ。学生たちが筆を抑え、軽いジャブで当局の出方を見ているといった状況のようだ」と伝えている。

学生たちは六月八日午後三時に天安門広場で座り込み、抗議することを決めたが、迫力のない壁新聞に象徴されるように、不発に終わった。八日付の『人民日報』一面に、「改革には安定した政治環境が必要だ」という評論が掲載されると、冷静な対応を求める壁新聞も目立った。学生も引き際を感じたのだろう。公安当局は、北京大と天安門広場に大量の警察官と車両を動員し、厳戒態勢を敷いた。それでも王丹を含め約千人の学生が天安門広場に赴いたが、学生より警官の方が目立つような状況で、抗議行動を指揮する者もなかった（『朝日新聞』『読売新聞』六月九日、『王丹回憶録』一〇二頁）。

日本大使館は「柴慶豊事件」について知識人の低い待遇に不満が高まっている現状を報告している。

《知識分子及びその予備軍たる大学生の中には、現行政策への不満が相当蓄積されていると言われ、一方では「読書不要論」といった無力感が一部で生じ、他方では現在の環境改善を求める政治的要求として顕在化しつつある。六月初めに北京大学で発生したデモ騒動は、単純な刑事事件が、学生・教員の待遇改善等を求めたデモに発展するといった形でこの種不満が大きく広がっていることを示すものであり、また、これに対し、当局側がデモ禁止を中心とする、極めて強い姿勢で臨み、その直後に、国家教育委員会が全国の教育関係者を集め学生への管理強化を訴えたことは、指導部が、かかる動きをも相当警戒していることを示すものと言えよう》（**在中国大使館「中国内政〔現状と問題点〕」一九八八年八月十六日**）

日本大使館も、何かが起こると感じたのだろう。政治部長の美根慶樹は、この年の春から夏にかけて、北京に同行した家族を日本に帰そうと思い始めた。

「このままじゃちょっとまずいな、という感じがした。政治の緊迫感がいろんなところに現れてきた」（美根インタビュー）。結局、夏になり転勤命令が出てその必要がなくなったが、北京を離れて半年後、学生運動が今度は爆発した。

一方、一年後の民主化運動のリーダーとなった王丹がこう回想しているのは興味深い。

「私にとってこの流産した学生運動（柴慶豊事件）は、完全にトレーニングと実習になった。大規模な学生運動というものを基本的に理解した。一九八九年に学生運動が爆発した際、（柴慶豊事件を通じて）私はともかく既に一定の経験を積んでいたのだ」（『王丹回憶録』一〇三頁）

学生たちの間に不満のマグマは充満していたが、喧嘩による傷害致死事件では導火線としては弱かった。しかし翌八九年四月に胡耀邦の急死という予想もしない衝撃が、一年前に不発に終わった学生たちの不完全燃焼の感情に火をつけた。

竹下の靖国参拝という火種

竹下登首相の訪中を計画していた駐中国大使、中島敏次郎は一九八八年三月一日、一時帰国した際に、竹下と約二十分間面会した（**中国課「中島大使の対総理ブリーフ」一九八八年三月二日**）。中島は、訪中で「おみやげ」と位置付ける第三次円借款について積み上げ方式では十分な額にならないので、「枠供与」方式で六千億円を供与する考えもあると説明したところ、竹下は〈説明が上手くできるかな〉と不安そうだった。

靖国神社参拝は日中間の「火種」だった。一九八五年の終戦の日の中曽根首相の靖国神社公式参拝で中国政府は強く反発した。中島は竹下にこう求めた。

〈国内的に種々困難な事情があることは十分理解しているが、訪中直前ということもあり、靖国参拝は絶対に避けていただきたい〉

さらに「皆で渡ろう方式」も「不可である」と、集団参拝も止めるよう付け加えたところ、竹下は〈その点はよく心得ている〉と返した。

竹下は国家の最高指導者である。戦没者を慰霊する靖国神社参拝は政治信念の問題と認識する首相も多い。他の首相ならば、中国政府の意向をくむ駐中国大使から進言されれば、色をなして反発することもあっただろう。しかし最終的に進言を受け入れた竹下と中島のやり取りからは、竹下の中島に対する信頼が読み取れる。

中島の進言には伏線がある。竹下は八八年の年が明けて、四月の靖国神社春季例大祭には出席しない意向だったが、二月一日の衆院予算委員会では「（参拝を）する、しないは、その時に私自身が判断すべき問題」と即答せず、八月十五日の参拝には含みを持たせた。橋本《はしもと》龍《りゅう》太郎《たろう》自民党幹事長代理が会長の「みんなで靖国神社に参拝する国会議員の会」などは二月三日、竹下に対して首相の靖国参拝を求めていた（『朝日新聞』二月一日夕刊、二月四日）。

外務省中国課は八八年二月、八月二十五日からに決まった竹下訪中の「**検討事項とり進め方**」という文書を作成している。この中には「**靖国神社公式参拝問題**」という項目も含まれる。

《総理訪中が終戦記念日直後であることに鑑み、総理の靖国参拝が行われれば、総理訪中自体も危うくなる可能性がある》

その上で《内々官邸と連絡を密にしていく要あり》と記されている。具体的には、《靖国参拝が実施されれば、総理訪中自体が困難になる可能性がある旨を前広《まえびろ》に官邸にインプットしていく》と、外務省が首相サイドに働きかける方針も明確にした。文書の右上には《小渕官房長官参拝にシンパシー》とメモ書きされていた。竹下だけでなく、小渕恵三《おぶちけいぞう》官房長官（後の首相）も靖国参拝に前向きだという危惧が外務省にはあった可能性がある。このため中島がその後、竹下と面会し、参拝しないよう釘を刺したとみられる。

こうした直後の三月二十四日、上海市近郊で高知学芸高校の修学旅行生らを乗せた列車が、対向列車と衝突し、生徒二十七人と教師一人が死亡するという痛ましい事故が起こった。

事故を受け、李鵬総理が〈責任は中国側にあり。賠償問題は日中それぞれの国において、それぞれ異なった基準がある。そのいずれの基準でもないものを話合いにより合意するよう指示している〉と伝えた。日本大使館はこれを《明快な発言》と評価した（**中島大使「中国三指導者の横顔」一九八八年八月十七日**）。中国鉄道の安全問題に起因した痛ましい事故だが、日中関係の大局には大きな影響を与えなかった。

権力闘争と対日批判

中国側の対日発言にも変化が出てきた。日本大使館は、竹下首相の特使として訪中した伊東正義《いとうまさよし》自民党総務会長と一九八八年四月十九日に会談した鄧小平の発言に注目した。この中で鄧小平が次のような態度を示したからだ（「中国三指導者の横顔」）。

(1)日中間の問題を議論したにもかかわらず、光華寮問題を明示しなかった。

(2)「田中・大平時代の日中関係」を回顧し、田中角栄首相と大平正芳外相の時代こそが日中双方の指導者が心を打ち明けられる友人同士であったと表明した。

(3)竹下政権下でこのような日中関係の復活を切望すると述べた。

北京大学九十周年大会が開かれたのと同じ五月四日、宇野宗佑外相が北京を訪問した。会談した李鵬総理は、光華寮問題について〈問題処理に多くの努力と時間が必要。日本の事情を理解する〉と、やはり前向きな姿勢を示した（「中国三指導者の横顔」）。なぜ中国側の対日発言が変化したのか。

美根慶樹は、鄧小平が光華寮問題について八七年夏に河北省の北戴河《ほくたいが》での避暑に入る前までは、日本の三権分立制度を認めないなど強烈な対日批判を行っていたが、北戴河から戻った同年九月以降、発言に変化が出てきたと分析し、極秘文書にまとめた。共産党指導者は毎夏、北戴河で人事や重要案件について非公式に意見交換するのが恒例となっている。

美根は光華寮問題についての強い対日批判を控えた背景として次の点があると分析した。

《中国側としても従来のような一方的批判では対日関係の発展に問題が生じるので適切でないことを理解したという正面きった理由》

《〔柳谷外務事務次官の八七年六月の〕雲の上発言に示された日本側の強い反発を中国側として嫌悪しながらも最終的にはそれなりに考慮した可能性は排除し得ないと思っている》（**美根慶樹「竹下総理の訪中［日中間の懸案問題についての中国指導者の態度等］一九八八年九月一日**）

さらに美根は、光華寮問題をめぐる変化よりも数カ月早く、一九八七年五月頃には既に対日批判が変化していたとも分析した。

《一つの推測は中国内政との絡みであり、その年の初めの胡耀邦総書記辞任と相前後して進められてきた「ブルジョワ自由化反対闘争」が一段落し、改革派優位の路線が五月中頃に再確認されたのに伴い、対日批判も一段レベルダウンしたのではないかということである》

中国で権力闘争が激化すると、保守派から対日批判で厳しい反応が出てくるという分析である。抗日戦争を戦った革命第一世代の保守派長老は、歴史問題で日本に厳しく、親日派かつ改革派だった胡耀邦を日本問題でも追い込んだが、趙紫陽らは改革開放政策を推進する上で日本からの経済協力が欠かせないと判断し、対日批判もレベルダウンさせたというのだ。

米大使と北京大民主サロン

ウィンストン・ロード米大使とパオ夫人が天安門事件のちょうど一年前に北京大学に行き、「芝生サロン」に参加し、王丹ら民主派学生と交流したことは第一章で触れた。歴史的に見て「芝生サロン」が重要なのは、ロードが出席した翌日に柴慶豊事件が起こり、さらに翌八九年四月十五日に胡耀邦が急死した前日も、「民主サロン」と名前を変えて行われていたことである。八九年の学生運動を主導する「役者」が顔をそろえる場になった。

「芝生サロン」は、王丹の友人である元北京大物理学部学生の劉剛らが企画したもので、五人目のゲストとなったロードの講演は特に注目され、芝生に入り切れない学生らが集まった。王丹は「米国の外交官が中国民間人の招待を受けてキャンパス内の討論会に参加するのは、当時あるいは現在でもめったにないことであり、当時の米国が既に、中国で芽生えつつあった民主化運動の兆候に気づいたことを表しており、さらに理解することを望んでいた」と回顧している（『王丹回憶録』一〇六頁）。

天安門事件後、中国当局の指名手配リストで一位の王丹に対し、劉剛も三位に位置づけられた。北京大の留学生宿舎「勺園」の向かいにある芝生で開かれるサロンは、極めて政治色の強いイベントであった。それは、第一回目が、前出したように北京大開学九十周年大会のため、共産党指導者が同大学を訪れた八八年五月四日の午後に開かれ、ゲストが方励之だったことから分かる。方はサロンで「民主主義とは与えられるものではなく、勝ち取るものだ」と訴え、発言のたびに拍手が起こり、途絶えることはなかった。午前の指導者のしらけた演説に対し、学生や教師から熱烈歓迎を受けた。共産党・政府を批判した人がこれだけ歓迎される様子を目の当たりにして王丹は、党政府は既に民心を失い、共産党・政府への不満が鬱積していると改めて痛感した（『王丹回憶録』一〇四頁）。

前出の米紙記者ジェームズ・マンは、鄧小平ら中国指導部にとって、ロードが学生に話した慎重な発言よりも、「彼が北京大学にあらわれたという事実と、彼が誰に向かって話をしたかという問題のほうがはるかに重要だった」と指摘している。「集会の数日後、鄧小平本人が仲介者を通してロードにメッセージを送り、北京大学のキャンパスへ行くべきではなかった」と「警告」を送ったという（『米中奔流』二四七頁）。

翌年に民主化運動を起こす学生たちの「マグマ」は沸点に近づいていた。米大使館は、学生たちの民主化への熱情と、学生に対する共産党の警戒感を肌で感じた。これに対して日本大使館は、民主派学生の動向を重視しているわけではなかった。

――第五節　竹下首相訪中の中の社会不安――

光華寮より対日経済協力

竹下登首相が訪中し、北京、敦煌《とんこう》、西安を訪れたのは一九八八年八月二十五日から三十日だった。

まさにこの期間中に中国全土で買いだめと銀行預金の取り付け騒ぎが相次いだ。

五月以降、深刻な物価上昇に見舞われ、六月には消費者物価指数の上昇率は一九%を記録したが、社会不安が高まる中、「九月一日からまた値上げ」という噂が流れた。インフレで人民元が目減りし、「人民元よりもモノ」「値上がり前に買っておこう」と、価値が下がる人民元を今のうちにモノに替えておこうと市民心理が働いた。

北京市北部の百貨店では八月三十日、開店前から百人近い市民が集まり、開店と同時に家電製品売り場に殺到した。目当ては、日本製ビデオテープレコーダー。福建省の中国工商銀行では八月十八日から二十四日までの一週間に五千七百八十万元の預金が引き出され、上海では八月中旬の二週間に一億元の預金が引き出されたという（『読売新聞』九月四日）。

趙紫陽が進める価格改革の失敗がはっきりする中での竹下訪中だった。

竹下訪中の直前の八月十六日。日本大使館が発信した前出公電「中国内政（現状と問題点）」にも物価問題に関する分析が増えている。本来は経済問題である物価上昇が、政権の求心力に直接影響を与える政治問題に発展しているのは明確だったからだ。

《当面する焦眉の問題は物価問題であり、一般大衆の最大の関心事が同問題にあることは明らか。（とくに五月の主要副食品価格自由化以来、民衆は口を開けば物価についての不満を訴え「郵便切手以外はすべて値上がりした」と言われる）》

《過去にこのような物価上昇を殆ど経験しなかった中国大衆の心理的反発は大きいものとみられ、また、それが従来改革の恩恵から取り残されがちであった軍人、教員、知識分子等を直撃するものであ

るだけに、今後、生産財価格の改革に着手するに至る迄には相当の議論が戦わされることになろう》

インフレ問題が深刻化するにつれ、日本大使館は、李鵬総理が日本から経済協力、投資、技術移転、貿易拡大などを引き出したいという熱意を極めて強く持っていると認識していた（前掲「中国三指導者の横顔」）。つまり、中国側は、光華寮など日中間の懸案よりも、改革開放政策を軌道に乗せるため日本からの円借款を含め経済協力を期待し、政治問題化している国内経済問題の解決につなげたいという方針により傾斜していた。

大使の中島敏次郎は六月十三日、外相宛て限定配布の極秘公電で光華寮問題について意見具申した。

《光華寮問題が如何に取り扱われるかは、本使着任以来最も腐心してきた問題の一つである。（中略）当方より光華寮問題につき中国側が依然として従来からの厳しい態度を公に継続するならば、総理の訪中実現も保証し難いこと、竹下政権下での諸分野での日中協力の推進も困難となり得べきこと等を、折に触れ秘かにほのめかしてきたところ、中国側要路においても客年一年間の如く、日中関係を冷却化させたままに放置することは、中国現代化、改革開放の実現にとり由々しき問題との意識が次第に深まってきたものと思われ、昨年末から中国側は竹下総理や貴大臣の御訪中と本問題を関連づけて日本側を困らせるようなことはしないとの態度を明確にし始めた》（**中島大使発外相宛公電「光華寮問題［意見具申］」一九八八年六月十三日**）

日本大使館は竹下訪中前というタイミングをとらえ、インフレや腐敗問題を抱えて改革開放政策の岐路に立つ中国側の足元を見た。

《不当な日本政府批判や要求を行うことは、今後日中間に特別予想外の問題発生なき限り、まず無いと見てよいと思料する》(「光華寮問題［意見具申］」)。日本大使館は光華寮問題で強気の姿勢に転じた。

「頭が高くなった」という中国の対日認識

「中国出張報告」(一九八八年八月七日)。村田《むらた》良平《りょうへい》外務事務次官(後の駐米大使)による外交記録が残っている。竹下訪中の一カ月前に当たる一九八八年七月三十日から八月七日まで訪中した村田が、銭其琛外交部長、劉述卿《りゅうじゅつきょう》外交部副部長らと会談した際の感想を率直かつ大胆に記録したものである。中国共産党・政府が、胡耀邦失脚後に日本に対する態度を硬化させたのはなぜなのか、という問いに答えている。

《日中関係を田中・大平時代に戻したい》

銭も劉も、村田に対して鄧小平の言葉を引用し、竹下首相訪中を契機に、今後十年間の日中関係を安定強化したいと提起した。これについて村田はこう認識した。

《中国側には現状は日中関係が最良であった時期に比べて後退しているとのうけとめ方があるわけであります》

さらにこの背景にある中国側の対日認識の変化について筆を進めている。

《中国は一方において日中友好関係の必要性は十分認識してはおります。然《しか》しながら、本来中国からすれば我が国が中国と並びあるいはこれをしのぐようなアジアの大国となることは必ずしも快いことではありません。我が国が敗戦国であるだけに尚更のことであります。田中・大平時代の我が国はなお経済的強国の一つにすぎず、経済的に中国を助けてくれる国であり、ソ連との関係一つを考えても、

日本の防衛力の増大は中国にとり特にマイナスのないものでありました》
《ところが、最近数年の我が国の国力の増大は極めて顕著なものであり、中国側は日本が本来中国が快しとしない「大国化」への途をどしどし歩み始めており、かつその間にあって日本人が傲慢になりつつあるとの印象を持つに至ったものとみられます。かかる色眼鏡で我が国を見る限り、靖国神社公式参拝問題、教科書問題〔中略〕、さらには光華寮問題の現象は中国の原則からみて気にくわないということになり、これらの問題に対する我が国の施策、一部マスコミの国内論調、野党のそれはともかく、政府の対中説明には「頭〔ず〕の高くなった日本」が見えかくれしていると映るのでしょう。中国が、我が国が言葉の真の意味での「軍国主義」になるなど本心では思ってもいないのに、この一両年急に声高に将来の危惧をうんぬんするようなったのも、その理由はここにあると見られます》

　共産党・政府は一九八八年、「大国」へと歩む日本政府や日本人が傲慢になり、「頭が高くなった」と認識するようになった。中国側から見れば、タカ派の中曽根時代に、その傾向は強くなったが、中曽根政権から竹下政権に変わり、中国側は親中派としての竹下に期待した。村田の分析はこうだ。

《中国側として持ち始めている不快感、不信感を拭ってくれる日本の新しい指導者への期待ということであり、換言すれば、より中国側に配慮した姿勢をとり、中国により謙虚な態度で接するよう、日本を指導し、かつ具体的協力を一層進めてくれそうな人としての総理に対する期待ということであります》

　中国指導部にとって焦眉の急は物価上昇であり、社会の不満が高まれば、改革開放政策も失敗しかねない正念場を迎えていた。日本からの協力を不可欠と考える中国側は、親中派とみなす竹下を取り込もうとした。

李鵬は「親日派」なのか

訪中した竹下登は中国首脳と相次ぎ会った。李鵬総理（八月二十五日午後）、楊尚昆国家主席（二十六日午前）、鄧小平中央軍事委員会主席（同）、趙紫陽総書記（二十六日午後）という具合である。

日本が中国の対日姿勢を計るバロメーターとしていた光華寮の問題を会談で取り上げたのは李鵬だけだった。鄧小平は日中関係の具体的懸案そのものにも言及しなかった。

李鵬は光華寮問題解決に前向きに語った。

〈私たちは日本の国情を尊重している。この問題が最終的に善処されるよう希望〔する〕。この大きくない問題が日中関係の大局に影響を与えないよう希望する〉（**中国課「竹下総理訪中会談記録」一九八八年九月**）

この中で日本大使館政治部長の美根慶樹は、実際に李鵬が発言した内容と、中国官製メディアの報道が異なっていたことに注目している（前掲「竹下総理の訪中［日中間の懸案問題についての中国指導者の態度等］」）。八月二十六日付の『人民日報』は、李鵬が実際に述べた発言を報じず、「中日共同声明、中日平和友好条約及び国際法の準則に基づき合理的かつ適切に解決されるよう希望する」と、全く言及していない発言を報道したからだ。

美根は、中国メディアに報道されたものが実は、事務方が李鵬に上げた発言要領だったのではないかと推測している。つまり李鵬はこの発言要領を無視して対日関係に前向きな発言を行ったのではないかという見立てである。

八八年四月に総理に就いた李鵬は、一年後の天安門事件に際して戒厳令発動を主導するなど学生の民主化運動を潰した保守強硬派のイメージが二〇一九年に死去しても消えていない。しかし竹下訪中に当たっての日本の外交記録を読むと、日本大使館の李鵬に対する評価は高い。本来なら保守派は日本との歴史問題に厳しい立場を内外に誇示するが、李鵬には「親日派」の要素があるとみなしている。

竹下訪中前の七月七日、中島大使は外相宛て極秘公電で竹下に李鵬と個人的パイプを構築するよう提案した。

《〔李鵬は〕これまでどちらかといえばわが国とのなじみが薄かったこともある反面、対日関係を緊密化させたいとの意欲は十分に看取せられる次第である。従って、竹下総理訪中は李鵬総理との太いパイプをつくりあげる絶対の機会であり、更にその対日関心を高めさせるためにも早期の訪日を勧奨することが望ましい》（**中島大使発外相宛公電「竹下総理訪中〔意見具申〕」一九八八年七月七日**）

幻の「鄧小平来日招請」

鄧小平は、共産党政治局から退いても、中央軍事委員会主席に留まり最高実力者として君臨した。日本政府も竹下訪中で鄧小平との会談に最も重きを置いたのは言うまでもない。

竹下の北京入り十日前の一九八八年八月十五日。外務省は「**鄧小平主席への儀礼的訪日招請**」という決裁書を作成した。「秘・無期限」と記されている。鄧小平と会談する際に竹下が述べる「発言要領」も作成した。

竹下が、ソ連以外に外遊しないと宣言している鄧小平と直接会い、「来日できないか」と、ダメ元で招請するよう提言した内容である。

《十年前、批准書交換のため閣下が初の訪日をされた際には日本国民が大歓迎。閣下は今後の外国訪問の唯一の例外として、ソ連がもし、カンボディアからの越軍撤退を実現させ、カンボディアに独立・自主・平和の国家が実現するなら、ゴルバチョフ書記長と会うためにソ連を訪問する用意があると伺っているが、「もう一つ例外を設けて訪日して頂きたい」。この十年間の貴国の変貌ぶりには驚かされるが、我が国もこの十年間に変化。今度は非公式にかつ気楽に訪日されたら如何。如何なる形であっても閣下の訪日が実現されれば日本政府、国民共に、こぞって歓迎。再び鄧小平旋風が巻き起こり、日中友好関係を発展させる上で、意義大と確信》

一九七八年十月に来日した鄧小平によって批准書が交換された日中平和友好条約締結から十周年の記念の年である。決裁書にも記しているように《先方が応じる可能性は極めて低い》ことは分かっていた。結局、八月七日まで訪中していた村田良平外務事務次官が十八日の次官勉強会で反対し、計画は廃案になった（「鄧小平主席への儀礼的訪日招請」）。

八月二十六日午前十時三十五分、北京・人民大会堂。竹下と会談した鄧小平は冒頭、こう述べた。〈閣下は日本では最も忙しい人だろうが、中国で忙しいのは本日午後会われる趙紫陽と昨日会談された李鵬である。私は楽な方であり、昨日まで海にいた〉。こう続けた。〈海に行っていたが、二、三年前に比べても水泳の力が特段弱ったということはないし、またブリッジも相変わらずやっている。身体も頭も大丈夫である〉（「竹下総理訪中会談記録」）

美根慶樹の観察によると、鄧小平は避暑のため滞在していた北戴河から八月二十四日に帰京し、その日焼けした顔から健康状態が良いように見えた。それに加え、メディアに認めた冒頭取材の時間は、鄧小平と外国要人の会談として過去二年間で最長に及んだ。最近一部外電で「鄧小平病気説（前立腺異状）」が流れたが、美根は《当っているとは考え難い》と指摘している。ただ四カ月前に伊東正義と会談した際に《あまり元気のない顔付きで、大分年老いたという印象があっただけに、今回上記の如く鄧主席の健康さを強くプレイアップしたことは反《かえ》って気になる面もあった》とも記している（「竹下総理の訪中［日中間の懸案問題についての中国指導者の態度等］」）。

鄧は「大きな波風」を懸念

激しいインフレに伴う価格改革の問題を竹下に持ち出したのは鄧小平の方だった。

〈目標は少し下げた方がよい、高い目標を設定し、それが達成できない場合はどうしても焦りが生じ、左の方に走ってしまう。今、価格の改革をやっているが、これには危険が伴う。うまくいかずに大きな波風が起こると良くない〉（「竹下総理訪中会談記録」）

鄧小平は価格改革が失敗すれば、〈大きな波風〉が起こると予言し、あたかも一年後の民主化運動を予期しているようだ。しかしそれは現実のものとなってしまう。

その上で鄧小平は、〈中国の経済改革は難関突破の段階に差し掛かっているが、その為には三つの条件が必要〉と説いた。三つ目として外国の協力を挙げ、〈国際協力が得られれば難関突破の能力がより強くなる〉と語り、「おみやげ」（円借款）にも言及した。

〈今後の総理のお土産は決して軽くない。歓迎するとともに感謝する。但し、私はより高い要求をしたい。一つは日本からの技術移転により、中国の外貨獲得能力を向上させてほしい。これは〔第三次円借款の〕六十二億ドル（八千百億円）より重要である。これがないと中国の負担はより大きくなる。次は投資の強化である。〔中略〕総理は技術交流を強化したいと表明されたと聞くが、技術移転投資奨励を総理及び同行の方にお願いしたい。この二点は六十二億ドルよりも重要である〉

インフレで行き詰まる改革路線——。

鄧小平が円借款よりも日本からの投資と技術移転を要求するのは、経済改革の量よりも質を重視し、国内の産業構造転換を図りたいからである。そのために日本の協力が必要であり、光華寮問題を脇に置いても日本と関係改善し、日本に「高い要求」をせざるを得ない苦しい「お家事情」があった。

竹下登は八月二十六日夕、趙紫陽総書記と会談した。場所は政権中枢の中南海。

外国要人は西側の西北門から入ることが多いが、竹下は長安街に面した正門の位置づけである新華門から入った。日本大使館の公電は《これは外国要人の訪問に際しては異例なことである》と報告したが、厚遇の表れであると言いたいのだった。

物価問題については、竹下が最初に触れている。

〈貴国の物価や賃金等が急激に悪化する中で、貴総書記が苦労されているということを理解している。こうした問題に対処するには余り急速ではだめだが、遅すぎても意味がない〉

趙紫陽はこう答えた。

〈われわれは今、少なからぬ困難、新しい問題にぶつかっている。主な問題は、経済発展が早すぎて、この二年間インフレの問題が発生していることである。従って、われわれは経済発展の速度と物価とを抑制することが必要であり、物価改革、または賃金改革と言ってもよいが、それらはこのような複雑な状況下で進めなければならない〉（**中島大使発外相宛公電「総理訪中［趙総書記との会見］」一九八八年八月二十七日**）

鄧小平は、「大きな波風」が起こり得ると懸念した物価改革について、本来経済政策を統括する総理の李鵬ではなく、趙紫陽に任せた。二十六日午前の会談で鄧小平は竹下にこう紹介した。

〈中国の事を聞きたければ趙に聞くのがよい。趙は私の大番頭である〉

〈私は名目上軍事委員会主席だが、実際上は交代している。〔中略〕実際の軍事委主席は趙がなっているのと同じ〉（「竹下総理訪中会談記録」）

鄧小平は趙紫陽に全幅の信頼を置いた。しかしそれから九カ月後の一九八九年五月、学生の民主化運動への対処をめぐり鄧は、趙を解任する。中国共産党では中央軍事委員会主席に就いた者が最高権力者になるが、この時点で鄧は自分が引退し、軍の最高ポストまで趙に託すつもりだった。

指導部分裂の下地

鄧小平の後押しを受けた趙紫陽の価格改革は失敗した。竹下訪中前後に全国各地で商品の買いだめと銀行での取り付け騒ぎなどパニックが起き、一九八八年九月二十六～三十日に開催された共産党第十三期中央委員会第三回全体会議（三中全会）は、急激なインフレ対策が最大の焦点になった。

ここで趙紫陽は、当面の二年間は急激なインフレ抑制のため、価格改革を中止し、経済改革そのものに歯止めを掛ける調整と引き締めへと方向転換せざるを得なくなった。この裏には急速な改革を全面的に後退させようとした李鵬総理、姚依林副総理との間の深い確執があった。価格問題をめぐる趙紫陽と李鵬、姚依林の確執は、八カ月後の指導部分裂の下地として存在し、戒厳令発動や武力弾圧に暗い影を落とすことになる。

価格改革が失敗すると、趙紫陽を失脚させる「好機」と見た保守派長老と、経済運営で趙と対立した李鵬や姚依林は連携を強めた。一九八九年の元旦からしばらくして李鵬と姚依林が、政治局常務委員会の生活会で、趙紫陽の改革開放を非難した。これを知った鄧小平が不快感を強めたため、李鵬は鄧小平邸を訪ね、弁解したが、鄧は「趙には二期総書記を務めてもらう」と明言し、趙紫陽解任要求を突っぱねた（『改革歴程』二六五頁）。

趙紫陽の回想録を読む限り、共産党指導部には自由化や改革をめぐり改革派と保守派の激しい路線対立が存在し、保守派長老は趙紫陽への不満を鄧小平にぶつけていた。改革派と保守派の激しい確執は、当時の海外メディアでも憶測が流れた。鄧小平の盟友、楊尚昆国家主席は、竹下登との会談で、それを否定しているのか、肯定しているのかよく分からないような言い回しで説明した。

〈外国には、「中国の政治家には保守派と改革派がある」と言い、それを年令で分け、あるいは革命に参加した年代で分けようとする見方がある。何か少し年のいった指導者は全て保守派で、若い指導者は改革派ということのようだが、これらは実際はいずれも根拠のない推測である。ここで申し上げるが、「改革・開放」は我が党全てが賛成し、全ての指導者が賛成している。他方、改革の中で、一部の具体的な段取りについてあれやこれや意見が分かれることは、年令や革命参加の年代に関わりなくあることであり、これは正常なことである。このようなことは日本の政治においてもあると思うし、〈中国でも〉そのような現象はこれからもある。だから、中国の指導者を改革派と保守派に分けるということは意味がない〉（「竹下総理訪中会談記録」）

しかし現実の問題として〈あれやこれや意見が分かれること〉が、戒厳令をめぐり指導部が二つに割れることにつながり、天安門事件に発展するのである。

第六節　大変動の予感

昭和天皇崩御とブッシュ訪中

物価の急上昇で混乱が続く一九八八年秋、民主化を求める機運が高まった。方励之やロード米大使も招いた「芝生サロン」は同年六月、柴慶豊事件を受けた学生運動の影響で停止されたが、北京大学歴史学部に移った王丹は同十月末、「民主サロン」として再開した。毎週水曜日の午後にゲストを招き、第一回は十一月二日に開催した。同月二十三日に開いた第四回目のゲストは、方励之の妻で、北京市海淀区人民代表大会代表も務めた李 淑 娴《り しゅくかん》北京大物理学部副教授だった。五十人以上の聴衆が参加し、大盛況だった（『王丹回憶録』一一三～一一四頁）。

八八年後半には、改革路線が行き詰まったことや、保守派への反発が高まったことで、北京大学だけでなく、同年九〜十一月に全国の大学で七十以上の学生運動が起こったとされる(『王丹回憶録』一二九頁)。腐敗や「官倒」が深刻で、共産党への権威は低下し、物価上昇も止まりそうにない。何かが起こりそうな予感。「来年の情勢は良くない。危機が幾重にも重なり、大規模な社会動乱がたぶん出現するだろう」と、王丹は十二月二十三日の日記に記した(『王丹回憶録』一二九頁)。

学生たちにとって来るべき一九八九年は、五月四日に「五四運動」七十周年、七月十四日にフランス革命二百周年、十月一日に中華人民共和国成立四十周年を迎え、明確な行動目標を持った。特に王丹は民主派学生による新たな学内刊行物を『新五四』と命名し、夏衍《かえん》や謝冰心《しゃひょうしん》ら文壇の長老を顧問として迎え入れた(『王丹回憶録』一三四〜一三五頁)。

王丹は当時を回顧し、「当時の学生が何に基づいて行動していたかというと、それは五四運動です」と明言している(「天安門事件の歴史的意義」八七頁)。

日本では一九八九年一月七日午前六時三十三分、昭和天皇が崩御し、時代は平成に入った。前年の米大統領選で当選したジョージ・H・W・ブッシュは一月二十日に就任するが、二月二十四日の「大喪の礼」に出席し、それに合わせて中国、韓国も訪問することになった。昭和天皇崩御を受けたブッシュの訪中が、五カ月後の天安門事件の「遠因」となったのもまた歴史の偶然だ。

一九七四〜七五年に米国の事実上の駐中国大使である北京連絡事務所長を務めたブッシュは、中国の諸事情に精通しており、中国政策の大半はブッシュ自らが担当した。ブッシュ政権で四年間国務長官を務めたベーカーも、中国政策に関して国務省やホワイトハウス国家安全保障会議（NSC）から新たな提案が出されることはほとんどなかった、と回顧している。訪日後の中国訪問も、米中間の友好関係に留意している姿勢を早期に示したいブッシュのアイデアだった（ベーカー『シャトル外交　激動の四年・上巻』二二五頁）。

二月二十三日に東京・迎賓館で竹下登首相とブッシュ大統領の会談が行われた（**外務省「日米首脳会談［二月二十三日］」**）。

竹下が〈**大統領が中国、韓国を訪問されることは、アジア諸国に対する米国の積極的な関心と姿勢を示すものであり評価する**〉と述べると、中国通のブッシュはこう上機嫌だった。

〈訪中は〔一九〕七五年北京を離れてから五回目の訪問であり、ノ、ス、タ、ル、ジ、ア、の要素もある〉

ブッシュは、五月に控えたゴルバチョフ・ソ連共産党書記長の訪中に対しても楽観的だった。〈何の懸念も持っていない。中ソがフルシチョフ時代の様な状況に戻ることはまずないと見ている〉〈中ソ関係改善を脅威としないためにも、日米が協力して、中国の開放政策を支持していくことが大事であると考えている〉と指摘した竹下の方が、ブッシュよりも現実的に中国を観察している。

大統領として訪中して「ノスタルジア」に浸り、感傷旅行の意味合いもあったブッシュの中国訪問の直前、北京では民主化要求のうねりが起こりつつあった。

学生と知識人の団結

昭和天皇崩御前日の一月六日、方励之が、鄧小平宛てに書簡を出した（『チャイナ・クライシス重要文献・第一巻』七九〜八〇頁）。この中で、方励之は、一九八九年が、中華人民共和国建国四十年と五四運動七十周年に当たると言及し、こう記した。

「私は衷心からあなた〔鄧小平〕に建議致します。この二つの記念日が到来するに当たって、全国で大赦を実行されんことを。とりわけ魏京生および類似の政治犯を釈放されんことを」

「北京の春」で鄧小平を痛烈に批判した前出・魏京生は七九年に投獄され、懲役十五年の判決を受け既に十年が経っていた。方励之はフランス革命二百周年にも触れ、「フランス革命が掲げた自由、平等、博愛、人権は普遍的尊重を受けております」と訴えた。

王丹が方励之の妻、李淑娴から鄧小平宛て書簡のコピーを受け取ったのは一月二十一日だった（『王丹回憶録』一三二頁）。魏京生釈放要求の書簡が公になると、二月十三日、方励之による「書簡に接して深い関心を抱いた」という文学者や知識人ら三十三人が追随し、魏京生ら政治犯の釈放を求める公開書簡を、全国人民代表大会（全人代）常務委員会と共産党中央委員会に出した。

文壇に影響力を持つ老作家の謝冰心や詩人の北島《ほくとう》、劇作家の呉祖光《ごそこう》、前中国社会科学院マルクス・レーニン主義毛沢東思想研究所長の蘇紹智《そしょうち》、前人民日報副編集長の王若水《おうじゃくすい》ら、体制内の改革派知識人がそろって名を連ねた。

このうち謝冰心は「五四運動」時から活躍する作家で日本敗戦直後の一九四六年に駐日大使館員の夫と共に日本に滞在、一九八九年当時は全国政治協商会議（政協）常務委員を務めていた。

全国政協委員の呉祖光は、政治闘争で人権が踏みにじられた現代中国史の証人の一人だ。一九三七年に日中が全面戦争に発展すると、抗日劇「鳳凰城」でデビューし、「神童」と呼ばれた。映画監督、詩人などとしても活躍したが、五七年からの反右派闘争で右派分子と認定され、極寒の黒竜江省の労働改造所行きとなった。六〇年暮れに北京に戻ったものの、六六年に文革が始まると、中国を代表する女優で、妻の新鳳霞がターゲットとなった。

新鳳霞は、元女優で毛沢東夫人の江青の嫉妬を買った。紅衛兵からモヒカン刈りを強要され、妻の弟子だった若者が革ベルトを振り回し、バックルの金具で乱打した。呉は、「日本の国民的女優は誰ですか。吉永小百合? その彼女が若者に血だらけになるまで打ち据えられる図を想像してみて下さい」と訴えた(「〝中国の吉永小百合〟が殴られた日」『文藝春秋』一九八八年八月号)。

新鳳霞は半身不随になった。文革が終わっても党内の政治闘争は終結しなかった。八七年一月の胡耀邦の失脚に合わせ、前出した方励之、劉賓雁、王若望が党籍を剝奪されたが、同八月、保守派イデオローグ、胡喬木《こきょうぼく》共産党中央政治局委員が突然、呉の部屋を訪問。呉が八五年に演劇の検閲制度廃止を作家代表大会で要求したことなどを「罪状」に挙げ、離党勧告を突き付け、呉は離党を受け入れた。

それでも屈しなかった。呉祖光らは公開書簡では、魏京生らを釈放すれば、「改革に有利な和やかな雰囲気を創造するであろうし、同時に今日の世界における人権尊重の普遍的潮流にも合致するであろう」と促した(『チャイナ・クライシス重要文献・第一巻』八〇頁)。

二月二十六日にも、方励之と同じ科学者を含めた四十二人が、趙紫陽総書記、万里全人代常務委員長、李先念全国政治協商会議主席、李鵬総理宛てに公開書簡を出し、こう求めた。

「異なる政治的見解の言論と文章を発表したがゆえに罪になる歴史的悲劇が再び現れるのを防ぐため

に、関係部門は思想問題による判決あるいは労働改造処分を受けた一切の青年を釈放すべきである」（『チャイナ・クライシス重要文献・第一巻』八二頁）

公開書簡に署名した体制内の知識人が、王丹ら体制外の大学生と共に団結し、二カ月後の胡耀邦急死を直接的契機に学生運動が始まるのだが、胡耀邦が知識人や学生を大切にして尊重したことを考え合わせれば、その後の民主化運動のうねりというのは必然の流れだった。

出席を阻止された方励之

学生と知識人の「団結」は、北京を訪れた米大統領自身を直撃することになる。

なぜなら一九八九年二月二十六日午後七時から北京でブッシュ大統領が主催する答礼の晩餐会の招待者リストに、方励之や妻の李淑嫻、蘇紹智、呉祖光ら民主派知識人が入っていたからだ。

方励之と李淑嫻の自宅には二月二十二日午後、米大使館からの使者が訪れ、ホワイトハウスからの招待状が二通届けられた（『立ちあがる中国知識人』四七頁）。方は、大統領と話し合う機会があれば、中国国内の政治犯を含む人権問題の現状を紹介したい意向だった（『読売新聞』二月二十三日）。しかし方励之が何者か知らなかったブッシュは共産党指導部の過剰反応に驚くことになる。

二月二十六日午前、ブッシュは鄧小平と会談した。翌日の『人民日報』は見出しで北京連絡事務所長を務めたブッシュを「老朋友」（古い友人）と位置づけた。

会談の多くの時間が中国内政問題で占められたのは、鄧小平が目の敵にする方励之ら知識人が、この日夜の晩餐会に招かれたことと関係していると見ていいだろう。いわば、釘を刺したのだ。

「中国の問題で、全てに優先するのは、安定が必要だということだ。安定した環境がなければ、何も成し遂げられず、既に獲得した成果も失くしてしまう」

鄧小平はさらに、毛沢東に対する評価に言及した。

「われわれは既に、建国以来の歴史事件の是非、特に〝文化大革命〟の誤りについて妥当な評価を下した。毛沢東同志の歴史的地位と毛沢東思想に対しても妥当な評価を下したが、毛沢東同志の晩年の誤りに対する批判も度を越してはいけない。なぜならあれほど偉大な歴史人物の否定は、われわれの国家の歴史の重要な一時期を否定することと同じだからだ。その結果、思想の混乱と政治的不安定をもたらしかねない」

一九八七年十一月の土井たか子との会談で毛沢東の晩年の誤りを批判した鄧小平だが、一転して「批判も度を越してはいけない」と修正した。改革派の中には毛沢東時代を否定する声は強く、こうした声が強くなれば、社会の不安定を招くと危惧したのだ。さらにこう続けた。

「われわれは社会主義に基づく民主化の発展を欲しているが、慌ててやるとうまくいかない。西側と同じ方法はもっとダメだ。もしわれわれが現在の十億人で多党選挙を行えば、〝文化大革命〟で起きたような〝全面的内戦〟の混乱局面を必ず出現させるだろう」（『鄧小平年譜・下巻』一二六七頁）

鄧は八七年一月、自民党幹事長として訪中した竹下に文革の「大民主」を「内戦状態」と形容したが、ブッシュには多党選挙を行えば、中国社会は文革時のように「全面的内戦」に陥ると警告した。「中国は他国制度を引き写さない」――。ブッシュは二十六日、鄧小平のほか、趙紫陽、李鵬らと相次ぎ会談したが、翌日の『人民日報』を見ると、趙紫陽とブッシュの会談にはこう見出しがつけられた。趙は会談で「経済体制改革の困難を政治のせいにする人たちは、西側の多党政治や議会政治を引き入れようと主張している。当然このような観点を支持する人はごく少数だ」（『人民日報』二月二十七日）と、民主派を突き放した。

政治体制改革を推進した趙紫陽に対し、相次ぎ公開書簡に署名した知識人は期待を寄せたが、八八年九月に価格改革が挫折して以降、保守派長老や李鵬らからの攻撃が強まっていた。「第二の胡耀邦」になるだろうという失脚説もたびたび流れた。鄧小平の後ろ盾があるとしても、党内で追い込まれていたのは事実であり、趙は党内向けに知識人を突き放し、方励之を晩餐会に招いたブッシュに強い姿勢を示す必要があった。

その日夜に開かれた晩餐会の会場は、北京市街北東部に位置し、ガラス張りのメタリック色の外観がひときわ光沢を放つシェラトン系の高級ホテル「長城飯店」だった。米側は、米中間の秘密交渉で、方励之を晩餐会に招くものの、主賓の楊尚昆国家主席や李鵬総理の視界に入らないよう遠くに方励之の席が用意され、会場の後方テーブルに座っていると思い込んでいた（『米中奔流』二七〇頁）。

方励之夫妻は、北京に滞在中だった米国の中国研究者で友人のペリー・リンク夫妻と共に北京市内のアパートを出発し、車で会場に向かった。しかし午後六時頃、ホテル近くで百人余りの制服や私服の警官に車を止められ、「リストには君たち二人の名前はない。出席する資格はありませんね」と通告された。今度はタクシーを拾って会場に向かおうとしたが、またもや警官隊に阻止され、次にバスに乗ろうとしたが、警官の命令でバスは素通りした。結局、方励之夫妻はホテルへの立ち入りを中国公安当局の力ずくの妨害で阻まれた（『立ちあがる知識人』四七〜五一頁）。

ブッシュ訪中で方励之に対する共産党指導部の敵意が明確になった二月二十六日は、王丹の二十歳の誕生日だった。翌日午後、方励之は自宅に記者を集め、抗議の意思を表したが、王丹も駆け付けて手伝った。意外なことに方励之の記者会見には、国営新華社と中国新聞社という官製通信社の記者が参加した（『王丹回憶録』一四八頁）。当局の指示で探りに来たのか、官製メディアさえも当局の方励之排除が問題であると関心を高めていたのか定かではない。

北京に「ノスタルジア」を抱き、共産党との関係を第一と考えたブッシュをはじめホワイトハウスにとって、強権を誇る共産党政権がなぜここまで、方励之ら民間の民主派知識人に過剰反応するのか理解できなかっただろう。民主派・改革派が市民に受け入れられている中国社会の実情に重きを置いたロードら北京の現場外交官との間には、北京とワシントンの距離ほどの温度差があった。

胡耀邦急死前日の民主サロン

「激動の年」一九八九年。

一月に方励之が鄧小平に突き付けた「魏京生釈放書簡」に端を発し、方励之を「ドン・キホーテ」にしてはならないと奮起した民主派の知識人や体制内の作家、科学者がこれに続き、団結した。昭和天皇が崩御し、大喪の礼に参列するため来日し、中国に立ち寄ったことで、ブッシュと米政府は共産党と民主派知識人間の「闘い」に巻き込まれた。いや、晩餐会の一件で、共産党と民主派のより深い分裂をつくり出してしまった。

鄧小平が、趙紫陽を自宅に呼び、「中国は乱を許さないというシグナルを出せ」と指示したのは、方励之出席阻止六日後の三月四日だった。「四つの基本原則」を堅持しなければ、「中国は混乱するだろう」と危機感を表した鄧小平はこう続けた。

「集会、結社、デモ、報道、出版など違法なものは取り締まれ。中国では勝手なデモ行進は許されない。もし三百六十五日、毎日デモばかりしていたなら、何も行われず、外資も入ってこなくなる」。知識人の公開書簡の動きを「乱」ととらえ、断固として封じ込める意向を示した。「この十年来、われわれの最大の誤りは教育の分野にある。青年の政治思想教育が十分でなかった」。「乱」の背景として若者に対する思想教育が甘かったと断じた（『鄧小平年譜・下巻』二二六八頁）。

民主主義と自由を標榜する米国のブッシュ大統領の訪中に対し、民主派知識人は期待を示し、相次ぐ公開書簡につながった。しかし鄧小平から見れば、方励之は「乱」の象徴だった。ブッシュにすれば、自身主催の晩餐会に、どういう人物かよく知らない方励之の出席が阻止された結果、米中の溝が広がってしまうという皮肉な結果を招くことになった。

王丹は、四月十四日に第十五回「民主サロン」を開催した。

ゲストは、ブッシュの晩餐会に出席した著名劇作家の呉祖光だったこともあり、五百人以上が参加し、これまでの最多記録を更新した。

北京大の校門で入校を阻止されないよう王丹は自宅まで迎えに行ったが、北京大南門でやはり何者かが阻もうとした。しかし呉祖光は慌てず、「全国政協委員」という自身の身分証明書を見せたため、相手は茫然《ぼうぜん》とし、入校を認めるしかなかった（『王丹回憶録』一五六～一五七頁）。

学生たちの民主化機運が高まる中、この翌日に胡耀邦が急死するのだ。

「偶然」に「偶然」が重なる中で、一九八〇年代に民主化と自由に理解を示した胡耀邦の死は、学生たちにとってあまりにも衝撃であり、当日から始まる学生運動は必然的に拡大することになるのだ。

第三章——外務省の「無策」

第一節　六月三日・天安門

「爪先まで衝撃が走った」兵士の行進

防衛駐在官（武官）の笠原直樹が北京の日本大使館に着任したのは、民主化運動がうねりを上げ、北京に戒厳令が発動された五日後の一九八九年五月二十五日だった。赴任以降、北京で何が起こったか、自分の目で見たもの、感じたことを自分の手帳にメモしていた。笠原の記憶では、八九年九月か十月に「**新米武官の六・四事件**」（「**笠原メモ**」）としてまとめ、防衛庁に提出した。

日本政府の対中外交や情報収集の最前線である日本大使館。メモを通じて館員一人ひとりが危機の中で実際にどう行動したか、自衛官として人民解放軍の動きをどう追ったか、さらに北京市民がどういう「空気」の中で民主化運動に立ち向かったかがリアルに分かる史料的価値の高いものである。

笠原は六月二日、前任者が住んでいた「斉家園外交公寓《さいかえんがいこうこうぐう》」に引っ越した。日本大使館のある建国門外には二つの外交官アパートがある。一つは「建国門外《けんこくもんがい》外交公寓」、もう一つは「斉家園外交公寓」。いずれも長安街に面した広い敷地の中に、低層から十五階建ての中層のアパートが林立し、テニスコートや芝生なども備えている。

日本や米欧などの外交官や記者らが住み、日本メディアも北京支局を外交公寓に構えた。時事通信や毎日新聞、ＮＨＫなどは建国門外外交公寓に、朝日新聞は斉家園外交公寓に支局があった。

以下、「笠原メモ」から当時を再現する。

六月三日。笠原は時計の針が零時を刻んだ頃、床に就いたが、しばらくして長安街で「ワーワー」言う声がして、笠原の妻が先に起き、窓から外を見ながら笠原を呼んだ。

「なんだ。今何時だ」。時計を見ると午前一時半。

「ワーワー」の声の主は市民で、何かに向かって罵声を浴びせているらしい。そして道路を誰かが歩いている。辺りは暗いし、四階の窓から道路まで四十〜五十メートルも離れているため、よく分からないが、相当多くの人数が東から西に向かって、つまり天安門の方向に整然と行進しているようだ。笠原は眠い目をこすってもう一度よく見てみた。一様に白い服を着ている。

「あーっ、あれは解放軍だ」

笠原はメモに「衝撃が頭から爪先まで走った」と記録している。

笠原は、戒厳令発令と同時に非武装で出動し、学生デモを支持する市民に説得されて撤退した解放軍がまたもや出動したと分析した。

「今度は徒歩で、夜中に奇襲か？　武器は？　その数は二千〜三千名。そうだ、こうしてはいられない」。ジーパンとTシャツ姿で大使館まで駆け足で行った。大使館まで数百メートルだ。

大使館政治部はまだ明かりがついていた。政治部で庶務を担当する理事官の田中理香子（仮名）が「〔書記官の〕岡山さん（仮名）が軍についていきました」と教えてくれた。

「よし、俺も行ってくる。自転車を貸してくれ」。天安門方向へ、東西を結ぶ北京一のメーンストリート「長安街」を進んだ。

真夜中にもかかわらず道路は人であふれていた。解放軍に抗議する市民たちを避けながら、北京飯店の手前までたどり着いた。

建国門外と天安門のほぼ中間点にある東単付近《ドンダン》。そこでは、学生らしき多数の市民が車を道路に引っ張り出し、バリケードを造り、兵士たちをブロックしていた。笠原は、兵士と野次馬で全く身動きが取れない。

兵士たちは上半身の戦闘服を脱ぎ、白シャツ姿だ。武器は持たず、水筒と、雑多のものを入れる布製の雑のうを肩からクロスにかけているのみ。相当歩かされたらしく、汗をかき、疲れ切っている。皆子供のように若い。指揮官らしきものは……いない。ただ市民に強烈な罵声を浴びせられているだけで、なす術を知らないようだ。

十分間くらいがたっただろうか。兵士たちはバラバラと帰り始めた。

その姿はまるで敗残兵のようだった。何の秩序も無く、三々五々《さんさんごご》トボトボと元きた道を引き返した。

その兵士たちに向かって市民はなお、容赦なく罵声を浴びせる。その中を笠原は、市民に交じって兵士について行った。やはり指揮官の姿はなく、通信手のそばにいる兵士もせいぜい班長クラスのようだった。着ているズボンも幹部用ではなかった。

「変だなあ」と感じた。

「どこの解放軍だい」。近くにいた市民に聞いてみた。

「あれは内蒙古《うちもうこ》〔内モンゴル自治区〕出身の兵隊だ」。興奮して答えた。

「それにしても、たったこれだけの兵力で、それも素手で来て、あっけなく撃退されてしまうなんて解放軍もなさけないものだ」(「笠原メモ」)。そう考えながら電報を打つため、大使館に急いで戻った。

「非暴力」を訴える学生

笠原直樹は、日本大使館がある建国門外から天安門へ、自転車で東から西に向けて、この奇妙な部隊を観察したが、これとは逆に天安門から建国門外へ、西から東に走り、現場で一部始終を見たのが南隆だった。南へのインタビューにより当時を再現する。

「今夜、人民解放軍が入ってくる」。六月二日深夜十一時頃、戒厳令発動以降、連日、軍入城の「Xデー」を警戒していた南は色めき立ち、真夜中に車を運転して天安門に向かった。交差点ごとに市民が集結しており、やはり市民も「今晩、解放軍が攻めてくる」と口にする。学生を支援する市民も戒厳令布告後、解放軍の入城を阻止しようと、夜間になると路上に出て決死の態度だ。

しかし真夜中の街は静寂に包まれたままで、特段の動きはない。南は「今夜はこれで終わりか」と判断し、車で長安街を、大使館のある建国門外方向に引き返した。その時だった。建国門外方面から大量の兵士が興奮した様子で、小走りで進軍してくるではないか。その数は五千人ほどに見えた。

南は車を停めて兵士の「入城」を観察した。隣に制服警官がいたから、「解放軍だろ」と聞いたが、何も答えなかった。「いよいよ今晩だ」と思い、車を再度Uターンさせ、兵士たちを追い越して天安門広場周辺に先回りして、駐車してから、歩いて引き返すことにした。北京飯店を越えた東単付近で兵士と市民が衝突した。

南は当時を振り返る。「僕が北京飯店の方から歩いて行くと、兵士と民衆が対峙する現場に着いた。一触即発の状態でにらみ合いがしばらく続いた。米国のテレビ局のクルーが到着し、カメラを回し始めたら、私服公安数人が襲い掛かって止めに入った。これを契機に、一気にガチンコの衝突が始まり、民衆は解放軍兵士に石を投げつけた。瞬く間に、兵士はちりぢりになり、民衆に路地まで追いかけられる場面もあった。これは『革命前夜じゃないか？』と思った」

外務省中国課は翌三日午前六時半、「**三日未明の戒厳部隊の行動**」という資料を、外務事務次官や外務審議官ら高官宛てに送信している。これは、笠原や南らの大使館からの報告を基に作成したものだが、午前三時五十分、部隊が学生や市民と衝突した現場を見た館員からの《学生は北京市民に対し、非暴力による抵抗を呼びかけている》という報告が含まれている。この観察は重要かつ鋭い視点である。なぜなら本来学生を支援していた市民は既に、学生よりも、軍への抵抗を過激化させ、「非暴力」を訴える学生が、理性を失う市民を抑える傾向がますます強まっていたからだ。軍への「抵抗」の手法をめぐり両者は乖離《かいり》したまま六月四日を迎えた。

武力弾圧を正当化するための「謀略」

当時、中国政法大学の青年教師だった呉仁華は胡耀邦追悼から民主化要求に発展した学生デモの当事者であり、武力弾圧の際も学生を引き連れて現場に行き、殺害現場を目撃した。翌年米国に亡命し、三十年以上にわたり流血の惨事の検証を続け、今も後世に「六四」の記録を発信し続けている。

呉が二〇一九年に台湾で発行した『六四事件全程実録』によると、人民解放軍の戒厳部隊による天安門広場制圧作戦には、北京軍区の第二十四（河北省承徳）、第二十七（同石家荘）、第二十八（山西省大同）、第三十八（河北省保定）、第六十三（山西省太原）、第六十五（河北省張家口）の各集団軍のほか、天津警備区、北京衛戍《えいじゅ》区、瀋陽軍区、済南軍区などからも出動し、総勢二十万以上に上った。北京の南、西、東、北、北東、南西から天安門広場を目指す作戦であるが、最も早く天安門周辺に現れたのは第二十七、第六十五集団軍。両集団軍兵士は六月二日、天安門広場西側に隣接する人民大会堂に進駐した。三日未明に北京飯店近くで、前述したように数千人の兵士が市民に進軍を阻止されたが、これは第二十四集団軍だという（『六四事件全程実録・下巻』七八〇〜七八二頁）。

丸腰の兵士の長い行進と、市民に殴られるばかりの無抵抗と覇気のなさ――。

笠原は「変だなあ」と感じつつ、当時の率直な感想として「この作戦は、失敗だったな」とメモに書き残している。

早朝五時頃、天安門広場の学生自主放送は、「われわれは勝利した。見よ、学生と市民は一体となった」と宣言した（同、七八三頁）。

南隆は午前三時すぎ、東単で兵士と市民の衝突を見た後、天安門広場から西に向かって歩いた。日本大使館のある建国門外と逆の方向である。中南海を越えて西単の方に向かった。「そっちの方が派手にやっていた。軍用バスが市民に取り囲まれて、中にいた兵士が引きずり降ろされていた」（南インタビュー）

南の証言は、呉仁華の『六四事件全程実録』とも合致する。午前七時、数万の学生と民衆が西長安街に集まり、平服の兵士が座っている三台の大型バスのタイヤがパンクさせられ、市民に取り囲まれた。それに先立つ六時十五分には学生約六十人が中南海の新華門前で、戒厳部隊兵士の軍帽や軍靴を見せびらかし、七時を過ぎると軍車両から奪ったとみられる銃や弾薬、刀、ヘルメットなど大量の武器が天安門広場の学生拠点に積み上げられたという（『六四事件全程実録・下巻』七八三～七八四頁）。

南隆は、民衆による「革命前夜」の現場を目の当たりにしたが、その日の夜に戒厳部隊は一転し、学生や市民に銃を向け、流血の惨事という悲劇を迎える。

三十一年が経った二〇二〇年九月のインタビューで、南隆は、無抵抗の兵士を攻撃した学生や市民たちの六月三日未明の行動を「反革命暴乱」とみなすことで、その日の夜の武力弾圧を正当化しようという共産党指導部の「謀略」があったと分析している。しかも外国メディアが見る前で、市民にボコボコにされる兵士の姿を「演出」し、「平和的手段は無理だから、武力行使する」という巧妙な策略があったという見立てだ。

「しかしその時は現場で見ていてそんなことは分からなかった。その前日までは学生デモの中核となる連中は三千～四千人しかいなかったのが、（市民の軍に対する攻勢で）三日昼には数万人に膨れ上がった。いよいよ大詰めという感じがした。その時の私の印象としては『ひょっとすると革命になるんじゃないか』という淡い期待を持ってしまっていた。だから夜になって戦車が突っ込むというのはびっくりだった」（南インタビュー）

「軍には自衛権がある」

六月三日は天安門事件にとって運命を分けた日だ。共産党の中枢「中南海」は緊迫局面を迎えた。李鵬総理は、同日の日記に「状況は急転直下。明け方、戒厳部隊の車両が北京入城を阻止された」と記している(『李鵬日記』二九〇頁)。

この日午後一時、中南海西側の六部口で機関銃や弾薬など武器を積んだ軍用車が、数千人の市民に包囲され、部隊と市民が対立して一歩も譲らなくなった。数人の学生は、機関銃を示して車の屋根に立ち、たびたび手で「Vサイン」をつくったり、銃剣付きのライフルで鉄のヘルメットを高く掲げ、人々に誇示したりした(『六四事件全程実録・下巻』七八六頁)。

午後二時、このまま暴徒化した市民に武器が奪われれば、中南海という共産党・政府中枢の安全にも直接の脅威になると考えた指導部は、一千人以上の部隊兵士や暴動対策警官を動員し、催涙弾を発射した。そして武器を奪おうとした市民を放逐し、軍用車も奪還した(『李鵬日記』二九一頁、『六四事件全程実録・下巻』七八六頁)。

北京各地で市民と兵士が対峙して軍用車が包囲され、武器が奪われる事件も相次いだが、李鵬は、お膝元の中南海で起こった事件に恐怖を感じたのだろう。

午後四時、中南海。

共産党中央政治局常務委員、喬石が主宰した緊急会議が開かれ、天安門広場の武力制圧問題が討議された。李鵬総理と楊尚昆国家主席のほか、李錫銘《りしゃくめい》北京市党委書記、秦基偉《しんきい》国防部長ら軍首脳が一堂に会し、次のような共通認識に達した。

「現在の情勢は十分に緊張している。軍隊は既に、暴徒との正面衝突が発生した。彼らに一息つかせる機会を与えてはいけない。きょう速やかに行動を取らなければ、明日は日曜日であり、さらに多くの人が広場に集まり、制圧はもっと困難になる」

そして会議はこう決めた。

(1)今晩九時から戒厳部隊と武装警察部隊が「反革命暴乱」の鎮圧を開始する。

(2)戒厳部隊は翌朝午前一時に、広場に到着し、六時には広場制圧の任務をすべて終了させる。

(3)進軍中に阻止されれば、戒厳部隊はあらゆる自衛措置や手段を取って排除できる。

――などである。楊尚昆は鄧小平に武力制圧計画を報告し、批准を得た（『六四事件全程実録・下巻』七八七～七八八頁）。

李鵬も日記に「武力での阻止に遭えば、軍隊には自衛権がある」と記した（『李鵬日記』一一九〇頁）。暴徒化した市民に抵抗されれば、発砲していいという事実上の指示が出たのだ。

「兵士五千人が死傷」と報告した中国外交部

天安門事件五日後の六月九日、中国外交部の徐敦信アジア局長は、日本大使館の久保田穣、畠中篤両公使に対して、戒厳部隊が武力鎮圧に着手した理由について〈三日更に反革命暴乱に進んだ〉と明言した上で、〈自分として知っていることをお伝えしたい〉として詳しく説明した。現在の国務委員兼外交部長の王毅《おうき》が日本課長として会見に同席している（**中島大使発外相宛公電「中国政情［徐・アジア司長との意見交換］」一九八九年六月九日**）。

〈戒厳部隊は三日まで市内に入らなかったが、天安門の人々は場所を離れず、交通阻害等市民生活に影響をもたらし、時折政府機関を攻撃した。さらには、御覧になったとおもうが天安門広場に「自由〔民主〕の女神」と称する像がたてられた。これに対しては絶対多数（この部分を特に強調）が反感を持っている。人民大衆も怒り政府も容認できない。〔中略〕日本の国会議事堂前にこのようなことをされたら日本人も賛成しないであろう〉

日本大使館も「民主の女神」が建てられた直後の五月三十日の公電で、《いわば西欧民主主義を象徴するが如くであり、体制への挑戦とも言える挑発的なものであり、とくに保守的老幹部にとっては耐え難いものと感じてもおかしくない》と分析していた（**中島大使発外相宛公電「中国政情［当館観測：三〇日］」一九八九年五月三十日**）。

さらに徐敦信は、「動乱」を起こしたのはどういう者だったかも主張している。

〈動乱を計った者は明確であり一部は逮捕した。彼らは(イ)懲役を終え釈放された人物。改革開放後汚職、強盗、婦女暴行、秩序破壊等各種非合法行為を行った不良者のうちよく改造されなかったものが、今回の機会を利用した、(ロ)相当の一部は遊び人即ち仕事のない者あるいは、したくない者である、(ハ)また相当の一部は公安に指名手配されたり、不正商売を行ったりしていた者である、(ニ)〔文革時の〕四人組の残党も入っている。彼らの数は少ないが、破壊力は人々を非常に驚かせている。彼らは手段を選ばず彼らを中核として真相の分らない市民学生を煽動し兵士を残酷に殺した。武器を奪い、投石を行い、兵士の眼をくりぬき、焼き、立体交差の上から放り投げ、死んだ兵士をそのまま放ったままにおいていった〉

徐敦信によると、部隊の一部は天安門に向け進んだが、武器は携帯していなかった。武器を携帯した一部も、明確な命令によって発砲を禁じられていたり、弾丸を込めていなかったりした。この過程で最も厳しい動乱が起きた。多くの兵士が殴られ、殺されて五千人の死傷者が出て、百台の軍用車（タンクを含む）が破壊され、燃やされたほか、武器が奪われた。

中国公安部刑事偵察局長も、天安門事件後の一九八九年九月十四日、久保田や南ら日本大使館員と懇談し、〈今次動乱において、中央政府の指示が明確でなかったことは事実であり、われわれ警察に対しては六月三日に至るまで警棒の使用すら許可されなかった。政府指導部のトップに分裂があって指示が徹底しなかった〉と認めた（**中島大使発外相宛公電「中国内政［公安当局者の発言］」一九八九年九月十八日**）。

笠原直樹が後に得た情報によると、六月三日と四日に軍が「暴徒」によって奪取された武器は、小銃等約七百～一千丁及び弾薬であったという（**中島大使発外相宛公電「中国軍事［[redacted]内話］［防衛情報］」一九八九年八月十四日**）。

大使館オペレーションルーム

「中南海」の中の指導者と「中南海」前の学生と市民が、緊迫局面を迎えた六月三日午後。日本大使館近くの建国門でも戒厳部隊が集結していた。

六月三日未明から、数千人に上る兵士の「謎の行進」を追っかけた笠原は、自宅の外交公寓に戻り、少し寝ることにした。土曜日の午後である。しかし大使館からの電話で起こされた。

「武官。建国門陸橋のところに解放軍が来ているそうですよ。見てきてくれませんか」

建国門陸橋は、市中心部の城壁に沿った環状幹線道路「二環路」と東西を走る「長安街」が交わる立体交差点で、この陸橋から東側を建国門外と呼ぶ。日本大使館、海外メディアが支局を置く外交公寓、外国人向けショッピングセンター「友誼商店」などが集結し、外国人の多い街である。

笠原は電話を受け、自転車をこいで建国門陸橋へと急いだ。近くまで来ると、陸橋はすごい人だかりで、車が通る隙間もないほどだった。解放軍のトラックが停まっているのが見え、その周りを多くの市民が取り巻いている。自転車を乗り捨て徒歩で近づく。

「解放軍の出動だ」

人波をかき分けてトラックの幌《ほろ》の中を覗《のぞ》いた。兵士がぎっしり乗り、しかも完全武装である。銃には弾丸を内蔵する弾倉が着いているし、弾帯にはそれぞれ弾倉が入っている。

「こりゃ本気だ」

笠原はトラックの台数を数えて歩いた。「二環路」を通って南から来た車両部隊が長安街に入ろうとして、市民によって進入を阻止されたのだ。天安門に行こうとしたのだろう。しかし進入できず、トラックはヘビがとぐろを巻くようにして停まっていた。目算で約五十台。一両に二十～三十人が乗っているとして、一千～一千五百人はいる計算だ。アンテナを立てた指揮官車も見える。指揮官、兵士も皆、市民の説得や罵声にじっと耐えて黙ったままである。

笠原はこの時、解放軍が本気を出し始めた、と明確に認識した。夕方だが、初夏の北京の日没は遅く、まだ昼のように明るい。いったん大使館に戻ると庶務担当の田中理香子一人しかいなかった。

「皆、解放軍を見に行っちゃった」

「まあいいや。これからあった情報は、時期、場所、内容、収集者〔の名前〕を定型の紙に記録しておいてくれ。ほれ、こんな具合に」

「了解」

「それから、北京の地図と、これくらいのビニールあるかな」

「北京の地図は、その壁に貼ってあります。ビニールなんてありません」

笠原は、壁に貼っている市街地の地図をはがし、大使館政治部の大部屋の床の上に置いた。自分の机の上のアクリル板で押さえた。グリース鉛筆も用意した。情報を取ってきた館員に情報カードを作成させるとともに、「兵士が何十人」などと、地図にも書き込んでもらい、館内で情報の共有を図ろうとしたのだ。

大使館政治部の大部屋につくられた「情報所」には、館員有志が足で集めてきた情報が集約された。自衛隊が行うような本格的な「オペレーション」では、敵や地形などの情報を反映させた「状況図」を基に、どのように展開するかを示す「作戦図」を作成し、それに分析を加えた上で、指揮官が関係者を集結させるプロセスを組織的に行う。日本大使館の「オペレーション」はそこまで本格的なものではなかったが、「情報所」では大使館員が集めた情報を地図にアップデートした「状況図」が作られ、六月七日に本格化する在留邦人の北京脱出オペレーションにも活用された。

「それまで在外の大使館では、何かが起こっても、情報所をつくってみんなで情報を共有したり、意思を決めて組織的な活動をしようとしたりする発想はない。みんな勝手にカウンターパートから電話で情報を取り、見に行きもしない。私は武官であり、やり方を一番知っているので、情報のまとめを

やったまでです」（笠原インタビュー）

官邸に伝えられた現地の緊張

六月三日（土曜日）。笠原のみならず日本大使館員は北京市内の各所に行き、それぞれ目撃した情報を報告として上げ、東京の外務省に公電として送った。外務省中国課は、大使館情報を基に「**中国情勢（学生デモ関係）**」として三日夜現在の北京市内の状況をまとめた文書を同日午後十時、官房長官や官房副長官の秘書官や外務事務次官、外務審議官らにファクス送信している。

《三日午後、北京市内数ケ所で、武装警察と学生・市民が対峙し、もみ合い、衝突が生じ、一部では負傷者も出た模様のところ、館員が各所で視察した概要次のとおり》。文書には地図も添付された。

南隆は午後二時半ごろ、中南海の新華門前にいた。前述した通り武器を積んだ軍用車が奪われそうになったため、催涙弾が発射された直後である。

《武装警察（約百名程度）が催涙ガスを用いて、かねてより座り込みを行っていた学生等を撤退させようとしたが、学生・市民側に押し戻され、武装警察は西方へ退却した》

南は催涙弾発射の瞬間には居合わせなかったが、催涙ガスの殻を確認した。

南はその後、天安門方面へ二百〜三百メートル離れた人民大会堂西側道路に移動した。

《本日午後、南方から北に向かってきたと思われる二千〜三千人の軍（ヘルメット着用、武器不所持）を市民二千〜三千人がバス二台を使って阻止して対峙していたが、一七時三〇分の時点で、市民が軍を圧倒し「コ」の字型の防衛線を突破した》

市民有利の展開である。もみ合いで負傷者も出た模様で、南は血を流した学生が救急車で運ばれる場面も目撃した。

午後五時半。中南海から約八百メートル西に行った繁華街「西単」。

三日未明、天安門に向かった軍用バスはここで、学生と市民に進行を阻止され、二台はいまだここで市民に取り囲まれたままだ。それぞれ十二〜十三人の兵士がトラック内にいるようだ。

午後六時。二時半頃のもみ合いで新華門前の武装警察は学生や市民に押し戻され、西方に退却した結果、新華門付近に軍や武装警察の姿はなくなった。学生と市民は西単で公共バスをバリケード代わりにし、軍の車両が天安門方面に行けないようにした。その結果、《西単以東は一種の解放区化している》と報告している。

別の大使館員は、北京空港に近い北東の「麗都飯店《リドホテル》」付近には兵士を満載した軍用トラック数十台が市民と対峙していると、報告した。大使館員の報告をまとめた文書には、建国門陸橋で笠原が見た軍用トラック五十台の立ち往生も記載されている。文書にはこう記されている。

《市民は各車両を取り囲み兵士を説得しているが大部分の兵士は押し黙ったままでやゝ不安気に見える》

戦車が広場に突入

天安門事件で学生や市民に最も犠牲者が出た「木樨地《もくせいち》」。天安門から長安街で西に約五キロの場所である。軍事博物館に集結した第三十八集団軍がここに到着したのは午後十時半。民衆は午後九時半から、三両連結のトロリーバスをバリケードとし、大量のセメントの塊を積み上げていた。これに対して、兵士は黒山の人だかりの市民らに向けて発砲を続け、多くの人が銃弾に倒れた（『六四事件全程実録・下巻』七九七頁）。

日本大使館にもこうした情報は入っていた。「笠原メモ」から引用する。

二二時三〇分　木樨地　武装警察が発砲して三人の学生が血塗れで運ばれていった

（「時刻」「確認場所」「情報」の順に記載）

天安門事件は「六四」と呼ばれるが、まさに時計の針が六月四日午前零時を超える頃から一気に緊迫の度合いを増す。大使館にいた笠原が天安門広場周辺で解放軍の「射撃」を確認したのは零時を回ってからだ。

「武官。北京飯店からですが、南と西から発砲が聞こえたと言ってきました」

南隆は、戒厳令が布告されて、「何かの時に必要になりますから、拠点を作って下さい」と政治部長の小林に頼んで北京飯店（十五階建て）に一室を借りた。十四階のツインルームだった。長安街に面したこのホテル一室を拠点に約七百メートル離れた天安門広場と周辺での民主化運動や人民解放軍の動きをウオッチした。疲れれば、ここで休憩したり、宿泊したりすることもできた。

北京飯店の拠点から掛かってきた電話を取った田中理香子が「発砲」を伝えた。笠原は時計を見た。六月四日午前零時五十分。

「とりあえず一報を入れておこう」と判断した笠原は、外務省中国課への直通電話で報告した。次々と情報が入ってきた。ちなみに今では東京が北京より一時間早い時差があるが、北京は当時夏時間を導入しており、時差はない。

一時一〇分　北京飯店　照明弾（信号弾か？）を打ち上げている。天安門南側方向頻繁に銃声が聞こえる

一時一〇分　首都賓館　当館南から天安門方向に対し曳光弾《えいこうだん》を撃っているのが見える

最初に戒厳部隊の動きがあったのは、天安門広場の南側。四日午前零時五十一分、広場南方の前門東側から兵士が入ってきた（『人民日報』一九八九年九月十九日）。広場南側方向から銃声が聞こえたのはこのためとみられる。

「首都賓館」は、天安門広場南東にある高級ホテルだ。その頃、天安門周辺を単独で行動していた南からの報告によれば、天安門広場に向けて軍が、発光体を内蔵した曳光弾を撃っている。日本メディアの北京特派員たちは、当時普及し始めたばかりの米モトローラ製の大型携帯電話を持っていたが、日本大使館には配備されていなかった。南は、首都賓館ロビーの公衆電話から大使館に連絡したとみられる。天安門周辺の南や、北京飯店の拠点や各現場にいた館員の情報は大使館政治部にいた笠原らに集約された。五分後の午前一時十五分、曳光弾の発射地点が天安門に近づき、同時に天安門広場の照明がついた。

一方、佐藤重和も未明まで天安門広場や周辺で観察を続けた。「私は当時、それこそだいたい天安門にいた。まさに周辺に弾が飛んできた時も学生と一緒にいた。〔現場にいて〕夜が明けてきたのは覚えている」（佐藤インタビュー）

一時四〇分　北京飯店　民衆が天安門広場西側で火をつけている

学生や市民は、戒厳部隊に対して抵抗しているのだ。

二時一五分　北京飯店　天安門前の長安街付近で催涙弾と思われる物が約四十発発射され、市民は東方向に移動している

二時二〇分　北京飯店　救急車五台が天安門から東に向かった

抵抗した学生や市民にけが人が出たのだろう。

二時三〇分　北京大学　放送（西単で銃が発射され多数の死傷者、復興門で軍が発砲。市民一人が死亡）

天安門事件五日後の六月九日、徐敦信外交部アジア局長は、日本大使館に対して、戒厳部隊が天安門中央に位置する毛沢東肖像画真下の金水橋に到着したのは四日午前一時半前後だと説明している

（前掲「中国政情〔徐・アジア司長との意見交換〕」）。最初に天安門に到着したのは第三十八集団軍だった。その後、天安門広場の武力制圧に向けた準備を整えたのは午前三時頃（『李鵬日記』二九五頁）。

こうした経過は「笠原メモ」に記載された日本大使館の記録とほぼ一致している。

二時三五分　北京飯店　実弾発射はほぼ間違いなく、市民四～五人が血塗れで重傷。広場はかなり危険。自由〔民主〕の女神はまだある。軍はまだ広場を管理していない

三時〇〇分　北京飯店　天安門広場からは盛んに銃声が聞え、救急車が走っている。相当の死傷者が出た模様。軍は天安門広場を制圧中。ただし今は止まっている。北京飯店から東側には学生・市民が多数あり

三時〇〇分　北京飯店　戦車が射撃しながら天安門広場に突入。広場にいた学生を一掃。その後無差別に広場を走行

撃たれ倒れる市民

日本大使館や外国記者団が取材拠点とする北京飯店のすぐ近くで「流血」の惨事が発生した。

三時一二分　北京飯店　長安街沿い北京飯店西側では兵士が自動小銃を発射し多数の市民が撃たれた

外務省中国課にも《三時二〇分　北京飯店前の路上で兵士が群衆に対し自動小銃を無差別掃射。多

数の死傷者が出た模様》との情報が入った（「**中国情勢クロノロジー〔六月三日夜から四日未明にかけて〕**」）。戒厳部隊兵士に抵抗を続けた学生や市民が、外交官や外国人記者の前で次々と倒れた。

天安門事件で最も死傷者が多かった「西郊の木樨地から西単に至る場所」に続く悲劇は北京飯店の西側で起こった。午前一時半に天安門に到着した第三十八集団軍は、抗議する市民や学生に銃口を向け、実際に相次ぎ発砲した。

南隆はその時、北京飯店前の現場で惨事を目撃した。

「北京飯店の前には、三十八軍の兵士が銃を構えていた。その中でも大衆はワーワーと騒いでいた。だんだん減っていくけど、一千人以上はいた。すると、ダッ、ダッ、ダッ、と二〜三人倒れる。血だらけになって。倒れた人はリヤカーで運ばれるが、私は気勢を上げているデモ隊の一番後ろに隠れていた」（南インタビュー）

三時三〇分　北京飯店　兵士の線は北京飯店西側二百メートル。その東側百メートルに学生・市民が対峙。負傷者はバン車十台、小型車一台で運ばれて行く（「笠原メモ」）

三時三〇分　軍隊、催涙弾、閃光弾を用い、長安街を西方より前進。天安門を制圧しつつある。銃声は頻繁。負傷者が相当いる模様（四、五人の学生、市民が血塗れになっているのが目撃された）。装甲車炎上。広場はかなり危険な状態に在り、学生、市民はかなりの勢い（パニック状態）で広場より北京飯店の東側の長安街へ逃走（前掲「中国情勢クロノロジー」）

この現場にいた南も、「ピューン、ピューン」という流れ弾が近くで飛ぶ音を感じ、「危なくなってきている。ここでやられたらアウト」と感じ、北京飯店に戻ろうとした。午前三時半頃だと記憶している。しかしホテルのゲートは閉められており、塀を乗り越えた。その時、約十人の公安当局者に取り囲まれた。英語で「カメラのフィルムを出せ」と迫られたため、「ウィーン条約に基づき国際法違反だ」と反論した。「戒厳令はすべてに優先する」。最後は強く警告を受けた（南インタビュー）。

「広場で流血はなかった」

日本大使館の北京飯店拠点には午前四時半、天安門広場から「李鵬……」のシュプレヒコールが聞こえた。学生たちが「李鵬辞めろ」などと叫んだと思われるが、よく聞こえなかった。

この時点で、二〇一〇年に獄中でノーベル平和賞を受賞した後、一七年に亡くなった民主派作家の劉暁波《りゅうぎょうは》（当時北京師範大講師）、中国で活動していた台湾のシンガーソングライター侯徳健《こうとくけん》らは、学生らを平和的に撤退させるしか方法はないと考え、戒厳部隊と撤退交渉を行い、同意を得た。天安門広場に残って闘い続けるか、命を優先して撤退するか——。多くの学生は、撤退に反対しており、劉らは多数決で決めることにした。劉は後に、当時のことを、古くからの友人である郝建《かくけん》元北京映画学院教授に明かした。

「広場を守り抜きたい人がより多く、撤退を望む人はわずかに少なかった。しかし私（劉）は撤退を望んだ。少し民主的ではなかったが、皆を引き連れて撤退した」

郝建は「暁波らがいなければ、あの日の死者はもっと多くなっていたかもしれない」と振り返る

（郝建インタビュー）。

四時三十八分。天安門広場の照明が一斉についたことを、北京飯店の拠点にいた日本大使館員も確認している。これは「広場制圧」の合図であり、部隊が協調して統一した行動を取るためのものだった（『人民日報』一九八九年九月十九日）。北京飯店拠点ではこの頃、学生や市民がどういう運命になっていたか皆目検討がついていなかっただろう。しかし四時四十二分、天安門広場方面から学生の「李鵬下台（辞めろ）」というシュプレヒコールが聞こえてきたことから、学生らは一斉殺害されていないと想像していたと思われる。

中国課には《五時〇〇分「民主の女神」が倒される》と報告が入った（「中国情報クロノロジー」）。

六月四日未明、天安門広場に残った学生らに向かって無差別発砲して「流血」の惨事があったかどうか論争があり、事件当初は広場で流血があったとの情報が多かった。しかし現在では、劉暁波や侯徳健らが広場に残った学生らを広場から撤収させ、「大きな流血」はなかったというのが定説である。つまり、日本大使館員が北京飯店から見聞きした、天安門広場での「射撃」「発砲」の多くは、「威嚇」だった可能性が高い。

機密書類を焼いた米大使館

六月三日夜からの武力弾圧により北京市全体でどれくらいの人が命を落としただろうか。中国国務院報道官の袁木《えんぼく》は、天安門事件二日後の六月六日、死者が三百人近くで、うち学生は二十三人と発表したが、外務省中国課が作成した文書は、武力鎮圧の行われた六月四日の「報道ベースでの死者数」

として「千四百人」「二千六百人」「三千人」という数字を羅列している〔**外務省「死傷者数」**〕。中国課は七月十二日、《中国当局が発表した数字と諸外国で報道された数字には大きな差があり、これまでのところ一体何人の死者が出たか正確なところは不明》〔**外相発仏大使宛公電「事務連絡」**〕としており、在北京日本大使館や外務省が独自の調査によって天安門広場や周辺で具体的にどれくらいの死者が出たか断定した記録はない。

武力弾圧から十日ほどがたった六月十五日、南隆は、米大使館のスティール書記官と会った。スティールは米大使館がつかんだ死者数の情報を明かした。

〈〔米大使館として〕死者はおそらく約三千人であると見ているが、まるで悪夢のような出来事であった。中国の今次国際的信用失墜行為は、何十年かかっても回復できないであろう〉。こう続けた。

〈中国当局の今回の弾圧により、学生側は少なくとも一～二年は反体制運動を出来ないであろう。当面、内戦とか事態の悪化は予想されず、現体制で一応落ち着くと思うが、明日のことは予想がつかないのが中国である。ちなみに、米大〔使館〕政治部では重要書類の三分の二は既に焼却済みである〉

〔**中島大使発外相宛公電「中国政情〔当地米大内話〕」一九八九年六月十五日**〕

六月十三日、参院予算委員会では日本共産党の上田《うえだ》耕一郎《こういちろう》参院議員が「かなりの死者数が出たとの報道があるが、外務省は実数を把握しているのか」と質問した。長谷川《はせがわ》和年《かずとし》外務省アジア局長は、阿南惟茂中国課長の作成した答弁書を読み上げた。

〈今回の中国における武力鎮圧によってどの程度の死傷者が出たかについては、外務省として、全般的に把握しているわけではないが、四日に報じられた中国の赤十字筋による「死者二千六百人」との

数字など種々の推定値が伝えられている〉

これに対し、六月二十一日、在ジュネーブ国際機関日本政府代表部の西林万寿夫《にしばやしますお》一等書記官（後のギリシャ大使）は、ジュネーブの国連人権センターから次のような情報を得て東京に報告している。《六月三日の軍による武力鎮圧による死者数について、中国政府の発表では三百人となっているが、国連人権センターで把握している情報とは大きな食い違いを見せており、例えばゴルバチョフ訪中後も北京に残っていたCBS、CNN等のTV報道からみれば、学生側のいうとおり三千人程度が殺されたとしてもおかしくないと思われる。その他人権センターには数多くの中国人より証言が寄せられており、現在これを分析しているところである》（**波多野駐ジュネーブ代表部大使発外相宛公電「中国情勢［人権問題］」一九八九年六月二十二日**）

現在、中国当局が天安門事件の死者数として確認した数字として語られる「三百十九人」というのは、李鵬総理が、事件三カ月後の一九八九年九月十七日、遼寧《りょうねい》省瀋陽で日中友好議員連盟会長の伊東正義自民党総務会長に対して明かしたものだ。

〈テレビ等の報道では、軍隊が人民を弾圧するように歪曲されて報道された。統計では軍隊も含め三百十九人の死者であった。台湾の作曲家侯徳健は、広場を最後に撤去した四人のうちの一人であるが、広場での死者は一人もいないと六月十二日に記録に残している〉（**中島大使発外相宛公電「伊東日中友好議連会長の訪中」一九八九年九月十八日**）

外務省や日本大使館が具体的な犠牲者数を独自に調査していなかったのに対し、米大使館は、自分たちが調べないと共産党によって事件すらなかったことにされてしまうと危機感を強めた。独自に死者数を調査するとともに、中国では当時、何が起こっても不思議ではないと判断し、大部分の機密書類も処分していた。

米大使館では当時、陸軍武官のラリー・ウォーツェルが六月四日未明、正確な死者数を調べるために市内の病院に派遣してほしいと申し出て「そうしなければ中国当局は事件が起きたことさえも否定してしまうだろう」といきり立った。代わりに病院に出向いたジム・ハスキーは、初めての信頼できる死傷者数を大使のジェームズ・リリーに伝えたが、北京全体で少なくとも死者数百、負傷者数千という規模に上ったという（リリー『チャイナハンズ』三一二頁）。

組織的な情報収集と危機管理を徹底した米政府の行動力は、歴史を改竄《かいざん》してしまう共産党の体質を見抜いたもので、日本のはるか先を行っていた。

第二節　六月四日・外務省

武力弾圧当日の外交文書

二〇二〇年七月三十一日に秘密指定を解除された「天安門事件外交ファイル」に奇妙な「秘・無期限」指定の外交文書が挟まっていた。

「中国情勢に対する我が国の立場（主として西側向け）」

日付は「平・元・6・4」。

起案した部署は記されていないが、外務省のどこかの部署で起案されたことは間違いない。

問題はこの日付である。民主化運動が武力弾圧されて「流血の日曜日」となった当日、外務省は中国課を中心に大混乱のはずである。果たして、その日に「西側向けに」ここまで具体的な対中方針ができ上がっていたのか、という疑問がわく。Ａ４一枚のペーパーの全文をそのまま紹介しよう。


中国情勢に対する我が国の立場（主として西側向け）

平・元・6・4

1、我が国は自由、民主という普遍的価値を西側諸国と共有。
2、中国政府が、民主を要求する学生、一般市民を武力鎮圧し、多数の死傷者を出したことは、人道的見地から容認できない。
3、但し、今次事態は、基本的に我々とは政治社会体制及び価値観を異にする中国の国内問題。従って、我々の対中非難にも自ら限界あり。
4、西側先進諸国が、サミット等の場で今次事態に対する認識を表明することは適切であるが、他方一致して中国を弾劾するような印象を与えることは、中国を孤立化へ追いやり長期的、大局的観点から得策でない。まして、中国に対し、制裁措置等を共同して採ることには、日本は反対。
5、中国が現実的姿勢を採り、改革・開放政策を維持することは西側にとっても望ましいとの観点から、今後は中国側に対し、国際的にも納得の得られるような立場の表明を慫慂《しょうよう》し、それを受けて徐々に、関係を旧に復せしめる。

七月十四日からフランス・パリ近郊の「アルシュ」で先進国七カ国首脳会議（サミット）が開かれることになっていた。「アルシュ」というのは、パリのコンコルド広場から西北西約六キロにある「ラ・グランド・アルシュ」という立方体の中身をくり抜いた形の建造物の名称。「パリサミット」ではなく、会議場となる建物の名称で「アルシュサミット」と呼んだ。

アルシュサミットを控えて北京で起こった流血の惨事。日本政府や外務省、中国課の関心は「北京」に向けられているはずである。北京に住む邦人の安全をどう確保するか、という事項はもっと優先される問題であったはずだ。それなのになぜ「西側向け」にこれほど明確な対中外交方針が文書化されていたのか。

この文書は六月四日に作られていないのではないか。六月四日にこれらの方針が決まったようにしたのではないか。これは第五章で詳細に検証する。

宇野内閣発足翌日の流血

北京の天安門広場で学生運動が本格化し始めた頃、日本の政界も激震に見舞われた。一九八九年四月二十五日、竹下登首相がリクルート事件で国民に高まった政治不信の責任を取って退陣することを表明した。

「竹下登に学べ」――。天安門広場の学生たちは、竹下を引き合いに鄧小平辞任を要求したが、北京も東京も、腐敗した政治に対して市民が厳しい目を向け、声を上げている状況はよく似ていた。

竹下の退陣表明後、すぐ後継に名前が挙がったのは、清廉で金権政治に無縁の伊東正義自民党総務会長だった。日中友好議員連盟会長を務める伊東は、鄧小平にも太いパイプを持ち、胡耀邦死去翌日の四月十六日夕、訪日から帰途に向かう李鵬を福岡空港で見送っていた（『李鵬日記』五七頁）。

伊東は後継首相に就くことを固辞し、一カ月以上にわたり政局混迷が続いた後、新首相として宇野宗佑外相が選出され、宇野内閣が事実上スタートしたのは六月二日金曜日夜。皇居での首相任命式と内閣認証式は三日午後だった。

リクルート事件を受けた政治不信の中、宇野の最優先は「政治改革」。東京、北京ともに、国民の政治不信が高まったが、一方は首相交代、一方は武力弾圧と、対照的な結末を迎えつつあった。

三日（土曜日）夜から天安門広場制圧に向けて人民解放軍が武力弾圧に着手する。四日付『読売新聞』朝刊は、内閣のキャッチフレーズとして「改革前進内閣」を掲げた宇野の初記者会見を押しのけ、「戒厳軍、群衆に発砲」「学生ら十人死亡か」が一面トップで、大見出しとなった。

竹下が宇野に白羽の矢を立てたのは、サミットを控え、現職外相の宇野ならば、直ちに対応できる、という消極的理由だった。同時に名前の挙がった八十四歳の福田赳夫《ふくだたけお》の首相再登板では党のイメージ一新は難しく、橋本龍太郎自民党幹事長代理ら若手に対しては党内の抵抗が強かった（『読売新聞』一九八九年五月二十七日夕刊）。

後継首相として固まった宇野は、外相として五月三十一日からパリで開催される経済協力開発機構（ＯＥＣＤ）閣僚理事会などに出席するため、二十八日正午、成田発の日航機でパリに向かった。外務事務次官の村田良平は、五月二十五日、省内幹部の検討会議を行った結果として、「保守派の巻き返しにより趙紫陽が苦境に立っている」という情勢判断を宇野に伝えていたものの、宇野は六月四日に予定した帰国を同月一日に早めた。組閣は二日である。このため村田も、北京の最新の状況を宇野に説明する時間はほとんどなく、新外相となった三塚《みつづか》博《ひろし》に対しても、三日に外交の方針や今後の日程を説明するのがやっとだった（『村田良平回想録・下巻』六七頁）。

村田良平は「新総理と新外相にとっては天安門事件は、心の準備のないままに起ったものと言える」と振り返っている（同）。村田は、六月三日、内閣認証式で忙しい一日を送ったが、翌四日（日曜日）早朝、阿南惟茂中国課長からの電話で起こされた。

「未明天安門広場において中国軍が遂に実力を行使し、多数の学生、一般人の死傷が生じたとの報告があった」

「戦車、装甲車も出動し、無差別な発砲も行われ、とりあえずは二千ないし三千名の死者と一万人以上の負傷者が出たと伝えられた」（『村田良平回想録・下巻』六七頁）

六月四日午前三時。霞が関・外務省の中国課。

北京の日本大使館からは刻々と武力弾圧の情報が入って来る。課長の阿南惟茂が外務報道官談話を書き上げた。

一、中国においては、学生・市民による反政府行動が長期化し、戒厳令がしかれているという状況の下、本四日未明、軍が実力行使によってこれを鎮圧し、流血の惨事に発展する事態に至ったことは憂慮に堪えない。

二、日本政府としては、事態がこれ以上悪化しないことを強く希望する。

村田良平に決裁をもらおうと思ったが、まだ午前三時なので午前五時まで待って電話した。

外務省報道課が、渡辺泰造《わたなべたいぞう》外務報道官の「談話」を報道各社にファクスで配布したのは午前六時すぎ。当時夏時間を導入していた北京と東京に時差はない。午前六時というのは、天安門広場に居残った学生たちがまさに撤退を終えたばかりの頃である。

「憂慮に堪えない」という表現について『読売新聞』（六月五日）は、戦時中の中国侵略という大きな負い目を持つ日本政府としても、流血という最悪の事態を迎えたことで「体制の違いゆえに遠慮するという状況をもはや、通り越した」（政府筋）と伝えた。日本政府が、歴史問題を抱える中国政府に対して強く「モノ言う」ことははばかられた時代であり、記者は「憂慮」という言葉さえ、強いトーンであり意外さを感じたのだろう。

素早かったブッシュの声明

時差のある米国はまだ六月三日午後。

ベーカー国務長官は、ワシントン郊外でゴルフを楽しんでいた。近くに住む長男に電話し、「ゴルフでもやろうじゃないか」と誘ったところ、米CNNテレビを見ている長男から戦車が天安門広場に突入したと教えられた。「冗談だろう」「いや、本当だよ」。受話器を置いたとたん、国務省オペレーション・センターの当直担当官から電話があった（『シャトル外交・上巻』二一一～二一二頁）。ベーカー回顧録に記されたこの事実は、米国外交を司る国務長官よりも、CNNテレビを自宅で見ている市民の方が、外交に影響を与える重大情報を早く得られるというニューメディア時代の変化を示した。

ブッシュ大統領もメーン州で静養中だった。ベーカー国務長官から報告を受けた際、「なんとも、手に負えない事態になってしまった」と漏らした（『シャトル外交・上巻』二一三頁）。ブッシュはその直後、「中国政府が平和的なデモに対し武力行使を決定し、その結果、死傷者が出たことを深く悲しむ。われわれは再三（中国政府に）非暴力と自制を呼びかけてきたのだが、悲劇的にも別のやり方が選ばれてしまった」と強い調子の非難声明を発表した（『読売新聞』六月五日）。

ベーカーは三日午後、CNNテレビの番組で、〈（中国の）状況は醜悪かつ混沌〉と発言（**外務省「主要各国・地域の反応」**）、中国政府に武力行使の中止を求めた。米政府は予想外の惨事に素早く強いメッセージを出せた。

一方、日本の外務報道官談話は、学生や市民のデモを「反政府行動」として中国政府に配慮し、「憂慮」という表現にとどめた。日曜日未明で、首相交代期という問題もあったが、外務報道官という低いレベルの談話である。大統領の非難声明を出した米政府との対応の差は歴然としていた。

外務省が談話を出そうとする間に、午後あるいは夜の早い時間だった米欧を中心にニュースは駆け巡った。共産主義の独裁国家が無差別発砲し、リヤカーで流血の市民が運ばれるという映像がCNNテレビなどを通じて流れ、中国非難の国際世論が主流になった。

二〇二二年、ロシアのウクライナ軍事侵攻を受けた戦争は、個人のツイッターなどSNSが駆使され、スマートフォンを通じて悲惨な現場の真実が即時に行き渡る情報戦ともなった。一九八九年当時は携帯電話が普及していない時代だった。しかしCNNを通じて天安門広場周辺の虐殺の映像がリアルタイムで全世界に中継されるという「報道革命」が起こり、外交政策に影響を与えるようになった。一九六〇～七〇年代のベトナム戦争や中国の文化大革命の際には瞬時に何が起こっているか把握できなかったが、一九八九年には自宅にいながら、世界の激動を生中継で目撃することができるようになった。それだけに日米を含めた世界の政府は、即座に対応することが求められた。

日本政府は「報道革命」という時代の変化に追いついていなかった。

阿南は後に、筆者のインタビューにこう振り返っている。

「日本の声明はまず、中国の国内問題だということ。しかし世界中は国内問題ではなく、人権という普遍的な問題だととらえた」

「独裁政治の陰湿さ」

中国課長の阿南は、天安門事件に遭遇し、日中関係をめぐって日本政府が失敗したわけでなく、これは中国政府の大失敗の結果であると言い聞かせ、淡々と激務をこなした。

上司のアジア局長は、中曽根首相の秘書官を務めた長谷川和年。阿南は、チャイナスクールではない長谷川に対し「外では大騒ぎしているけど、局長、これは淡々と落ち着いて処理しましょう」と上申し、長谷川も同感だった（長谷川『首相秘書官が語る中曽根外交の舞台裏』三五七～三五八頁）。

中国課としては、外部向けに武力弾圧に対する評価をどう下すかを決めなければならない。六月四日未明の外務報道官談話に続き、新聞、通信社、テレビ局の記者らからの取材や問い合わせに対応するため、同日午前中には同談話を基に「想定問答」を作成し、昼過ぎの午後零時二十分、官房長官・副長官秘書官、外務事務次官、外務審議官、アジア局長、外務報道官ら関係幹部に一斉送信した。記者から問い合わせがあれば、これを基に答えるよう要請したのだ。

「中国戒厳軍の実力行使（擬問擬答）」（一九八九年六月四日、外務省アジア局中国課）がそれである。

問一　中国の現状に対する認識如何。

答　政府側が武力鎮圧という挙に出た背景等も必ずしも明らかでなく、中国情勢は未だ流動的であるところ、日本政府として先ずその帰趨を見極めることが必要と考えている。

問二　中国の改革・開放政策に影響はあるか。

答　今回の事態により、中国政府の掲げてきた改革・開放政策に如何なる影響が出てくるかについては即断は避けたいが、何れにせよ、中国の国際的イメージを大きく傷付けたことは否定できないものと思われる。

問三　わが国の対中政策に変更はないのか。

答　中国情勢は未だ流動的であり、日本政府としては、先ずその帰趨を慎重に見極めることが必要と考えている。

実際には北京では何が起こっているか闇の中で、そう答えるしかなかったというのが実情に近い。

この想定問答は、翌五日午前九時すぎ、北京の大使館、上海、広州、瀋陽、香港の総領事館に公電として送られ、ワシントンやロンドン、パリ、ボン（西独）などにも転電された。

結局、外務省として対外的に《帰趨を慎重に見極める》として中国情勢について多くを語らない方針を打ち出した。では、天安門事件を受けて「中国の今後」と「日本の対応」について流血当日にどうみなしていたのだろうか。

中国課は六月四日夜には「**中国の学生デモ（軍の実力行使）**」という文書を作成した。「次官のEC大使会合用資料」と記され、東京のEC（欧州共同体）大使と会合する際の参考資料とみられ、同日午後八時四十分、事務次官と次官秘書官、アジア局長に送信された。

ここには対外的に明かさない「本音」がわずかに見えた。

この文書で興味深いのは「今次事態の評価及び影響」という項目である。傍線は文書作成者が、傍点は筆者がそれぞれ付した。

《党の威信の低下…学生達の民主化要求は、市民の支持と参加も得た広範な大衆運動にまで発展したが、これに対し、現指導部は最終的に武力弾圧という形で大衆と言わば敵対関係に立つこととなった。これによって、党は大衆を抑圧する独裁的集団として人民の怒りと失望の対象とさえなったと言え、党の威信は今後回復困難な程低下したと言っても過言ではない。従って、短期的には事態を収拾し、現指導部の権力を維持し得たとしても、中長期的には党の基盤は極めて不安定なものとなることは避けられない》

《国際的イメージの低下…中国の独裁政治の陰湿さと不安定性は国際社会における中国に対する信頼と各国の対中関係促進の意欲を著しく削ぐことにつながる可能性あり。特に投資等の経済交流が大きな影響を受けることは避けられないであろう。

なお、民主化や人権問題に敏感な国際世論を無視できない米国との関係は、今後中国の保守的思想傾向が強まると思われる中で、反体制知識人の処分等をめぐり種々摩擦の多いものになりかねない可能性がある》

この中国課の見立て自体、的確な分析である。しかし対外的な外務報道官談話や想定問答「中国戒厳軍の実力行使（擬問擬答）」の慎重な表現とは異なり、《大衆を抑圧する独裁的集団》、《独裁政治の陰湿さ》などと、感情の入った激しい調子で非難しているのが印象的だ。武力弾圧への中国課が受けた衝撃と怒り、失望が入り交じった感情が見て取れる。

情報なき中、外務省の三つのシナリオ

官房長官の塩川正十郎《しおかわまさじゅうろう》が、北京の武力弾圧についてようやく発言したのは、週が明けて翌六月五日の午前十一時十五分。閣議後の記者会見においてであった。

前日の外務報道官より踏み込んだのは次の傍点部分である。

〈しかるに、四日未明、軍の実力行使による衝突の結果、多くの人命が失われるという痛ましい事態に至ったことは、まことに遺憾であると言わざるを得ない〉

「憂慮」から「遺憾」に表現を強めた。

外務事務次官の村田良平は後に、「実際に起った事態はこれらの表現のニュアンスよりはるかに深刻であった」（『村田良平回想録・下巻』六八頁）と振り返っている。ただ、村田ら外務省首脳にとっては、中国情勢の評価よりも在留邦人の安全確保が最優先の事項であった（同）。アジア局審議官の谷野作太郎も「情勢分析もさることながら、喫緊の課題は北京の在留邦人をどう保護するか、帰国の問題にどう対応するか。そして三番目は、どういうメッセージを中国に伝えるかということ」と回顧している（『外交証言録　アジア外交』一七八頁）。

外務省は事件二日後の六月六日、事務次官の村田を本部長に「中国情勢に関する特別検討本部」を発足させている。委員に官房長、領事移住部長、アジア局長、経済局長、経済協力局長、情報調査局長、外務報道官が加わり、特別検討本部の下に領事移住部長を委員長とする「邦人保護特別対策委員会」を立ち上げた。三千〜四千人の北京在住邦人をいかにして救出させるかを優先していたことが分かる体制であり、翌七日には北京の在留邦人に退避を勧告している。

特別検討委員会では次のことが検討事項となった（「**中国情勢に関する特別検討本部の解散について**」**一九八九年八月十七日**）。

(1)わが国の第一次対応↓声明、申し入れ、邦人対策等
(2)国際場裏での対応↓日米外相会談、ＡＳＥＡＮ拡大外相会議、サミット
(3)今後の対中政策↓基本政策、経済協力、文化交流・協力、邦人対策

これを見ても、「第一次対応」として最優先項目とした三項目は対外的な声明、中国政府への申し入れ、邦人保護であり、七月のサミット対応は二の次ということになる。

この日（六日）、中国課は、「**中国情勢**（「**何が起こっているか**」―**観測**）」という文書を作成している。

現状（予想されるシナリオ）
ケースⅠ　李鵬総理が、鄧小平、楊尚昆の支持の下に趙紫陽派を押さえ込み、実権を確立。
ケースⅡ　李、楊と趙グループの勢力拮抗、党内抗争継続。鄧の去就不明。
ケースⅢ　楊尚昆国家主席を中心とする一部軍部が、軍内主導権確立を目指すとともに政権も掌握。軍同士の衝突の可能性。

中国課は共産党指導部の権力闘争について三つのシナリオを立て、《ケースⅠが目下常識的見方とされているが、武力鎮圧という暴挙に出たこと及び〔指導部人事などを決める共産党の重要会議である〕四中全会不開催等の説明が困難》とした上で、《現実はケースⅡとケースⅢの中間》と分析した。

同時にこうも見立てた。
《趙自身の現況は不明なるも、趙派が実権を握る可能性は否定できない》
《李鵬が実権を確立しても、国民感情から見て、そのまま長期的政権を担当することは困難。楊も同様》

つまり外務省では、武力弾圧から二日が経過し、中国共産党内部で何が起こっているか、誰が政権を掌握したのか、指導部のラインを皆目把握できていない。これでは対中方針を立てようもなかった。この混乱は、ゴルバチョフとの会談以降、三週間も公から姿を消した鄧小平の死亡説がこの頃、北京で流れたことと関係している。

六日午後七時からの北京のラジオ放送では「三国志演義」の講談番組が始まったが、しばらくして突然中断し、鄧小平死亡情報はデマであると放送された。これを報じた七日付『読売新聞』は、「死亡説はともあれ、鄧氏が重病であることは今や定説と言ってよいだろう」と北京発で伝えている。

外務省の「常識」に日本国民の怒り

外務省が中国政府に直接申し入れを行ったのは武力弾圧三日後の六月七日。外務事務次官の村田良平が外務省に楊振亜駐日大使を呼んだ。

村田は、塩川官房長官談話の「まことに遺憾」に加え、こう伝えた。

〈日本政府としては、今回の事態を、我が国とは政治社会体制を異にし、価値観においても異なるところのある貴国の国内問題として最大限抑制した態度をとってはいるが、貴国政府の行為は人道の見地から容認し得ない〉

〈容認し得ない〉との表現に日本メディアでは「極めて厳しい調子で政府の公式見解を伝えた」（『読売新聞』六月八日）とやはり評価した。一方的な「極めて厳しい調子」を避けたい村田は〈貴国政府に強く自制を求める〉と述べたが、〈内政干渉を行う意図はない〉と前置きをしており、中国政府への配慮も忘れなかった（**外務省「日本政府の対応」**）。公式にはこう記録されているが、村田は中国課の原案通り、〈人道にもとる行為〉と発言した。

楊振亜はまずこう反発した。

〈本件は内政に関するものであり、「人道にもとる」との言い方は自分としては受け入れられない。状況が複雑であるので良く観察していただく必要がある〉

しかし〈長い眼で見れば、日本との長期にわたる友好政策に変更はない〉と態度を変えた。これに対して村田も歩調を合わせる。

〈耳障りな点もあったかに思うが、貴国との悠久の友好を願うが故に申し上げたものである。重要な隣国の中国の情勢に関心を持つのは当然のことであり、国際社会の責任ある一国として、日本の価値観に基づいた考えを申し上げることも当然であると思う。いかなる状況下にせよ、非武装の国民に多数の犠牲者が出たことにつき、日本人の価値観に基づき、考えを述べさせていただいた〉（**外相発中国大使等宛公電「中国情勢［村田次官の在京中国大使への申し入れ］六月七日」**）

村田は、〈耳障りな点もあったかに思う〉と述べることで、中国側のメンツにも気を回した。日本と価値観や体制の異なる国に対して言うべきことは言うが、中国の内政なのでそれ以上は突っ込まない言い振りである。

楊振亜は最後に、〈本件が中日関係の妨げにならないよう希望する〉と付け加えた。同時に〈日本政府の申し入れを本国政府に報告する〉、〈中国在住の邦人の安全を重視し、責任を持って措置を取りこれを守る〉の二点以外はメディアに公表しないよう求めた。

繰り返しになるが、「血の弾圧」を受けた日本政府の対中公式見解は、「憂慮」（外務報道官）→「遺憾」（官房長官）→「容認し得ない」（外務事務次官）の順である。

外務省幹部に取材して記事を書く日本の新聞記者は、「極めて厳しい調子」と評したが、日本国内では、米欧諸国と比べて「歯切れが悪い」「慎重過ぎる」との批判が噴出した。二〇二〇年七月末に公開された「天安門事件外交ファイル」の中に、外務省に届けられた大量の手紙が含まれた。「一般国民からの来信」「地方公共団体からの来信」「一般団体からの来信」の三つに分類され、計四センチもある厚さ。大部分の手紙が、民主化を求めた学生らを武力弾圧したことへの憤りで占められ、日本政府が中国政府に対して毅然とした対応を取るよう要求する内容である。

例えば、北海道旭川市の市民から「外務省　三塚博外務大臣様」宛てに郵送された手紙には丁寧な字でこう怒りがつづられた。消印は八九年六月七日。

〈今回の中国での軍による市民・学生虐殺に対して外務省は検討委員会を設けるというニュースを聞きました。また中国を侵略した日本としては何も言えないのだと宇野氏が語ったとかいうニュースも聞きました。が、この何日間かで丸腰の市民、学生を戦車がけちらして行くシーンが世界中をかけめぐっているのに、日本の外務省は、もっとはっきりそのことを非難するべきなのではないですか。過去の反省に立つなら、なおのこと。また、国際社会に貢献するというのは、こういう場合の対応を言うのではないですか。今の世界で、今回の中国の軍の行動を正当化できる正義なんてあるんですか〉

奈良と和歌山の県議会は「中国政府の武力行使に関する決議」を作成し、ともに〈中国当局の行動は〔中略〕たんなる中国の国内問題にとどまらず、民主主義と人権にかかわる重大な国際問題である〉と非難した。両県とも中国と友好関係にあったが、こうした非難の声が市民のみならず、全国の議会、大学、市民団体などから外務省に寄せられ、友好感情を持っていた国民の対中感情は一気に悪化した。テレビで中継された衝撃的な映像が頭から離れない市民の怒りと、中国共産党に配慮する外務省の「常識」とは懸け離れたものだった。

栗山外務審議官の中国認識

日本が中国に侵略し、中国国民に甚大な被害を与えた戦争が終わったのは四十四年前のことである。戦時の中国侵略による贖罪《しょくざい》意識が戦後の日中友好運動を発展させ、一九七二年の国交正常化以降、日中関係は比較的順調に進んだ。こうした中で起こった天安門事件の衝撃は、戦後日本の対中外交にとって初めて、言うべきことは言う毅然とした態度が求められる事態だった。六六～七六年の文化大革命も深刻な人権問題だが、当時の中国は国際社会に組み込まれておらず、対外開放していない中国内部で何が起こっていたか、リアルタイムで報道されなかった。

天安門周辺での「流血」の悲劇がテレビで現場中継されても、かつて中国を侵略した日本政府が中国に人権問題を言える立場なのかという負い目はやはり強く、それが対中配慮につながった。戦争の記憶が今も残る日中関係の特殊性の中で、外務省が対日政策を展開する上で歴史問題を考慮していたことは外交文書からも明らかである。学徒出陣して朝鮮半島北部で終戦を迎え、シベリア抑留された戦争体験を持つ宇野首相らは中国を語る際、贖罪の言葉を忘れなかった。

当時外務省で日本外交全体を統括したのは、事務次官に次ぐ省事務方ナンバーツーの外務審議官（政務）栗山尚一《くりやまたかかず》だった。

日本政府は、戦争という過去の負い目から中国に配慮した外交を継続するのか、それとも西側民主主義国家の一員として人権問題で言うべきことは毅然と中国に言うべきなのか――。

栗山が「外審　栗山」という個人名で、ワープロ打ちした二枚の縦書き文書の存在が、二〇二〇年末の外交文書公開で判明した。二枚の「栗山ペーパー」。日付は六月七日と十四日である。

「我が国の対中姿勢について」と題した六月七日付「栗山ペーパー」を紹介する前に、栗山の中国認識を紹介しよう。

栗山は、条約課長として一九七二年の日中国交正常化交渉に関与し、中国課長の橋本恕《はしもとひろし》（後の中国大使）と二人三脚で日中共同声明の作成で中心的な役割を果たした。その後、条約局長、外務事務次官、駐米大使と外務省主流派の道を歩んだ。

父親の栗山茂《しげる》も外交官。尚一と同じ条約局長を務め、駐ベルギー大使などを歴任した。フレンチスクール（フランス語畑）で親英米派と言われた。リベラリストだった。

「そのために戦後、マッカーサーのパージは免れたが、戦争中は特高警察のブラックリスト、ウオッチリストに載り、見張られていた。『敗戦国の外交官になっても仕事がないから意味はない。銀行にでも行け』と言われた」（栗山インタビュー）

リベラリストと自称する息子・尚一も親米派であるが、もっと正確に言えば一九五一年のサンフランシスコ講和体制を基礎にした日米同盟基軸論者だった。

「〔首相の〕吉田茂《よしだしげる》さんが戦後敷いた路線は正しかったと、若い頃から思っていた。冷戦時代においては日本が西側諸国に政治、経済的にコミットし、米国の軍事的な傘の下に入って、西側の一員という路線を取るというのがサンフランシスコ体制。その座標軸や枠組みの中で日本の国益を図っていくのが一番いいんじゃないかと思って仕事をしていた」

では、当時国交のなかった中国（北京）との関係はどう定義づけるのか。

「その座標軸を変えて、中国との関係、正常化を追求するのはあり得ないと思っていた。正常化の前提というのは米国の対中政策が変わるということ。〔一九七一年の〕キッシンジャー大統領補佐官訪中から始まる一連の米中接近や和解のプロセスは、米国の思惑だけではなく、中国は中国なりの思惑、自分たちの国益を定義してその中で米国を位置づけ、米国との関係正常化が中国の利益だと毛沢東と周恩来が考え、米国が応じたものだ。キッシンジャー訪中から翌七二年のニクソン大統領訪中に至るプロセスを見て日本は初めて、一九五一年以来懸案であった中国との二十年間にわたるフリーズされた関係を正常化するチャンスができた、ということだ」（栗山インタビュー）

「限度を超えた国家権力行使」

六月七日付「栗山ペーパー」。

前出「我が国の対中姿勢について」は天安門事件を受けて中国とどう向き合うか、外務省高官が態度を表明した貴重な文書なので、全文をそのまま引用しよう。配布先も事務次官、官房長、報道官、アジア局長、経済協力局長、条約局長と限定された。

現在の中国の国内情勢に関して我が国がとるべき基本姿勢につき、本官気付きの点次のとおり。

一、政府の抑制された対応が、過去の我が国の中国に対する行為の歴史の負い目によるものとの印象を内外に与えるような発言は、公式にも非公式にも、慎むべきである。過去への反省は堅持しつつ、政治・社会体制の相違を認めた上で、なお我が国として受け入れられないことについては、遺憾、抗議の意を表明しなくてはならない。（もちろん、その際の言葉の使い方には慎重であるべきである）。そうでないと、長期的に日中関係に禍根を残すことになる。

二、抑制された対応は、現在の中国政府の非人道的抑圧政策が、第一義的には、中国の国内問題であるとの政府の認識によるものであるとの点を明確にすべきである。したがって、今後政府がいかなる措置を中国に対してとるにせよ、それが「制裁」と呼ばれるべきものではないということも併せて明確にされなくてはならない。

三、右を前提とした上で、政治・社会体制のいかんに拘らず、一国の政府が国内秩序を維持する目的で行う国家権力の行使については、次の二点が指摘されるべきである。

(イ)国家権力の行使には、個人の生命の尊重と法の支配という観点から越えてはならない限度が自ずと存在する。

(ロ)かかる限度を明らかに越えた国家権力の行使は、政府の統治能力に対する国際的信用の失墜を招き、必然的にその国の対外関係に重大な悪影響を及ぼす。

今回の中国における軍隊の実力行使は、我が国から見ると、まさしく右の場合に該当するとの認識は明らかにされて然るべきである。

四、現在のような混乱状態が長期化する場合には、現実にも中国政府の統治能力が問われることにならざるを得ず、そのような政府に対し、円借款等のODA供与を行うことは、右の原則の問題としても、また、実務的な問題としても、適当ではない。我が国の対中経済協力は、中国の改革・開放政策に対する支援のために行われているのであり、統治能力を失った政府が、かかる政策を引続き維持し得る筈がない。

明確な対中方針である。つまり日本政府は、戦争という歴史の負い目の結果、中国に配慮したと内外から見られるような外交を行うべきでなく、抗議すべきことは抗議しなくてはならないという立場である。ペーパーには「中国の国内問題」の部分とともに「個人の生命の尊重」と「法の支配」という部分に下線が引かれている。その上で今回の中国政府による非人道的抑圧政策は明らかに限度を超えており、混乱が長期化すれば日本政府として政府開発援助（ODA）供与は適当ではないとした。

しかしその後のODA政策やアルシュサミットでの外務省の対応は、この「栗山ペーパー」のラインに沿って進められたとは言い難い。重要局面で、「戦争の負い目」が登場するのだ。栗山の対中原則を貫いていれば、その後、「人権軽視」外交と酷評される事態は避けられたのではないだろうか。

唐家璇「心配で夜眠れない」

実は、楊振亜が外務省に呼ばれた六月七日午前、中国大使館ナンバーツー、唐家璇公使も同省を訪れ、有馬龍夫《ありまたつお》北米局長（後のドイツ大使）とこっそり会ったことは、知られていなかった。日本通外交官の唐はその後、外交部長、国務委員に昇格し、江沢民、胡錦濤《こきんとう》時代の中国外交を統括した。

二週間ほど前、唐は、最近の日米関係について日本側の考えを聞きたいとして旧知の有馬にアポイントを取っていた。天安門事件が起こったから会ったという訳ではなかった。

筆者は、国務委員を引退して二年ほどが経った二〇一〇年二月、中日友好協会会長に就いた唐家璇に、北京の釣魚台国賓館でインタビューしたことがある。唐が語ったところでは、二度目の日本勤務の際、自分に二つのルールを課したという。一つは、一カ月に一度は地方に行き、日本語で講演すること。もう一つは、時間があれば国会議員会館や大手報道機関に足を運ぶことで、国会や議員会館、官邸に「顔パス」になったと振り返った（「中国外交のドン独占インタビュー：田中角栄から小泉、小沢まで」『文藝春秋』二〇一〇年四月号）。唐はそれほど日本政府に食い込んだ。

唐は有馬との会談冒頭で中国情勢に触れた（**北米一課「唐在京中国大公使の有馬北米局長訪問」一九八九年六月七日**）。

〈現在の中国における事態は深刻である。率直に言って心配で夜も眠れない。昨日、北京から二名の外交部部員が出張し、いろいろ話を聞いた。情報が錯綜しているが、報道されているほどの武力の行使はない（鄧小平死亡説は否定されているし、李鵬首相銃撃説も間違いであった）。（中略）自分としては、中国民衆を信じており、この難局を乗り越えて、事態を解決できるものと考えている〉

〈いずれにせよ、中国の改革・開放路線に変化はない。隣国たる日本との友好関係も不変である。さらに平和友好原則に則った諸外国との友好も変わらない〉

〈事態が深刻であることは認める。いろいろ心配されているとお察しする。中国民族には、何年かに一度こうした動きが起きるが、今回は動きが大きすぎる。ただ、複雑な側面が絡んでいるので、しば

らく事態を見守らなければならない〉

「李鵬銃撃説」というのは、香港紙『明報』が六日に一面トップで報じたもので、武力弾圧があった四日午後、人民大会堂内の警備を担当していた一人の青年武装警察官が大会堂内で李に発砲し、太ももに負傷させたという内容。武装警察官の北京大生の恋人と自分の妹が天安門広場の武力制圧で殺されたことが動機だと伝えていた。六月六日付の『読売新聞』（夕刊）が、『明報』を転電した香港発時事通信電を掲載していた。

『読売新聞』は翌七日付朝刊で、「北京の信頼できる消息筋」の話として李鵬が銃撃され負傷したという事実を確認したと伝えた。一面トップで「北京で軍同士が衝突」との大きな見出しを掲げ、「人民解放軍の三八軍と戒厳軍の主力である二七軍が、北京・南苑空港で武力衝突した」と報道した。鄧小平も前立腺ガン治療のため入院しているとも報じた。同じ一面では、甘粛省蘭州で北京の流血に抗議する大規模なデモが発生し、軍との衝突で約二百人が死亡したという香港情報を伝えた。『朝日新聞』も七日付の一面トップで、「軍同士、各所で銃撃戦」「北京　内戦の危機はらむ」「成都鎮圧で死者二百人」と伝えていた。

こうした中で、唐家璇は外務省幹部と約束通りに会い、〈心配で夜も眠れない〉と吐露したが、自分が独自につかんだ情報や分析を日本側に伝えている。

当時、東京の中国大使館には楊振亜大使の下に唐家璇公使がいて、一等書記官に武大偉《ぶだいい》（後の駐日大使、外交部副部長）が控えた。天安門事件後に在日大使館参事官に就く王毅を合わせて後の中国外交を引っ張る有能なジャパンスクール外交官が現場で対日政策を担当した。

外務省中国課長の阿南にとって、付き合いが多いのは唐と武だった。

阿南は後に、唐について「当時『天安門広場で犠牲者はいない』と割と冷静沈着に対応していた」と振り返った。一方、離任が決まっていた武大偉は、学生らの民主化運動にも、趙紫陽にも好意的だった。武力弾圧の前に、阿南は武に「昔の中国だったら、学生が天安門広場を占拠するなんて想像できない」と話すと、「阿南さんは、今の中国を分かっていない」と力説した。天安門事件後、外交部で日本課長になった武大偉は北京で阿南に再会すると、「あなたの方が正しかった」と語った（阿南インタビュー）。

有馬と唐家璇のやり取りに話を戻すと、唐の発言に有馬はこう返した。

〈個人的見方であるが、今回の事態は、中国のイメージにとって大きな損失であり、残念に思っている〉。これに対して唐は弱音を漏らした。

〈東京にいて対外活動を行うにあたり、辛いものがある。昼夜を分かたず抗議、いやがらせの電話がかかってくる〉

別れ際にもこう述べた。

〈中国情勢につき内乱発生、軍同士の対立、地方への波及が報じられているが、実際にはそのような事態には至っていないということだ〉

唐は、有馬に対して〈本日内政の話をしたことは公にしないでほしい〉と繰り返して念を押した。

唐家璇が明かしたように、李鵬狙撃、軍の衝突、鄧小平の「死去説」「重病説」などはどれも「誤報」「虚報」の類いだったが、乱れ飛ぶ香港報道を受け、外務省でも情報が錯綜していた。さらに北京時間七日午前十時すぎには、多くの日本大使館員や日本メディア特派員が住む建国門外の外交公寓（外交官アパート）などに向けて戒厳部隊が無差別乱射する事件が発生し、在留邦人は震え上がった。

六月六日〜八日は、外務省中国課でも対中政策を本格的に検討するという状況ではなかった。

ブッシュは経済制裁しない

中国共産党内部の事情が読めない中、外務省は中国政府にどういうメッセージを発出するか検討するに当たり、米国や英、仏、西独、ＥＣなどの動向を注視し、外交記録として「主要各国・地域の反応」をまとめている。

ハウ英外相は六月五日、近く予定された閣僚の往来を取り止め、調整していたチャールズ皇太子の訪中も進められないと中国側に通告。ロカール仏首相は六日に閣僚レベル以上の訪問取り止めや軍事協力停止など対中関係の凍結を公表し、西ドイツのゲンシャー外相も同日、ハイレベル接触を行わず、対中武器輸出も許可しないと明らかにしていた。

日本の外務省は、特にブッシュ大統領の中国認識を探ろうとした。

ブッシュは六月五日、中国情勢に対するステートメントを発表した。日本の外務省の記録によると、ブッシュは「われわれの非難を強くかつ明確に表明するため」として、
・政府間での武器の売却および武器の商業的輸出を中止すること、
・米中間で軍事的指導者の相互訪問を禁止すること、
など五項目の措置を指令したが、外務省は次のブッシュの柔軟な発言も見逃していない。

〈今は感情的に対応する時ではなく、理性的で両国の長期的な利益と中国国内の複雑な状況を認識した慎重な行動をとるとき。中国指導部内並びに人民解放軍の中で混乱があることは明らか。今は当座の動きを越えて、米中関係の重要で持続的な側面をみるべきとき〉

記者が「対中経済制裁」や「米中関係の今後」を尋ねたところ、ブッシュはこう答えた。

〈中国国民に経済面で打撃を与えることを望まない〉

〈中国との完全な断交を望まない。大使を召喚することは全くの誤りである。米国は中国との関係を保ち、自制を求め、人権と民主主義に向け働きかけてゆくべきである。将来、米中間には共通の利益がある〉

外務省にはワシントンの日本大使館から、米国家安全保障会議（NSC）アジア部長で中国政策を担当するダグラス・パールが、この直後の六月七日に館員に語ったという公電が送られてきた。

公電によると、中国当局が今後、反体制派の大量逮捕を行ったりすれば、米国の世論や議会は一層硬化し、米政府として追加的措置を検討せざるを得ないが、対中経済制裁については五日の記者会見の通り、ブッシュとしても最後まで排除するだろうとの反応だった（**苅田駐米臨時代理大使発外相宛公電「米中関係［NSC内話］」一九八九年六月七日**）。

当時ワシントンの日本大使館一等書記官としてブッシュ政権高官と交渉した鶴岡公二《つるおかこうじ》（後の外務審議官、駐英大使）はこう当時を振り返る。

「ブッシュ大統領は中国に駐在したこともあり、米指導層の中でも、珍しく中国をよく知っている人だった。ＣＩＡ〔米中央情報局〕長官も経験しているので、情報にも通じていた。人権問題が必ずしも重要ではないというわけではないが、共和党のブッシュ大統領は、民主党よりも共和党〔のリーダー〕に多く見られるように、外交全体の総合的観点と国益に基づき判断する傾向を持っている人だった」

ブッシュ大統領は、流血の惨事を強く非難しながらも、本音では、頭に血が上る中国共産党の強硬派に対して懲罰を加えても逆効果だと考え、米中関係の決定的な対立の回避を優先した。

米大使館の「ソルジェニーツィン方式」

武力弾圧翌日の六月五日正午頃のことである。

この年（一九八九年）二月に訪中したブッシュ大統領が主催した晩餐会に招待されたが、中国公安当局により力ずくで入場を阻止された方励之、李淑娴夫妻が息子を連れて北京の米大使館を訪れ、保護を求めた。鄧小平は後に、方励之を〈動乱の頭目〉と呼び〈**橋本駐中大使発外相宛公電「日中経協ミッション〔鄧小平との会見〕」一九八九年十一月十三日**〉、民主化運動の黒幕だと敵視し続けた。

米大使館では当時、流血の惨事を受けて政治亡命を求める中国人が殺到するのではないかと懸念しており、方励之一家に応対した大使館員は、追い返してしまった。その結果、一家は、友人の米国人中国研究者ペリー・リンクが手配した大使館近くのホテル「建国飯店」の一室に一時避難することにした。

しかしワシントンで報告を聞いた国務省中国部次長ジェフリー・ベーダーは激怒し、緊急電報を打ち返し、「至急、大使館内に保護せよ」と指示した。中国の代表的な民主活動家が、拷問を受けたり処刑されたりしたら、米国民は自国政府をどんな目で見るか、とベーダーは考えたからだ（『米中奔流』三〇五～三〇六頁、『チャイナハンズ』三二七頁）。

米大使館員は、一家の居場所を突き止め、大使館内に保護した。鄧小平が目の敵にする方励之を、米国大使館が匿うという事実は、本来なら超機密事項のはずだが、ワシントンでは六日、米政府筋からこの情報が暴露され、日本の新聞にも七日夕刊に掲載された。中国政府は激怒し、国営新華社通信は十二日未明、中国公安当局が反革命宣伝煽動の容疑で夫妻に逮捕状を出したと配信した。この方励之問題は天安門事件後の米中緊張の核心であり続けることになる。

こうした中で、日本大使館政治部の南隆が米大使館のスティール書記官と会い、米大使館に匿《かくま》われている方励之について尋ねたのは六月十五日だった（前掲「中国政情［当地米大内話］」）。

〈米大〔使館〕には、大使公邸、領事部及び政治部・経済部等が所属する三つの建物があるが、そのうちのどこの建物で保護されているかは、担当者以外わからないし、その件に関しては館員の間でも話さないことになっている〉

方夫妻は実は、米大使公邸の裏にある医療棟を住居にし、大使館内でも居場所は漏れなかった。正確な居場所を知っていたのはリリー大使のほか六人しかいなかった。夫妻は一年以上もまともに日の光を見ることがない修道僧のような幽閉生活を送った（『チャイナハンズ』三二八、三四九、三五〇頁）。

方励之問題をどう解決しようと米大使館は考えているのか。

スティールは「ソルジェニーツィン方式」という解決方法を口にした。

ソルジェニーツィンは、民衆抑圧を極めたソ連全体主義体制を告発し、ノーベル文学賞を受賞したソ連の作家。一九七三年にスターリンを批判して収容所に送られた自身の経験を基にした代表作『収容所群島』をパリで刊行し、翌七四年に逮捕されたが、ソ連の市民権を剝奪され、西ドイツに国外追放された。スティールは南にこう打ち明けた。

〈方励之の出国方式については、本国の上層部で検討されていると思うが、かつてのソルジェニーツィン方式、即ち中国当局が方励之の国外退去に応じるまで待つことを最善の策としているものと思う。ただし、問題は、中国当局がソ連のように、こうした解決方式に応じるか否かであるが、悲観的な見方も強い〉

スティールが示した観測の通り、方励之が実際に中国出国を認められ、北京の米大使公邸を離れ、米空軍機でロンドンに向かうのは、一年後の一九九〇年六月二十五日だった。

米政府のディレンマ

ブッシュ大統領は、中国や日本など極東政策の実務責任者である国務次官補(東アジア・太平洋担当)として一九八九年三月下旬、ミシガン大教授のリチャード・ソロモンを指名した。ソロモンは中国問題を専門とする国際政治学者で、マサチューセッツ工科大学で博士号を取った学究肌だった(『朝日新聞』一九八九年三月二十八日、四月三日)。

外務省情報調査局審議官の池田維《いけだただし》(後のアジア局長、オランダ、ブラジル大使)は、六月九日にワシントンを訪問し、旧知のリチャード・ソロモンと中国情勢について意見交換した(**苅田駐米臨時代理大使発外相宛公電「米中関係[ソロモン国務次官補内話]」一九八九年六月十二日**)。池田はチャイナスクール外交官であり、一九六六年に始まった文化大革命を駐在先の香港から観察し、七二年九月の日中国交正常化前後には北京に駐在した。いわば中国専門家同士である。

池田が審議官を務める情報調査局はサミットを担当する部局である。米国の顔色を見ながら対中政策を検討する外務省としては、ブッシュ政権の「対中温度」を把握しておきたいところだった。

外務省にとって関心事項の一つは、米政府が対中追加制裁を取るかどうか。追加制裁に踏み切れば、日本として「何もしない」という選択肢を取りづらくなる。

米国務省では天安門事件後、ベーカー長官とキミット次官の下、中国情勢に関するタスクフォース会合を一日二回も開催し、第三国の対中政策動向もフォローしていた。特に注目したのが、日本、北大西洋条約機構（NATO）、韓国、イスラエルの対中政策だった。韓国やイスラエルは中国と公的関係を持たず、日本は対中軍事協力を行っていないことが理由だった（前掲「米中関係［ソロモン国務次官補内話］」）。

ソロモンは〈米国政府としてかかえているディレンマ〉という表現を使った。

〈日米両国を含め自由・民主主義諸国として中国との間で門戸を閉ざしてその孤立、更に東側諸国への傾斜を招来することは回避したいと希望しつつも、他方で穏健な要求を行った学生達を大量殺害した中国に対する一般の批判は非常に激しいものがあり議会、プレスを中心により強硬な対中措置をとるべしとの圧力の強いことである。このディレンマは今後しばらくわれわれを悩ませることになろう〉

しかしソロモンはブッシュ大統領がこうした対中強硬論と一線を引いていると明かした。

〈大量殺害に対する人道上の怒りを明確に示してこのままでは通常の関係を維持しえないことをはっきりさせつつ、他方で状況さえ許せば今後とも米中友好のきずなを保ちたいこと、鄧小平の個人攻撃を避けていること、人民解放軍が一枚岩でないことを指摘して軍の中の穏健派を敵対させないようにしていること等々、ブッシュ大統領は北京勤務の経験もあり非常にソフィスティケイト〔洗練〕された姿勢を示している〉

さらにソロモンは、中国ではいまだ〈改革の流れ〉が強く、〈都市部、政府関係者の間で西側とのきずなを求めている勢力が強いことを忘れるべきではない〉と述べ、中国外交部職員の多くが民主化デモに参加したことがそれを如実に物語っていると続けた。だからこそ、西側諸国が、「制裁」を求める圧力に抗し切れず、こうした改革派との関係も、自ら絶ってしまってはいけないと訴えた。ソロモンは「制裁強化」に反対であるとの立場を明確にした。

米に踊らされる日本の対中政策

在ワシントン日本大使館の加藤《かとう》良三《りょうぞう》公使（後の駐米大使）と北島《きたじま》信一《しんいち》参事官（後の駐ジュネーブ国際機関代表部大使）は六月十六日、NSCで中国政策を担当したダグラス・パールと会った。七日に続く「パール情報」が「極秘公電」として東京に届いた（**松永駐米大使発外相宛公電「米中関係〔NSC内話〕」一九八九年六月十七日**）。

中国公安当局は民主化運動の参加者らの一斉逮捕を本格化し、北京や上海の裁判所は民主化運動に絡んで焼き打ちなどを行った者たちを「暴徒」と認定して死刑判決を相次ぎ言い渡し、宣告の場面がテレビで放映された。日本大使館は、一九八九年に「動乱」絡みの逮捕者が中国全土で二万〜三万に上ったとの情報を得ていた（**橋本大使発外相宛公電「中国内政［政治犯の釈放、コメント］」一九九〇年一月二十二日**）。

それでもパールははっきりと〈総じて米行政府として対中追加措置の大きなパッケージを作らざるを得ないという状況が近い将来くるとは考えにくい〉と明言した。対中追加措置をとる必要が出るかどうかについて上下院で〈とるべし〉という声があるが、〈今一つ盛り上りを欠き、大勢はブッシュ大統領のこれまでのハンドリングをバランスのとれた適切なものとして評価している〉と述べ、こう続けた。

〈中国のこれまでの経済改革路線を逆行させず中国の西側への門戸を開放させておくためには、中国との経済交流を削減することは歴史の大きな流れに逆行するものであるとの考えは〔中略〕広く認識されているし、また政治家の多くは選挙区内に中国とのビジネスを行っている関係者をかかえていて経済制裁には消極的である〉

しかし「パール情報」から三〜四日後、ブッシュ政権は対中制裁第二弾を実行する急展開を見せた。主導したのは、ホワイトハウスではなく、国務長官のベーカーだった。

ベーカーは回顧録で「死刑執行が始まったため、私たちは中国に対するさらに厳しい対抗措置を決定した」と振り返っている（『シャトル外交・上巻』二二九〜二三〇頁）。実は六月二十日、ベーカーは上院外交委員会で証言することになっており、政府の対中政策について問い質されることを見越し、新たな対中制裁措置を打ちだすことで主導権を奪い返そうと考えた（『米中奔流』三〇九頁）。そして第二弾として、次官補クラス以上の政府高官交流の停止と、世界銀行や国際通貨基金（ＩＭＦ）など国際金融機関による対中新規融資の延期要請を明らかにした。

ジェームズ・マンによるダグラス・パールへのインタビューによると、ベーカーが上院で証言する内容を大統領に伝えたのは、わずか数時間前で、ホワイトハウスもベーカーの発言に驚いた（『米中奔流』三〇九～三一〇頁）。同じ日（二十日）午後、ホワイトハウスのフィッツウォーター報道官は、ベーカー発言を受けて緊急声明を出し、「民主化を要求した市民に対する中国当局の暴力と報復への対抗措置だ」として新たな対中制裁を発表した。

つまり、六月十六日の時点で、ワシントンの日本大使館が情報源のパールからウソの情報を伝えられたのではなく、ホワイトハウスのパールもベーカーの意向を知らされていなかった。

反体制派らに対する処刑で米国の議会や世論の反発は頂点に達したが、中国通のブッシュ大統領は、理性的かつ慎重な行動で中国共産党に対応すべきであるというのが本音だった。一九七二年のニクソン訪中以降、米歴代政権は、中国共産党体制の封じ込めや孤立化政策ではなく、国際的な枠組みに取り込み、さらには経済成長をもたらすことで民主化を促すという「関与政策」を対中戦略の基本に置いたが、ブッシュはその信奉者であった。

中国当局は六月二十一日に上海で三人を公開で処刑し、二十二日にも北京で七人、山東省で十七人を相次ぎ処刑した。いずれもスピード死刑判決と執行だった。ブッシュはこの時、中国共産党指導部にこれ以上の処刑を思いとどまらせ、緊張を増す米中関係を打開するため、米中高官の接触停止という発表したばかりの制裁を無視し、「密使」を北京に派遣することを秘かに検討していた。米政府の対中政策は、議会や世論向けに対中強硬論を掲げなければならないという「建前」と、対ソ連や経済利権など、その戦略的価値のため大国・中国と机の下で手を握っておきたいと思う「本音」が交錯し、なかなか「本質」が何なのかつかめない。日本の外交官には日本の頭越しで行われた一九七一年のキッシンジャー極秘訪中という「裏切り」が常に頭の中にあった。天安門事件後の外交でも、外務省は同盟国である米国の動向や情報に踊らされることになるのだ。

第三節　六月五日・永田町

橋龍や竹下のねぎらい

外務省中国課では歴代、中国問題に関心を持つ国会議員の名簿を作成し、引き継いでいる。その代表が、竹下後継首相就任への要請を固辞した伊東正義日中友好議員連盟会長だ。何か中国絡みで案件があるとすぐに連絡して情報を伝え、「味方」にし、いざという時に頼りにする必要があるからだ。頼りにするのは、一九七二年の日中国交正常化を実現した田中角栄元首相の系譜、竹下派の幹部が多かった。外務省は、天安門事件を受けて竹下派だけでなく、永田町で影響力を持つ自民党有力者への工作を強めた。例えば、六月二十七日には村田良平事務次官、栗山尚一、國廣道彦《くにひろみちひこ》（後の中国大使）両外務審議官、藤井宏昭《ふじいひろあき》官房長、谷野作太郎アジア局長（同月二十三日にアジア局審議官から昇格）が、加《か》藤《とう》紘《こう》一《いち》（後の官房長官）、森《もり》喜《よし》朗《ろう》（後の首相）、小《こ》泉《いずみ》純《じゅん》一《いち》郎《ろう》（後の首相、当時は厚相）、山崎《やまざき》拓《たく》（後の自民党幹事長、当時防衛庁長官）、羽《は》田《た》孜《つとむ》（後の首相）を外務省飯倉公館に招き、中国情勢について懇談している（**中国課「中国問題［外務省幹部と自民党幹部との懇談］」一九八九年六月二十七日**）。

天安門事件を受けて外務省から永田町への説明は、主にアジア局長の長谷川和年と同局審議官の谷野作太郎が担当した。長谷川はこう回顧している。

「その時、私は国会その他に対する説明、答弁に追われて、家に帰る時間もなく、夜はオフィスの椅子を並べてその上で寝ていた。明け方になると新聞を体に掛けた。結構、新聞はあたたかくて、布団代りになった」（『首相秘書官が語る中曽根外交の舞台裏』三五八〜三五九頁）

長谷川がまず向かったのは、竹下派のホープ、橋本龍太郎自民党幹事長。六月五日午後だった。緊迫する中国情勢や五日午前の官房長官声明に至った経緯を説明したところ、橋本はこう応じ、外務省をねぎらった。

〈今後とも遠慮せず、どんどん話に来て欲しい。なお、昨日は関係資料を届けてくれてありがとう。自分も外務省から貰った資料をよく読んだ。いずれにせよ、いろいろ困難もあると思うが、できる限り中国の現状に関する情報を幅広く入手して、外務省なりに分析して教えて欲しい。また、本件に限らず、外務省関係で自分にできることがあればいつでも言って来て欲しい〉（**中国情勢「橋本幹事長への説明」一九八九年六月五日**）

谷野は六月十三日、自民党総務会でも中国情勢と日本政府の対応について説明したが、橋本は石《いし》井《い》一《はじめ》全国組織委員長とともにこう意見した。

〈「事態が落ち着いてくれば」日本の青年の中には訪中して中国青年を支援し、共に戦おうというおかしな者も出てこよう。その場合の対応をどうするか考える必要もあろう〉（「**中国情勢［自民党総務会及び政審の反応］**」**一九八九年六月十三日**）。民主化を求める中国の学生を支援すること自体を卑下するような発言であり、当時の政界の中国認識を表している。

外務省中国課は、その後も定期的に、同省に理解を示す橋本に「中国情報」として分析資料などを送り、気を遣い続けた。

谷野は六月五日、自民党三役を回ったが、反応が厳しかったのが水野清《みずのきよし》総務会長だった。開口一番、〈政府はなぜもっと米国のようにはっきりものをいわないのか〉と迫った。谷野は、天安門事件を受けた外務報道官談話や官房長官発言について説明したところ、水野はこう返した。

〈自分の息子は邦銀の北京支店の次長でいるが、家族は既に帰国した。心配して毎日のように電話をしてきている。息子は、死者は千人以上は間違いない、と言っている〉

さらに、衆院での首相の所信表明演説に対して代表質問に立つという村田敬次郎《むらたけいじろう》政調会長は谷野に〈李鵬は左〔保守派〕か右〔改革派〕か〉と基本的なことを尋ねた。代表質問では〈中国情勢についても触れたいと思っているので、また御相談したい〉と述べた。

谷野は鈴木善幸《すずきぜんこう》元首相のもとにも足を運んだ。鈴木はこう感想を漏らした。

〈心配なのは台湾の動き及びこれに呼応した党内の親台派のはねあがり的言動である。いずれにせよ、しばらくの間は政府高官の訪中は差し控えるということだろう〉（「**中国情勢［自民党要路への説明］**」**一九八九年六月五日**）

翌六日午後、谷野は、数日前に首相を退任したばかりの竹下登前首相のもとにも出かけた。

〈事態は依然流動的であり、その帰趨を慎重に見極めたい〉

こう話す谷野に対し、竹下は述べた。

〈（中国の情勢は）よくわからんわね。当初は一時学生の運動は（愛国的なものとして）支持されており、よい方向にあると思ったのだけどね。中国も本当に容易じゃないな〉

〈今日はご苦労さん。また、いろいろ教えて下さい。孫は、おじいちゃんが辞めて中国もおかしくなったと言っている。今年は動乱の年だ。まあ谷野君も大変だね〉（**「中国情勢［竹下前総理に対する説明］」一九八九年六月六日**）

ハマコー議連の対中強硬論

橋本や竹下のように外務省の中国対応に「優しい」国会議員は少数派だった。

六月五日午後、三日に就任した宇野宗佑新首相が衆参両院本会議で初の所信表明演説を行ったが、中国情勢に全く触れなかったことから、「不満」が噴き出した。

谷野作太郎は六日午後、自民党「危機管理対策議員連盟」の会合に赴いた（**「中国情勢［自民党の一部議員（浜田幸一衆院議員他）の反応］」一九八九年六月六日**）。

同議員連盟会長は、「政界の暴れん坊」と呼ばれた「ハマコー」こと浜田幸一《はまだこういち》。会合で天安門事件を受けた中国情勢を取り上げるというので、谷野は求められて出席した。

浜田は、中川一郎《なかがわいちろう》、石原慎太郎《いしはらしんたろう》、渡辺美智雄《わたなべみちお》ら自民党の保守派議員らとともに一九七三年に「青嵐会」を結成し、田中角栄首相の日中国交正常化を受けた中華民国（台湾）との断交に反対したため、台湾派と見られていた。谷野が同議員連盟の会合で「流血の惨事」の現状、背景、各国の反応、日本政府の対応について説明した。

会合に参加したのは、永野茂門《ながのしげと》参院議員、堀江正夫《ほりえまさお》参院議員、椎名素夫《しいなもとお》衆院議員、月原茂皓《つきはらしげあき》衆院議員、麻生太郎《あそうたろう》衆院議員。

永野は一九九四年五月、「南京大虐殺はでっち上げ」発言で法相を辞任した。永野、堀江は陸軍軍人、陸上自衛隊の出身。月原は防衛官僚出身で、防衛族議員として知られた。

椎名は、日中国交正常化に伴い断交する台湾への政府特使を任じた椎名悦三郎《えつさぶろう》自民党副総裁の次男。麻生は後の首相であり、第二次安倍晋三《あべしんぞう》、菅義偉《すがよしひで》政権で副総理兼財務相を長く務め、岸田文雄《きしだふみお》政権では自民党副総裁を務めている。保守タカ派や台湾派の議員が多く、中国共産党に厳しいのが特徴だ。

永野〈流血の惨事に至った現在、「人道的観点」からの対応についても慎重にしなければならない理由があるのか〉

堀江、椎名〈平和的民主化要求を行った学生等に無差別発砲を行い、市民をも巻き込み多くの死傷者を出したことは痛ましい限りであり、その意味で官房長官発言の「衝突の結果多くの人命が失われ」との認識はどこかおかしい。また、昨五日の総理の所信表明演説の中では、本件に全く言及されていない。遺憾の意くらいは表明すべきではなかったか。全く極楽とんぼ的である。国交断絶をせよとは言わないが、政府の信頼関係が損なわれたことに対し、はっきりしたものの言い方をすべきではないか。このままでは、日本は国としての基本理念もない「おかしな国」との国際社会での評価がますます定着することになろう。我が国が、自由と民主主義に基本的価値を見出しているのならば、きちっと言うべきだ〉

月原、麻生〈こうしている間にも、中国の学生・市民が殺されており、早急に武力行使をやめるよう中国政府に申し入れるべきである。また、中国全土から邦人を引き上げることやこのままでは経済協力の実施は困難との趣旨を伝達すること等の具体的な態度により我が国の意思を示すべきである〉

さらにこう突っ込んだ。

〈隣国たる中国に経済制裁を科せば、非常に大きなインパクトがあろうが、外務省として、今後内乱が起きてもいっそ自由主義的な政府ができることがいいのか、或は、体制がどうあれ中国が安定しているほうがいいのか、一体どう判断しているのか〉

この問いに対して谷野が答えたという記録は残っていない。会合では経済制裁を科すべきだとまでは要求しなかったが、外務省に対して中国共産党にもっと強く毅然とした態度で臨むべきであるとの声が多数を占めた。

最後に浜田幸一が、各議員の意見を取りまとめた上で発言した。

〈我が国のおかれている立場が複雑であるとは言え、今回は、政府・与党とも対応に失敗した。総理所信表明演説で本件に言及できなかったのは、外務省にも大きな責任がある〉

〈政府及び党に対して、今後誤りのなきよう申し出ることとする。ブッシュ大統領の発言を何度も聞いたが、日本としても自由主義陣営の一員としてその態度を明確にすべきであり、外務省でもよく検

討して欲しい〉

「李香蘭」の厳しい意見

六月七日、日中友好議員連盟緊急理事会。

「日中友好」を重視する国会議員の集まりで、会長は親中派の伊東正義。出席した谷野作太郎は、所信表明演説で触れず批判が上がっている「流血の惨事」に対する日本政府の立場について、七日の本会議で宇野本人から発言があると予告した。

外務省がまとめた「**日中友好議員連盟緊急理事会**（**記録**）」（**一九八九年六月七日**）から引用しよう。

〈我が国は米・英とは違うので、直接制裁しないで静観した方が良い。〔中略〕我が国は中国に対し、友情の輪を広げた方が良い〉

〈長年培ってきた日中友好にひび割れを入れるべきではない〉

中国政府の見解を代弁したような意見が出たが、宇野の対中姿勢に疑問の声も相次いだ。

大鷹《おおたか》（山口《やまぐち》）淑子《よしこ》参院議員も厳しい意見を述べた一人である。旧満州で生まれ、一九三八年に満州映画協会からスクリーンデビューし、戦前や戦中期に女優や歌手として活躍した「李香蘭《りこうらん》」である。一九七四年に参議院全国区に自民党から出馬し、九二年まで三期務めた。

〈本事件を大変遺憾に思う。パレスチナ問題でも同様であったが、我が国が何か言うときは、いつも欧米よりもタイミングがずれ、内容も受けない。痛みを出した表現にしてもらいたい〉

緊急理事会で決議を作成し、会長の伊東が中国大使の楊振亜に手渡すことになっていた。

議連メンバーの意見を聞き、伊東が総括した。

〈案文についてこれで良いという意見ともっと言うべきであるという意見があった。〔中略〕北京には行かない。しかし、大使には口頭で、今日うかがった皆さんの率直な意見を伝えるつもりである。『人道的見地からはなはだ遺憾』、『平和的手段によって局面の収拾をはかり』の二点は〔決議案に〕とり入れて良いと思う。口頭で申し入れるときには、大使にもっと強く言うつもりである〉

伊東も、日中友好派にも広がる対中強硬論に押されて「もっと強く言う」と約束した。

ラジオとテレビの音を聞き分ける慎重さ

宇野宗佑首相はなぜ六月五日の所信表明演説で中国情勢に言及しなかったのか。六月七日、衆院で所信表明演説に対する各党代表質問があり、宇野の演説で中国問題への言及がなかったことに強い批判が相次いだ。

宇野は、公明党の石田幸四郎《いしだこうしろう》の質問に対して中国に邦人八千人がまだいる中で、〈慎重な配慮が必要な時点でございましたので、何卒ご理解を願いたい〉と述べた。

内戦の危機が伝えられた北京。日本航空と全日空は六日以降、臨時便を出しており、宇野は、石田に〈六日は一千名近くの邦人が無事帰国されました〉と答弁した。

こうした中で、宇野は社会党の土井たか子委員長の質問にこう答えた。

〈やはり飛行機もどんどん出さなくちゃいけません。混乱した地に飛行機をおろすためにはやはり政府は政府としての慎重な態度が必要でございます。どなたを敵にまわしても邦人の救済ができないと

いうことになれば、たいへんなことでございます〉

　中国政府の機嫌を損なえば、邦人脱出の飛行機の運航にも支障が出かねないという懸念である。

〈だから私はさような意味で過般の所信表明の冒頭においても、このことには敢えて触れなかったわけでございます〉と認めた。

　しかし中国政府を非難する国内世論が高まっていた。これまで対中配慮を優先した宇野も土井の質問にこう言わざるを得なかった。

〈銃口を国民に向けるということは由々しきことであるということを私達は申し上げなければならない。それが私の言う憂慮すべきことである〉

　しかし、対中配慮は果たして邦人保護のためだけなのだろうか。土井にこう、とうとうと述べた。

〈まず中国と日本との関係、これは中国とアメリカとの関係とはまったく違う。このことを自覚しなければいけません。なぜか《ママ》ならば、われわれはまず中国とはかつて戦争関係にあったという過去を持っております。この過去には十分反省をし、戦争を通じて中国国民に迷惑をかけた〉

　六月十二日の予算委員会では、社会党の川崎寛治《かわさきかんじ》衆院議員が、所信表明演説で「流血の惨事」に触れなかったことに関し〈外交に人権意識は大変大事〉と問いただしたところ宇野は、〈やはりお隣のことはよほど慎重でなければならんし、今鳴っている音は、ラジオの音かテレビの音か、それを見分けるくらいの慎重さが必要だということが、まず私の念頭にございます〉と答えた。

　シベリア抑留体験を持つ宇野が、戦争に対する強い思いと贖罪意識を持っていたことは触れた。天安門事件直前の一九八九年五月六日、外相時代にモンゴルを訪問した宇野は、首都ウランバートル近郊で、終戦後抑留されて亡くなった日本人兵士らの墓地を訪れた。線香をあげ、「私のいた収容所でもずいぶん死んだ。埋葬するとき、クワを入れやすくするため、凍土の上でたき火をするんです」と語った（『朝日新聞』五月七日）。随行した外務省アジア局審議官の谷野作太郎は宇野の眼から涙が流れるのを見た。

三塚博外相がＮＨＫのインタビューを受けるに当たり、外務省は六月九日、発言要領を作成した（「**ＮＨＫインタビューにおける大臣御発言要領［案］**」**一九八九年六月九日**）。ここでも、中国政府に対して《できる限り抑制した態度をとる必要》があると訴えた。理由としては次の三点を挙げた。

(1)多くの人命が失われた痛ましい事態が「中国の国内問題」であること
(2)過去の戦争の認識等微妙な問題が存すること
(3)日本にとって中国との関係は欧米等に比べ特に大きなウェートをしめること

ラジオの音かテレビの音かを聞き分ける慎重さが必要であり、まさに「腫れ物」に触れるように扱う、というのが当時の中国への宇野政権の対応であり、これが人権問題より日中関係の大局という対中配慮外交を生む土壌にあった。

第四章——北京「内戦」下の日本人

第一節　六月四日・北京飯店

「タマには強いがアメには弱い」

六月三日深夜から開始された天安門広場の武力制圧が終了し、一夜明けた四日朝。防衛駐在官の笠原直樹は、どうしても天安門広場が見たくなった。大使館経済部の同僚と一緒に、日本大使館拠点が置かれる北京飯店十四階を目指した。

ベランダに出て双眼鏡を使えば、兵士の動きもよく分かる。数百メートル先の天安門広場への監視を始めた。自衛官ならではの観察がメモに記されている。

「広場の中央付近には、大型のヘリコプターが降りている。ヘリポート地域の表示のため、兵士が四角に並んで座っている。人を表示に使うなんてさすがは人口十一億の国だ、などと変なところで感心する。ヘリコプターの周囲では、白い服を着た人間が忙しく働いているところをみれば負傷者の後送《こうそう》のようだ。建物の影で火もとは見えないが、黒い煙が激しく上がっている」

以下、同僚とのやり取りを笠原のメモから再現する。

「撃ち殺した人を焼いているのですかね」

「まさか、そんなことはないでしょう。あんなところで何人もの人間は焼けるものじゃない」

大通りで軍に抵抗する「勇気ある市民」は増えている。石を投げている人も見えた。中には奥さんを自転車の後ろに乗せ、子供を前に乗せて見物に行く家族連れもいた。

「中国人って一体何を考えているのかね」。そう思わざるを得なかった。

「おおっ」。その時、解放軍の第一線方向から射撃が起こった。

「勇気ある市民」が一斉に逃げ出し、パニック状態だ。

解放軍の兵士は、「勇気ある市民」に向け突撃するように追いかけ、射撃も実施している。

ピューン　ピューン　ピューン ピューン。ベランダにいる笠原の方向にも流れ弾が飛んでくる。

「あっ、おおっ、ひぇ、危ない」。逃げ回る同僚は「武官。危ないですよ。伏せて」と言う。

「大丈夫だよ。八百メートル離れていれば絶対にあたらない。俺なんか、三百メートルの的にもろくに当てたことはないよ。自慢じゃないけど」

「内心、当たるかもしれない」という不安もあったが、自衛官として、ここでみっともない真似をして末代まで恥を晒《さら》したくないという見栄で、努めて悠然と構えて双眼鏡を覗き続けた。

二人が倒れている。

「弾が当たったな。かわいそうに」

解放軍は百メートルほど突撃すると、それ以上は前進せずに引き返した。倒れた二人は、荷物や人を運搬する三輪自転車で運ばれていった。

「ひでえことしやがる」。みんな興奮状態となった。笠原は現場の様子を電話で大使館に伝えた。

しばらくすると市民はまた同じように解放軍と対峙した。近くにあった小型バスに火をつけた。

「あんなことをしていると、また撃たれるぞ」と笠原は思った。

案の定、兵士は再び市民に対して一斉射撃したが、今度は空砲だった。市民は一斉に逃げた。しかしまたしばらくすると、同じように解放軍兵士と対峙した。

「連中もタフだなあ」。笠原は感心した。

しかし解放軍による三回目の射撃と突撃は実弾だった。第一線の市民は撃たれていないが、「ぶ、武官。あ、あそこ」と同僚が指差す北京飯店前の通り、つまり笠原らがいるベランダの真下を見ると、女性が胸部から腹部にかけて血に染まり倒れている。

「流れ弾だ」。女性は直ちに近くにあった三輪自転車に乗せられ、運ばれていった。

射撃や突撃が何回も繰り返され、市民と兵士の攻防が続き、棍棒《こんぼう》を持って突撃した兵士が、逃げ遅れた市民の頭をぶん殴るという場面もあった。

六月四日も夕方になり、小雨が降り出し、街頭の市民の数はめっきり減った。

「中国人はタマには強いが、アメには弱いなあ」。冗談に笑う気力がもはやなかった。

その夜は、東方向から五十両以上の戦車と装甲車が増強され、それに対し火炎瓶を投げるゲリラ的市民もいたが、大きな動きはなかった。しかし市内のあちこちではまだ戦いが継続しているらしい。

笠原たちがベランダに出て手すりに乗り出すと、私服の公安警察が下から懐中電灯で照らして脅すのでベランダに座り込んで、一夜を過ごした。

「タンクマン」との遭遇

翌六月五日、北京飯店で笠原は世界的に有名な場面に出くわすことになる。メモにこう記した。

「十二時ごろ、一つのハプニングがあった。第一線と第二線のそれぞれの兵士の中央を割って、戦車十両と装甲車十両が、東に向かって出てきたのである。これは四日もあり珍しい事ではなかったが、戦車・装甲車の挺隊が北京飯店の前に来たとき、一人の学生風の男が、つかつかと先頭の戦車の前に出て立ちはだかった」。以下も笠原メモからの描写である。

「あっ、轢《ひ》かれる」

誰もがそう思ったが、戦車は停まった。男を避けようと方向を変えた。男はまた移動して戦車に立ちはだかる。

戦車指揮官の困惑が、戦車の動きを見ただけで分かった。

戦車が轢かないと分かると、男は戦車に登った。戦車指揮官を説得しようとしている。暫く説得し、諦めたのか、男が戦車から降りると、五〜六人の私服の公安警察が道路わきから飛び出し、男を逮捕して連行した。笠原はメモにこう記した。

「一瞬、見ていた人々から溜息がもれたような気がした。市民の抵抗のすべてが終わったのだ。象徴的な出来事だった」

バッグのようなものを両手にぶら下げた白いシャツの男が、歩道からメーンストリートの長安街に現れ、人民解放軍の戦車の前に立ちはだかる。「戦車男（タンクマン）」と呼ばれ、天安門事件を語る際に欠かせない緊迫の「名場面」だ。「戦車男」が一体誰なのか今でも謎のままだが、外国の主要メディアや大使館が取材や観察の拠点とした北京飯店の前で繰り広げられたため、多くのメディアが歴史的場面の撮影に成功した。

ＮＨＫ記者として現場で目撃した加藤青延《かとうはるのぶ》は、▽厳重警備の中でなぜ男は入り込めたのか、▽私服警官はなぜすぐ取り押さえなかったのか、▽先頭の戦車が阻まれても、後続の戦車が一列に連なる必要はなかったはずだ――などの疑問を挙げ、当局側による「自作自演」の可能性を指摘している。その上で六月四日朝に「戦車が学生たちをひき殺した」という情報が広がる中、「『戦車は人をひかない』ということを外国の報道機関にアピールすることが最大目的であったと結論づけるのが自然だろう」と分析した（『目撃　天安門事件』二一八～二二七頁）。

第二節　六月七日・北京建国門外

外交官アパートへの無差別乱射

六月七日午前十時。北京の在留邦人に共産党の「恐怖政治」を現実のものとした事件が起こった。笠原直樹はその時、長安街に面した斉家園外交公寓の自宅にいた。

「お父さん、解放軍が通るよ」。子供が呼んだ。

笠原が窓際に出てみると、兵士を満載したトラックの縦隊がゆっくり東へ向かっている。時々パン、パンと威嚇射撃をしている。笠原は空砲のようだと感じた。

「部隊交代で帰って行くんだな。よしビデオでもとるか」

笠原は、八日に避難のため一時帰国する妻に、撮影したビデオや写真を持たせて、陸上幕僚監部に届けるよう頼んでいる。

天安門広場から長安街沿いに東に向かって永遠に続くような軍用トラック百両以上の長い列だ。トラックに乗った兵士が、建物に向かって無差別に乱射した。

ビデオを撮っていると電話がかかってきた。政治部の佐藤重和からだった。

「武官。今、建国公寓〔建国門外外交公寓〕が撃たれましたよ」

「空砲でしょ」

「空砲なんかじゃないですよ。実弾です」。ガチャンと電話を切られた。

「おかしいな。なぜ実弾を。それも外交官アパートに撃ったんだろう」

笠原は急いで大使館に向かった。大使館は大騒ぎで、建国門外外交公寓に住んでいて自宅を撃たれた館員が興奮した様子で説明している。幸いにも誰もケガ人はいなかった。

「しかし許せない行為である」

被害が大きかったのは、広い敷地に十数楼の中層アパートが立ち並ぶ建国門外外交公寓のうち長安街に面した一号楼（九階建て）。後に日本大使館が中国外交部に提出した抗議書に添付された資料によると、館員十二人の自宅の窓や壁、天井、カーテン、エアコン、絨毯《じゅうたん》などが被弾した。最も被害が大きかったのは、日銀から出向していた露口洋介《つゆぐちようすけ》書記官の七階の部屋で、十六発の弾丸が確認された（**中島大使発外相宛公電「外交部への申し入れ［館員住宅の被災］」一九八九年六月十六日**）。

戒厳部隊は長安街を東進しながら乱射を続け、中国最大の複合企業、中国国際信託投資公司（CITIC）の「国際大厦《たいか》（ビル）」、斉家園外交公寓、日本航空グループのホテル「京倫飯店《けいりんはんてん》」、建設中だった北京新都心「中国国際貿易センター」に銃弾が撃ち込まれガラスが割られるなど被害が出た。このうち京倫飯店には日本航空北京支店が入居しており、帰国の航空券を求める邦人がいたほか、国際大厦には多くの日本企業がオフィスを構えていた。

建国門外と斉家園の両外交公寓に住む外交団の中では日本大使館員への被害が最大で、このほかにも米国十一世帯、西ドイツ、オーストラリア各四世帯、英国、イタリア、カナダ、アルゼンチン、インドの各国大使館員宅と、各国政府関係機関、報道機関特派員らのアパート全体で六十世帯前後に銃弾が飛び込んだ（『読売新聞』八月十八日）。

洗濯シャツ心臓部に弾丸

日銀から出向した露口洋介は一九八九年四月、北京の日本大使館に着任した。早々、中国で初めて開く大規模な国際会議とされた五月四〜六日のアジア開発銀行（ADB）年次総会に、村山達夫《むらやまたつお》蔵相と三重野康《みえのやすし》日銀副総裁が出席することになり、準備に追われた。

趙紫陽総書記はこのADB総会で、民主派学生に同情的な演説を行い、これが後に保守派から失脚させられる口実とされた。三十一歳の露口はその後、天安門広場の学生の状況を観察して彼らから話を聞くため、ジーパンとTシャツ姿で北京飯店の拠点に足を運ぶなど、天安門事件とは切っても切り離せない北京駐在となった。

六月七日。露口は既に大使館に出勤した後だった。自身は独身で妻子はおらず、「阿姨《アイ》」と呼ばれる中国人の家政婦もバスが動かず出勤していなかったため、幸いなことに部屋には誰もいなかった。露口はインタビューに当時をこう回想する。

「普通に大使館で仕事をしていて朝十時頃、バリバリという音がした。本当に大使館の窓の外で音がしているように聞こえたので、思わず伏せた。しかし何も起こらなかったので、何だったのだろうと思い、夕方帰宅したら家がボロボロだった」

「〔外交公寓目がけて乱射された際に〕部屋に家族がいた人もいた。他の館員の部屋では子供が窓から、『兵隊さんが走っている』と見ていたら、子供の上をビシッと弾丸が通り、弾痕が付いたと言っていた。うちの部屋には外壁も含めて三十発くらい来た。窓にはめ込み式のクーラーがあり、それが撃ち抜かれて火花がパチパチと飛んで壊された。部屋の中の壁は跳弾でえぐれ、崩れた漆喰《しっくい》が散乱し、絨毯は漆喰だらけで使い物にならなくなった。床には何発か弾丸が落ちていた」

家政婦は、外に洗濯物を干すと黄砂などで汚れるため、部屋の中に紐《ひも》を吊るして掛けることにしていた。銃弾が撃ち込まれた当日、紺色のポロシャツはちょうど、人間の心臓の高さ辺りに掛けており、その日帰宅したら、ポロシャツの胸付近に弾丸が突き抜け、穴が開いていた。「ここに私が立っていたら死んでいたかもしれない」。露口は、ぞっとした。

笠原のメモによると、露口は、弾丸が命中したポロシャツを大使館員に見せ、「着ていたら死んでましたよ」と話した。その日夜（六月七日夜）、銃弾を受けて壁が穴だらけの外交公寓でいつもとは違う夜を過ごした。

「人民解放軍内部で内紛があり、内戦になるかもしれない」という情報が飛び交う中、すぐ前の建国門陸橋には多くの戦車が円を描くように配備され、外側に砲身を向けていた。「市の外側から攻めてきて撃ちだしたら外交公寓なんて全部吹っ飛ぶな」と館内で話をしていた。

「非常に怖かった。夜寝ている時、『寝たまま死んじゃうんじゃないか』とびびっていた。ガタガタ震えながら寝た記憶がある」。当時を振り返った。

露口は今も、弾痕が残る窓や部屋の写真、弾丸が貫通したポロシャツ、床に落下していた弾丸の三点を大切に保管し、筆者が二〇一九年五月にインタビューした際に見せてくれた。

絶対に謝らない中国外交部

一貫していることがあった。日本の外交官らが住むアパートが無差別乱射を受けても中国側は一切、「申し訳ない」などと謝らなかったことだ。

日本大使館内では、「謝らない」中国側の姿勢に怒りが高まり、大使館員で最も被害を受けた露口は、畠中篤公使が外交部と交渉する際、同席させてもらった。日中国交正常化交渉で通訳を務めた畠中は経済担当公使だったが、総務部長も兼務していた。

「交渉をずっと聞いていて、絶対に謝らないと分かった」

露口はこう実感した。

久保田穣、畠中両公使は、乱射から二日後の六月九日、外交部の徐敦信アジア局長と一時間四十分にわたり面会した。外交部からは日本課長の王毅、大使館側からは総務部二等書記官の片山和之が同席した〈前掲「中国政情〔徐・アジア司長との意見交換〕」〉。建国門外外交公寓一号楼に住む片山の部屋にも十二発の弾丸が撃ち込まれた〈前掲「外交部への申し入れ〔館員住宅の被災〕」〉。

徐敦信は久保田らに対し、事件の状況について、一つは建国門外外交公寓方面から、もう一つは長安街を渡った対面の南にある工事現場から発砲があり、兵士一人が死亡し、三人が負傷したと明かした上で、戒厳部隊の銃撃はこれに対応したものだと説明した。さらに徐は、政府は迅速に措置をとり、外交官アパートから部隊を撤退させたとし、〈外国の友人は中国のことに干渉しないよう希望する〉と釘を刺した。

これに対し久保田は〈外交団アパートに弾丸が打ち込まれたことは事実であり、〔各国の外国人の安全、特に外交団の正当な活動と勤務環境を保護するという中国〕政府の意向とは別に事実で証明された〉と一応は反発しているが、歯切れが悪かった。

戒厳部隊に対して複数から発砲があったことへの反撃——。中国政府の主張を信じる西側外交官や特派員は当時から少なかった。

笠原直樹は二〇一九年、筆者のインタビューに「〔西側の報道機関が支局を置く〕建国門外外交公寓の〕屋上からメディアの人がカメラで撮っていたでしょ。推測でしかないが、西側のマスコミが次々と報道するので、引き挙げる際に『襲撃を受けた』という理由にして『脅そう』としたのではないか。〔カメラ撮影する記者らに対して〕あそこから顔を引っ込めさせようとしたんじゃ」と語った。

この見方は、米大使のリリーも後に回顧録で明らかにしており、最も真実に近いだろう。リリーは、「中国軍の発砲は、外交官アパートのベランダを街頭の動きを観察する格好の拠点として使っている外国人たちに教訓を与えるのが目的だった」との情報を得ていたと回顧している（『チャイナハンズ』三二〇頁）。

日本は中国への抗議を公表しなかった

北京の日本大使館では当時、乱射事件に関する情報収集を行ったが、謎は深まるばかりだった。警察庁から出向し、民主化運動や武力弾圧を追っかけた南隆は六月十五日、ルーマニア大使館のイステイチア書記官との情報交換で、建国門外外交公寓への発砲は、〈「米大使館に保護されている」方励之が〔外交官〕アパートへ逃げ込んだという情報が軍の内部に流れたためと聞いている〉との情報を得た（**中島大使発外相宛公電「中国政情［当地ルーマニア大内話］」一九八九年六月十五日**）。真偽は別にして、同じ社会主義国のルーマニアは中国共産党と友好関係にあり、中国政府の内部情報が入りやすいため、情報源にする日本の外交官や特派員が多かった。

中国内部情報が行き交う拠点の香港でも佐藤行雄《さとうゆきお》総領事（後の国連大使）が、六月八日、アンダーソン米総領事と意見交換している。

アンダーソンは、〈発砲の対象は、外交団アパート、友誼商店に加えて、国際信託投資公司ビルも含まれており、外国人関係のみがねらわれた形跡はない〉としながら、〈行進中の兵士にビルの屋上から発砲した犯人をとらえる過程で同発砲事件が発生し、結果的には二十歳後半の中国人一名をとらえたが果たして犯人か否か疑わしい〉との情報も伝えた。北京の米大使館が、発砲した部隊について第二十七集団軍ではなく、第三十八と第三十九集団軍であることが、車両プレート番号で確認された、とも明かした（佐藤総領事発外相宛公電「中国政情［米側内話］」一九八九年六月八日）。

真相は不明なまま、畠中公使は六月十六日、外交部に行き、徐敦信アジア局長、王毅日本課長と面会し、抗議の意を表す書面を手渡した。この中で日本大使館は外交公寓に対する発砲を「戒厳部隊蓄意槍撃」（戒厳部隊による意図的発砲）と断定した。

これに対して徐敦信は強く反応した。

〈今次日本側申し入れにある外交団に対する「意図的発砲」との見方及びこれに関わる中国政府及び戒厳部隊に対する責任の追及については受け入れることができない〉

その上で、〈進行中の戒厳軍に対し建国門外外交団アパート及びその向かい側のビルから発砲があり真にやむを得ず反撃したというものである〉と従来の説明を繰り返した。そればかりか日本側への不快感を露わにした。

〈ちなみに他の外交団からも今次事件に関する抗議を受けているが、これを「意図的発砲」としたのはおそらく日本のみであろう〉

畠中は徐敦信の頑なな強硬姿勢に腰が引けたのだろうか。徐から〈本件申し入れ文書の内容をもし日本側が公表するのであれば、中国側としても上記文書に対し反論せざるを得ず問題解決が難しくなる恐れがある〉と迫られると、こう応じた。

〈右文書は公表せず、後日中国側正式回答を得た上で取り扱い振りを検討したい〉

このやり取りは、前述の東京宛ての「秘」公電「外交部への申し入れ（館員住宅の被災）」に記載されたが、同公電ではこう但し書きが加わった。
《当館としては現段階で本件を文書で申し入れたことが明らかになり、文書の内容、先方の反応等について外部の関心を呼ぶことはかえってわが方の対応を難しくするので、少なくとも正式回答があるまで外部に公表しないことが適当と考えるので本省におかれてもかかるラインで対応願いたい》
外交官宅が無差別乱射を受けるという前代未聞の事件について、中国政府に文書で抗議したことを当面、隠して表沙汰にしないという「弱腰」対応である。大使館上層部が決めた対応に、実際に自宅が銃弾を受けた館員を中心に大使館内では不満の声が強まっていた。

米大使館には事前警告していた

南隆は、六月四日の「流血」の惨事を見届け、同日夕方、末期がんで危篤の母親を見舞うため一時帰国した。母親は亡くなり、葬儀などを済ませ、同月十三日、北京に戻った。

六月四日に見た北京と十三日の北京では街が一変したが、大使館も大騒ぎになっていた。六月七日に戒厳部隊が建国門外外交公寓に無差別乱射した事件で、自宅が銃弾を受けた被害館員が、「団結」する動きが出ていた。「被害者の会」のようなものだった。

こうした時、中国側は銃弾を受けて穴が開いた窓ガラスを修復したいと申し出てきた。早急に証拠を隠滅しようという意図を感じた被害館員は、「賠償交渉もしていないのに、そんなことをされたら慰謝料も請求できないじゃないか」という不満の声を上げた。

そこで被害館員は、南に「警察だからこういう問題に詳しいでしょう」と、問題解決のアドバイスを求めてきた。南は、甚大な被害を受けた建国門外外交公寓一号楼とは違う三号楼に住んでいたが、「実況見分して被害の実態を確実に証拠化し、中国側も同席の上でサインさせて、補償交渉をすべきだ」と主張すると、被害館員も賛同した。

その後、南は、公使の畠中に呼ばれた。乱射事件をめぐり外交部との交渉役だった畠中はこう南に言った。

「君はこういう道のプロであり、うちの者〔大使館員〕を煽動しているようなものだ。さらに、君は外交を知らない。直接抗議するのではなく、中国側に貸しをつくっておけばいい。中国側もこれを傷だと思っている。だから今後の外交交渉に活かせばいいんだ」

南が「私が煽動しているというんですか」と反論すると、畠中は「そういうわけじゃないけど」と応じ、やり合いになった。しかし結局、畠中は、南に交渉の一部を任せることになった。外交公寓を管理するのは「北京外交人員服務局」。畠中は、南を同服務局に紹介し、交渉を任せた。

南は、法務省から日本大使館に出向している検事と一緒に、銃弾被害を受けた部屋を一軒ずつ訪れ、実況見分して写真付きの調書を作成した。南はその調書を基に服務局の中国側職員と一軒一軒を回ったが、服務局は結局、サインを拒んだ（以上、南インタビュー）。

外交部との交渉は、畠中が中心に行い中国側は弁償に応じた。露口の場合、銃弾で使い物にならなくなったクーラーは、外交官用免税店で売っている新品に取り替えられ、漆喰で使い物にならなくなった絨毯も交換してもらい、着られなくなった衣服については見合う金額を渡された。

南は「〔外交公寓への乱射事件後〕米政府は専門家チームを派遣して、どこから撃たれ、どういう被害状況だったか綿密な調査を行い、政府報告書を作成したと聞いている。しかし日本政府は専門家チームを送らなかった。〔大使館は〕『官』として指示するどころか、逆にそういう〔調査の〕動きを妨害しようとした。人が死ぬようなことがあっても何も変わっていない。国民の生命を守るという国家として最低限度の責務についての意識がない。こういうことはきちっと対応しないとなめられてしまう」と回顧した。

北京の米大使館は方励之を大使館に匿ったため中国政府と対立を強めていたが、日本とは違った展開を見せていた。

六月七日午前の戒厳軍による無差別乱射は、「攻撃に対する反撃」という突発的な事件では決してなかった。

前日の六日深夜、米陸軍武官ラリー・ウォーツェル少佐は、「中国人民解放軍の青年将校」と名乗る者から電話を受けた。「明日午前十時から午後二時のあいだ、部屋にいないようにしてください。特にアパートの二階以上には決して上がらないように」。ウォーツェルは明日、外交官アパート周辺で何かが起こることになっており、青年将校は上官から命じられて自分に電話してきたのではないかと考えた。そして大使のリリーは、大使館にできるだけ多くの館員と家族を招集して、万一の事態を回避しようとした（『チャイナハンズ』三一八～三二〇頁）。

当時の日本大使館員に取材したが、日本大使館にはこうした警告の電話はなかった。とすれば、中国軍内部には当時、西側の外交官や報道機関を断固威嚇すべきだという強硬論とともに、米外交官が死亡すれば、危機的状況の米中関係が決定的に破綻してしまうという危惧もあったということになる。さらに米大使館は、「必ず何か起きるだろう」と判断するに足る警告電話を中国側から受けたならば、日本など同盟国になぜ情報を共有しなかったのかという疑問も同時に湧く。

ここにも、反目し合っているように見える米中両国がしっかりと裏で手を組む現実があった。

――第三節　六月七日・北京首都国際空港――

全日空マネージャーの「邦人脱出オペレーション」

全日本空輸（ANA）北京支店営業マネージャー、尾坂雅康は、一九八九年四月からの民主化運動と「流血」の悲劇、さらに航空会社幹部として奔走した「邦人脱出オペレーション」を「日記」に残しており、『天安門事件　北京動乱の60日』という手記にまとめた。貴重な民間人の記録である。

武力弾圧から二日が経った六月六日。帰国便を求める北京在留邦人からの予約が集中した。

邦人にとって最大の問題は、市内から車で約四十分かかる北京首都国際空港への「足」がないことだった。タクシーは止まり、ガソリンスタンドも閉鎖した。通常タクシーなら五十元で行くが、足元を見て十倍の五百元を要求する白タクも登場した。リヤカーを自転車で引くリキシャに乗って三〜四時間をかけて空港に向かう邦人もいた。

尾坂はＡＮＡ支店がある北京飯店に向かった。ホテルの周囲は戦車や装甲車、軍用トラックが走り回り、路上には兵士があふれ、銃声が続いた。支店内の電話は鳴りっぱなしだった。

中国において当時、日本の航空会社で自社の航空券を発券できるのは日本航空（ＪＡＬ）一社だけで、一九八七年四月に北京便を就航した後発のＡＮＡは、日中航空協定に基づき予約しかできなかった。ＡＮＡは航空券を独自に発行できず、北京支店では乗客に対して航空券の予約証明を手渡し、客は、航空局と国営航空会社の機能を持つ国家機関「中国民用航空総局」（中国民航）のカウンターか、北京空港の中国民航カウンターで予約証明を提示して料金を支払ってようやく航空券を購入できた。このためＡＮＡ北京支店の社員が乗客の代わりに北京市中心部「東四《ドンスー》」にある中国民航カウンターに行き、代行して購入し、航空券を渡していた。

尾坂によると、緊急事態に際し、ＪＡＬは、航空券なしに搭乗できないということで、事前に市内で購入するよう案内していたが、そもそも発券が不可能なＡＮＡでは客からの問い合わせに対して「一刻も早く空港に行く」よう勧めた。

ＪＡＬとＡＮＡは六日、定期便に加え、夜に臨時便を運航し、それぞれ日付が変わった七日午前零時二十四分と一時前、ジャンボ機が羽田空港に到着した。日航機の乗客には、日中文化交流協会訪中団を率いていた作家の水上勉《みずかみつとむ》の姿もあった（『読売新聞』六月七日）。「口々に銃声下の恐怖」「北京空港までも決死行」――。未明便で六百七十三人が帰国したと伝えた同紙はこう見出しを付けた。

ＡＮＡでは、成田行きの定期便に二百七十七人、羽田行きの臨時便には三百十七人が搭乗した。この時点では、オープンチケットを持つ邦人がほとんどだったので問題はなかった。つまり帰りの復路便を指定せずチケットを購入してあった。しかし七日以降は航空券ばかりか現金すら持たない邦人が押し寄せることになり、北京空港は修羅場と化す。

遅れた日本の退避勧告

日本大使館は北京在住の三千~四千人に上る日本人の生命と安全を守る活動をどう展開したのか。「邦人救出オペレーション」が終了したばかりの六月十三日。日本大使館は、「取扱注意・大至急」扱い**中島大使発外相宛公電「邦人保護（当館が行った邦人救援活動）」**を東京の外務省に送信した。

武力弾圧直後から北京郊外の大学の寮に住む留学生らからSOSの電話が殺到し、救出に向かわなければならない。しかし市内の至るところで銃声が鳴り響く。こうした中、日本大使館は、殺気立つ兵士に日本人だと認識させ、発砲を回避するため、館員が乗り込んだバスの前面窓などに「日の丸」を貼り付けた。

命懸けのオペレーションであることは間違いない。だが、公式の外交公電にしては、次のように誇張気味の言葉が並び、少し違和感がある。

《日の丸を付けたバスに乗り込み、救出のために大学等の現地に赴く当館館員の送り出しには、丁度館員を戦場に送り出す気持であり、「是非無事に任務を完了して帰ってきてくれ」と思わず祈らずにはおれない気持で、胸があつくなるのを禁じ得なかった。バスによる救出プランの作成準備も含め連日館員は全員一体となって、不眠不休でこの作業に当った》

安全な地域に退避したり、北京空港に移動したりするための「足」を完全に絶たれた在留邦人は、心理的なパニックを起こし、大使館には各地からの救助要請が殺到した。日本からも「娘、息子と連絡が取れない」と、留学中の子供の安否を心配する親からの電話が鳴りやまなかった。

大使館の救出オペレーションは六月五日に開始した。ただ、民主化運動の拠点であり緊急性の高い北京師範大学、北京大学、中国人民大学の留学生からの緊急要請に応じるのが精一杯だった。

前出公電はこう記録している。

《特に師範大学については、同日〔五日〕午後三時に軍が学園に突入するとの情報がもたらされ、邦人留学生は一種のパニック状態となり、中国人学生はいつの間にかいなくなり、他の国の学生もほとんど救出され、残っているのは日本人留学生のみであるとして、邦人留学生側より早急な救出を依頼してきたが、同日は当館マイクロバス運転手も〔所属する北京外交人員〕服務局より運転を禁止されていた状況であったので、取り敢えず館員二名が自ら乗用車を運転し、危険をおかして同大学にかけつけるとともに、約一時間後には運転手を説得し更に迎えに行かせ、結局、同大の四十七名を近くの安全なホテルへ移送することに成功した》

実際に館員が駆け付けた時点で、午後三時に軍が突入するという情報もデマだと判明し、同大学は比較的平穏だった。

しかし外務省が北京の在留邦人に対して退避勧告を出すのは、その二日後の七日であり、遅い対応と言わざるを得ない。

「日の丸」バス

日本大使館は六日、日本人を輸送するバスと、その運転手をどう確保するかという難問に直面した。前出公電「邦人保護（当館が行った邦人救援活動）」によると、六日に日本人学校運営委員会と折衝して八台のスクールバスを借り上げた。大使館はこの八台を使い、北京語言学院や清華大学など六カ所の大学からの救出要請に応え、延べ十五回運行し、百三十人を北京空港や京倫飯店に届けた。

六日〜七日にかけて日本の新聞で、軍同士が北京で衝突し、内戦状態に陥っているかのごとき報道が展開された。

六日夜からはＪＡＬとＡＮＡの臨時便が運航され、日本大使館でも大量の邦人の国外退避に伴い民間から多数の大型バスを借り上げることが必須と判断し、外交部、北京市政府などを含めたルートで折衝したが、街頭での運転は極めて危険であるとして運転手が拒否した。

《市中の邦人を約二十五キロ先の空港まで徒歩で移送せしめざるを得ない事態まで想定された》公電にはこう記されたが、最終的には大使館の個人ルートを使って「首都汽車公司」がようやくバス運行に同意し、大型バス六台と中型バス六台の借り上げが実現した（前掲「邦人保護［当館が行った邦人救援活動］」）。

コネとカネがモノを言うのが中国社会である。現地の運転手には、一カ月分に相当する日当を払って説得した（「銃声下の北京で」『外交フォーラム』一九八九年七月号）。

笠原直樹の六月七日のメモには「外務省の退避勧告がでて、邦人避難作戦が本格的に開始された」とある。一九八九年十一月十六日に領事移住部邦人保護課が作成した資料「**中国・天安門事件（一九八九・六）における邦人保護措置**」によると、救出ピークの六月七日には《九百六十名を語言学院、北京大等十七大学及び十ケ所の住宅、ホテルから空港へ。バス二十台延べ五十五回運行》した。

館員たちはバスで邦人のいる大学や住宅などに向かって救出した後、空港に比較的近い崑崙飯店《クンルンはんてん》や京倫飯店などのホテルに移送し、空港に向かうのだ。

「笠原メモ」はこう記録している。

「どこの大使館でも同じ様にやっているらしく、『外交官である』事が分かるように、車の窓に国旗を貼り付けている車が市内を走り回っている。市内を自転車で走っているとにわかづくりの日本の国旗に出くわした。『もう少しましな国旗を作れないものかね』。端が少し破れた白い紙に、マジックでグリグリと赤丸を描いた国旗を見たとき、私も少し情けなくなった。しかしそれにしても退避出来る祖国があり、国旗がある事はありがたいことだ」

弾の下をくぐった戦友

日本大使館政治部――。

政治部長室は邦人救出の臨時オペレーションルームとなり、庶務の田中理香子や館員が陣取り、誰がどのバスに乗ってどこに行き、邦人を救出するかについて手配した。政治部の大部屋では館員たちが北京市内の地図を広げ、どのルートが安全か情報収集した。在留邦人らから電話でＳＯＳを受けると、それを紙にメモし、壁に貼っていくのだが、あっという間に壁はメモで埋まった。

自宅の部屋に銃弾を受けた露口洋介は「バス部隊」の隊長を任せられた。露口が振り返る。

「とにかくいろんな所から『助けてくれ』と電話が入り、それを全部つないで、『ここを通ってこのバスで行きましょう』と手配していた。そのうち『誰かがまとめて決めろ』ということになり、結局僕が担当することになった。バスを配車したり、どの道を走行したりするかなどは、全部北京市の地図に記して情報を落とし、私は各館員に『〇〇に行って下さい』とお願いした。最初は三台くらいで出発したが、段々増えて十台になり、館員の大部分が行ったんじゃないでしょうか」

邦人の方も様々だった。電話で応対した館員が「何時に迎えに行けるか分かりません」と応じると、「役に立たないじゃないか」とけんか腰になったり、帰国しない邦人の中にはゴルフ場がガラガラだからゴルフ三昧だった日本企業関係者がいたり。せっかく大学まで迎えに行ったのに、ある女子留学生は「荷物を取りに行ってくる」と言ったきり戻ってこない。探したら部屋で外国人男性とテレビを見ていて「帰らない。彼といる」と拒んだりするなど、「いい加減にしろよ」と、館員が憤ることも多々あった。

ちょうど日本大使館近くの建国門外外交公寓や、バス移送先となった京倫飯店、大使館近くの建物が、軍による無差別乱射を受けた。館員たちはその直後も救出に向けて出発した。激しい衝突があったと言われる西郊地区への救援バスに乗ることが決まった独身の若手書記官は、「せめて一度見合いをしたかった」と真顔でつぶやいた（「銃声下の北京で」）。

露口は「あの頃の館員は戦友。みんなで弾の下をくぐったという感覚がある」と振り返る。

こうして大使館は、六月五日から九日までに、バスを延べ百五回運行し、一千四百六十四人の邦人をホテルや空港に輸送した（前掲「中国・天安門事件［一九八九・六］における邦人保護措置」）。

日本大使館は、「閉鎖」という最悪の事態まで想定し、総務部長を兼任した公使の畠中が中心になり、五段階に分けて、大使も含めた館員や家族を帰国させる計画を立てた。最後まで北京に残る「第五段階」に入ったのは、外務省などの若い男性館員が中心で、「第一段階」の家族などは、九日までの臨時便で帰国した（当時の大使館員インタビュー）。

こうした結果、十日午後三時時点での北京に残留した邦人は二百四十三人となった。大使館四十八人、メディア関係者六十七人、企業七十四人、留学生と教員二十三人、航空会社二十三人などという内訳である（**邦人保護課「中国情勢［邦人保護関連］」一九八九年六月十日**）。

記録ない民間人の奮闘

こうした邦人救出オペレーションでの日本大使館の奮闘は、先に紹介した公電「邦人保護（当館が行った邦人救援活動）」に記された《館員を戦場に送り出す気持であり、「是非無事に任務を完了して帰ってきてくれ」と思わず祈らずにはおれない気持》、《連日館員は全員一体となって、不眠不休》という表現に現れた。

外交文書にしては誇張気味な筆遣いが目立つことは触れたが、公電冒頭にはこう記された。

《当地邦人企業関係者等よりは当館に対し、困難な状況の下での迅速な援護活動に感謝の言葉が相次いで寄せられており、更にすでに一時帰国した商工クラブの役員等からも、わざわざ電話で謝意が寄せられている。以下詳しく援護活動の実態を報告するので、プレス対策等にも利用願いたい》

《プレス対策等にも利用願いたい》というのは、外務省から日本のメディアに対して、日本大使館そして館員の奮闘ぶりを宣伝してほしいという意味だろう。館員の奮闘は事実であるが、意図的に書かなかった部分もあるのではないか、という疑いは消えない。

例えば、日本大使館の公電には《館員は全員一体》という記述があるが、実は民間人である日本企業駐在員も六月七日、邦人救出オペレーションにかり出されていた事実があった。住友商事北京駐在員事務所駐在員だった福井《ふくい》一《はじめ》は前日夜、上司の専務から「明日朝八時に日本大使館に行って邦人救出のボランティアを手伝え」と指示された。

専務の話によると、日本大使館は、駐在員の多い商社大手五社（三菱商事、三井物産、住友商事、伊藤忠商事、丸紅）に対し、ボランティアを募ったという。翌日大使館に行くと、福井のほか、伊藤忠商事からも二人が来た。

「皆さんには邦人救出に行ってもらいます。バスには大きな日の丸を車体四面に貼っており、万が一に備えてバックアップも含めて運転手も二人ずつ配置しているので安心してください」

大使館員の説明に不安を感じながらも、福井は午前、日系マンションに行き、日本人をピックアップし、空港まで送り届けたが、その頃、日本大使館に近い一帯で戒厳部隊が無差別乱射する事件が起こった。伊藤忠商事の二人は、事務所から連絡があり、午前で活動を打ち切った。しかし福井には連絡はなく、大使館は午後、北京大学や清華大学など西郊の七つの大学に向かうよう求めた。民主化運動の拠点となった大学は、戒厳部隊が目を光らせ、運転手も「危ないから行かない」と、ハンドルを握ることを拒む始末。福井は二人を説得し、ようやく出発したが、途中で兵士からバス前面窓ガラスに銃を向けられ、背筋が寒くなる場面もあった。

順番に大学を回り、最後の中国政法大学では、三人の邦人留学生が「中国人学生の仇《あだ》を討《う》つまで帰国はしない」と帰国を強く拒否し、北京空港まで送り届けることを断念した。結局、計七十八人を救出したが、空港に向かうバスの中で、留学生の一部は、「連絡もないし、来るのが遅すぎる。日本大使館は一体われわれのことをどう考えているんだ」と、大使館員でない福井に怒りをぶつけた（以上、福井インタビュー）。

外交文書にはこうした民間人の活躍を記録していない。「邦人保護（当館が行った邦人救援活動）」で、大使館員の活躍や奮闘が誇張されなければならなかった背景には、北京の在留邦人や日本人留学生らの間で、日本大使館の邦人保護対応への不満が高まっていたという事情があったとみられる。

批判に備えた邦人保護「反論用メモ」

「邦人保護（当館が行った邦人救援活動）」が北京から東京に発信されたのは六月十三日。その前日の十二日、外務省領事移住部邦人保護課が「**在中国大（使館）の邦人保護（反論用メモ）（その一）**」という「取扱注意」文書を作成している。

これは、《邦人保護が不充分》、《在留邦人への情報伝達がなかった》、《留学生の保護が不充分》、《退避勧告の発出（六月七日）が遅れた》という批判に対して外務省がどう反論するか、をまとめた「想定問答集」である。

当時マツダ北京事務所長の宮寺征人《みやでらまさひと》は、六月五日に北京を脱出したが、二〇二〇年に出版された『証言　天安門事件を目撃した日本人たち』の中の「北京脱出記」でこう厳しく指摘している。

「後で聞いた話だが、みな空港までの足の確保に苦労した。〔中略〕大使館員は頼りにならなかった。

結局、帰国するまでの間、日本大使館からは退去勧告だけで、具体的な役に立つ情報や支援は何一つなかった。外務官僚に命がけで自国民を守るという気概や使命感を望むのは空しいこと、と多くの人が感じているのではないか。政府外務省には、なにやら棄民体質のようなものがあると感じたのは私一人ではあるまい」

「中国大〔使館〕の邦人保護―NHKの報ずる所謂「連絡不徹底事件」―」

「反論用メモ」が外務省でつくられた前日の六月十一日、外務省中国課と邦人保護課は、こうタイトルをつけた「対外応答要領」も作成した。

六月十一日昼のNHKテレビのニュースで、「在中国大使館は、中国外交部よりの夜間外出自粛勧奨を邦人社会に流さず、真剣に邦人保護をしようとする姿勢に欠けていた」という趣旨の報道が行われたことを受けて、外部から事実関係を問われた際にどう答えるか記したものである。

「答」としては、九日に行われた外交部からの勧奨は、《接受国の外交団に対する、即ち大使館員向けの通報としての性格》とした上で、《しかしながら、外交団員が夜間外出しないようにとの通報は、プレスを含め一般在留邦人の行動上も重要な参考情報であるので〔中略〕プレスを含め在留邦人にも緊急連絡することとし、十日日本人記者との定例会見の席上紹介したもの》と回答するよう統一見解をまとめた。

北京の日本大使館の邦人保護への批判が高まる中で、外務省は「反論用メモ」などをつくり、大使館からは館員の活躍ぶりを強調した公電も発信し、メディア対策に使おうとした。

「反論用メモ」では《留学生の保護が不充分》との批判に対し、《留学生の一部の「大使館は冷淡」

は已むを得ぬこととはいえ、切迫感ある状況下での不安に根ざした誤解もある（不安は、例えば、「軍が大学に来る（来た）」――事実でない）》などと反論している。また、《退避勧告の発出が遅れた》との批判に対しては《「勧告」以前に（大使）館からは、不要不急の人々の一時帰国等を慫慂《しょうよう》していた（この頃、数百人帰国）。企業関係者等は、各人の判断により「危険」と感ずればドシドシ退避すべきもの。「勧告」を待つ要なし》と弁明した。

外務省の外交官らが多く寄稿する外交専門の月刊誌『外交フォーラム』一九八九年七月号は天安門事件の特集「北京緊急レポート」を掲載したが、前出公電「邦人保護（当館が行った邦人救援活動）」と同様の記載がある。このうち橋本逸男《はしもといつお》邦人保護課長（後の上海総領事、ブルネイ大使）は「北京異変！邦人保護に全力投入」を寄稿した。

橋本はこの中で、「現実には安全な日本でない外国に行くことの警戒心が足りず、『自分の身は自分で守る』意識のない人たちが、少なくない」とも苦言を呈した。安全対策はあくまで自力で行い、それを超える部分は、政府（大使館）が支援する、というのが基本という認識であり、ここでも日本大使館の邦人保護批判に対する反論が展開された。

「擬似航空券」で邦人救出

六月七日、北京首都国際空港――。

「北京内戦か」のニュースを受け、北京脱出を急ぐ在留邦人は空港を目指した。建国門外での無差別乱射事件で恐怖は増した。この日、日本大使館によるバス輸送も本格化し、空港はものすごい人であふれ大混乱した。

ＡＮＡ支店のある北京飯店にいた尾坂雅康のもとには、大手商社の総代表から電話があった。「自社の社員と家族をＡＮＡに優先搭乗させてくれないか」。こう求められた尾坂は、空港では航空券を求める邦人の長い列ができており、「先着順でお願いします」と答えた。「支店長を出せ」と立腹されたが、支店長につなげば、受けざるを得なくなると思い、断った。手記にこう記している。

「生命の危機に瀕した日本人に会社や肩書でランクをつけることはできなかった」

七日午後、戒厳軍の包囲を突破して何とか北京飯店を脱出し、混乱を極める北京空港に着いた尾坂にとっての難題は発券問題だった。前述したようにＡＮＡ便の搭乗予約はできるが、発券に関しては中国民航のカウンターで行う必要がある。体一つで命からがら空港に着いた多くの邦人は航空券を持っていない。当初、中国民航から預かった百枚ほどの航空券を使って発券していたが、瞬く間になくなった。そのうち中国民航の空港発券カウンターの担当者も消えてしまい、航空券自体が手に入らない。ＪＡＬは航空券を持っている邦人を優先しているため、航空券を持たない邦人はＡＮＡに行列をつくった。

その時、整備のスタッフがアイデアを出した。

「ワープロで擬似航空券を発券すればどうでしょう」

尾坂は即座にＯＫし、支店から持ち込んだワープロで「擬似航空券」を印刷した。個人だけでなく、企業でのまとまった申し込みも多く、団体航空券も発券した。金額は、中国建ての片道運賃（千三百九十元）を日本円に換算した運賃で、きりのいい八万円と決めた。尾坂は手記にこう書いた。

「エイヤの算出だが今は非常時、日本に帰ることが最優先である。（擬似航空券は）ルール違反ではないか、本社は認めない、誰が責任をとるのかと厳しい指摘もあった。必死の表情で救いを求めるお客様を前に迷いは消え『責任なら尾坂がとります』と応えてハンドリングを続行する」

「ここは戦場という認識だった。一瞬の判断が生死を分ける」

「ＮＯＮ－ＥＮＤＯＲＳＡＢＬＥ」（航空会社変更不可）と印字されたＪＡＬの北京で発券した航空券の持ち込みもあったが、本来ならば利用者がＪＡＬからＡＮＡへの搭乗変更を申し出て、ＪＡＬから承認の押印をもらうことになるが、ＪＡＬも行列で余裕がない。後で承認をもらうことでハンドリングを続行したが、これも違反行為であった。

続く問題は、緊急避難のため現金を持ち合わせていない乗客への対応である。銀行は閉鎖され、現金は引き出せない。特に留学生はそうだった。

尾坂はこれについて、帰国を最優先するため、パスポートをコピーし、あるいは名刺にパスポート番号と運賃請求先を記入してもらい、帰国後速やかに全日空のカウンターで支払ってもらう約束を交わし、運賃未払いのままの搭乗を認めた。平満《たいらみつる》支店長は「お客様に一刻も早く無事にご帰国いただくことを全ての判断基準とする」という尾坂の意見を尊重してくれた。しかし本社対策本部に報告すると、元北京駐在の担当者はしばらく沈黙。

「おまえ本当にやってしまったのか」

「本社では想定していないこと、とんでもないことをしたらしい。（中略）いつ空港閉鎖になるかわからない。非常時のハンドリングと自ら言い聞かせ、（中略）組織人としては終わったことを自覚した。もう北京での仕事はないだろう、懐かしい日々が去来した」（「尾坂手記」）

大使館幹部からの「叱責」

六月七日、ＡＮＡは定期便で百三十四人を運んだほか、北京発羽田行臨時便を二便出し、それぞれ五百二十八人、三百二十四人が搭乗した。

尾坂の手記によると、この日の搭乗手続きを終えてから、支店長の平満は日本大使館の畠中篤公使から次のような趣旨の電話を受けた。「叱責」だった。

「全日空便（定期・臨時）には外国人が凡《およ》そ二百人はいるではないか。日本政府の要請した臨時便であるにもかかわらずどういう訳か」

尾坂は平に呼ばれ、事情を説明し、外国人を乗せた人道的判断については理解を得たが、平は「本社に正式の抗議があるだろう」と述べた。尾坂のもとにも、同郷で懇意にしていた日本大使館文化部長の野坂康夫《のざかやすお》から電話があり、「非常に困ったことをしてくれた。これでは庇《かば》えない」と言われた。

事の発端は、ＡＮＡのカウンターに、なぜか外国人が次々と並んだことだった。臨時便は、日本政府が要請したものだが、費用も政府持ちではなく、航空会社の判断で増便した形だった。尾坂が聞いたところでは、ＪＡＬは臨時便について日本政府の要請であり、「邦人優先」でハンドリングしていた。こういうこともあり、外国人がＡＮＡ便に集まったのだという。

「これらの人々は全日空に救いを求めて並んでいる。海外の事件で日本人であることを理由に外国機に搭乗を拒否されるようなもの。生命の危機に瀕し救いを求めるのに国籍は関係ない。日本航空同様に臨時便の趣旨から邦人優先、外国人を乗せるべきではないという声が強かったが、現場で対応するスタッフの意見は行列の順番を守り、きちんとお金を支払い、全日空に救いを求めている方を差別してはならないというものだった。力強い同意を得て外国人に対しても搭乗の受付をするように指示する」。手記にこう記した。

米国の臨時便として運航したＵＡ（ユナイテッド航空）も、空席があれば、誰であろうが乗せる対応を行っていた。

なぜ日本大使館がＡＮＡの対応を「叱責」したかというと、六月七日の搭乗手続きが終わってから、大使館の手配したバスに乗った約百人の日本人留学生が空港に到着したからだった。尾坂らが最終便の出発を説明すると、大使館員は、日本政府の退避勧告に対して「大学は安全だ」と譲らない留学生をようやく説得して集めてたどり着いたのに何事かといら立った。大使館にすれば、日本人留学生より外国人を優先するのは問題ではないかという論理であり、空港の現場にいた館員は大使館上層部に報告したのだろう。

そして大使館員は留学生に対してこう告げた。

「皆さんの乗る予定の全日空は座席を用意できない。ここで解散します」

空港ロビーには、搭乗できない人々で溢《あふ》れており、大使館員やＡＮＡ側が空港近くのホテルに空室状況を聞いたが、受け入れてくれない。このままでは難民状態だ。

「空港が戒厳軍に包囲されている」「戦車が近くまで来ている」「空港閉鎖がある」――。

様々な情報が流れており、もちろん銃声が絶えない市内に戻すこともできない。

ANAではなく大使館が手配したことに

その時、ANA北京空港所長がこう提案した。

「空港にはVIPルームがあるから借りよう」

空港と交渉すると、即金で支払えば、VIPルームを提供してくれるという。幸い現金なら、帰国便航空券を購入した乗客からの代金が十分にある。VIPルームには空調やソファもあり、柔らかいカーペット敷き。空港の冷たいロビーより快適だ。尾坂らはVIPルーム全室に当たる五～六室を借り上げ、留学生に提供し、翌日便の搭乗手続きも行い、搭乗券も手渡した。

日付が変わり六月八日午前二時。

尾坂らは臨時の宿泊ホテルである空港に近い麗都飯店に向かう準備をしていたところ、大使館員が空港事務所を訪ねてきた。

「留学生がVIPルームにいるが、誰が手配したのか」

ANAで手配し、支払いも終了していると説明したら、館員はさらに尋ねた。

「領収書はあるか。本件は大使館が手配したことにして欲しい」

結局、北京空港所長から指示があり、大使館側に領収書を渡し、後日支払いも受けた。尾坂は手記にこう記した。

「釈然としないものが残る」

六月十三日の中島大使発外相宛公電「邦人保護（当館が行った邦人救援活動）」は大使館員の奮闘ぶ

りが描かれているが、《今回の邦人退避には日航及び全日空の協力が極めて大きく、両航空会社の協力なくしては今次作業は遂行しえなかった》と記されている。日本大使館としては、パスポートを学校などに置いたまま空港に来た留学生をはじめ邦人五十人弱に対して「帰国のための渡航書」を発給すると同時に、現金やクレジットカードを所持していない留学生らには《日航、全日空と交渉して金銭の持ち合わせのない者には借用証を入れることで航空券を入手出来るよう手配した》としている。

大使館が主導して対応したような書き方である。尾坂の手記と事実関係が食い違うのは次のＶＩＰルーム借り上げのくだりである。同公電はこう記録している。

《七日は、北京より帰国する邦人のピークとなり、二千五十六名が航空機に搭乗、帰国の途についたところ、定期便二便、臨時便四便にても約百名（婦女子、病弱者、老齢者を優先的に乗せたためほとんどが留学生）の積み残しが発生。これらの者を深夜空港から再度市内ホテルへ移送することは極めて危険な状況であったので、当館では館員数名を派遣し種々慰問するとともに、空港内ＶＩＰルームを手配、右に宿泊せしめるようアレンジした。当館館員も留学生と共にＶＩＰルームに宿泊（他の中国人、第三国人らはコンクリートのロビーにごろ寝した状況であった）》

繰り返しになるが、尾坂によると、実際に手配したのは「当館」ではなく、ＡＮＡであり、大使館は同社に大使館が手配したことにしてほしいと依頼したのだ。

ＡＮＡの「人権民間外交」

尾坂や全日空は、「擬似航空券」をワープロで作成し、運賃未払いの乗客も搭乗させ、日本政府の求める邦人だけでなく、外国人も日本に脱出させた。いわばルール違反、超法規的措置である。しかしこうした人権感覚のある柔軟なハンドリングの結果、数日後の六月十三日、尾坂らのもとにはANAワシントン支店長から「全日空機でアメリカに帰国された方々から感謝の声が次々と届いている」と連絡があった。「ヒューマンな対応であった」という声だった。ワシントンの日本大使館にもANAのハンドリングに対して感謝の手紙が届いた。

日米の外交交渉においても六月十六日、国家安全保障会議（NSC）で中国政策を担当したダグラス・パールは、在ワシントン日本大使館の加藤良三公使らと会見した際、こう謝意を伝えた。

〈中国滞在の米国人の国外退去にあたり日本側から得られた協力に感謝したい。特に成田で全日空が建設されたばかりのホテルを米国人乗客に無料で提供したことについては関係者はもとより米政府としてもこれを非常に多としている〉（前掲「米中関係［NSC内話］」）。北京からANA便で成田空港に到着し、ANA便でワシントンに向かう米国人乗客に対し、完成したばかりの開業前の「成田全日空ホテル」に無料で宿泊してもらったのだ。

北京の日本大使館は、日本政府要請の臨時便に外国人を搭乗させたANAの平支店長や尾坂らを叱責したが、実際にはANAの「人権民間外交」に救われたのは、人権感覚の欠如した外務省であり、日本政府だったのではないだろうか。

第五章——日本にとって「望ましい中国像」

第一節　六月九日・中国課

死亡説が流れる中、鄧小平登場

日本や香港のメディアでは「重病説」さらに「死亡説」まで取り沙汰された鄧小平が、中国国営中央テレビの画面に映ったのは六月九日午後だった。中南海の懐仁堂で、李鵬総理、楊尚昆国家主席、李先念全国政協主席、王震《おうしん》国家副主席ら保守派長老らを伴って登場した。

戒厳令発動に反対した趙紫陽総書記、胡啓立政治局常務委員の姿はない。

日本大使館政治部一等書記官だった佐藤重和は二〇〇八年の手記で当時をこう回想している。

「いま改めて鄧小平の凄さを感じるのは、事件後、国際社会で非難が囂々《ごうごう》と渦巻き、中国を制裁せよという合唱の中で、初めて人々の前に姿を現したときの言葉である。中国自身がこの惨劇に方向を見失いかねない状況下にありながら、鄧が語ったのは、改革開放堅持の号令だった」(『天安門の花火』)

日本大使館では鄧小平の登場を受けて事態は沈静化すると判断し、五段階に分けた館員の一時帰国計画も中止にした。

一方、佐藤重和は武力弾圧直後、北京の権力内部で何が起こっているか把握しようとした。外交官との接触は危険だと承知しながら会ってくれた中国人情報源から得た内部情報の一つ一つからは「鄧小平の凄さ」など感じられない。佐藤が東京に送った極秘電報から見えるのは、鄧小平への怒りであり、壮絶な権力闘争の一端である。

六月十一日、佐藤は十年来の友人である中国人と会うが、**中島大使発外相宛公電「中国政情（[redacted]内話）」**（**同月十二日、極秘扱い**）で、冒頭こう記した。

《同人は、これまでの接触では、常に体制順応型の発言をし、政治の内幕に関わる話は殆どしなかったが、今回は自分の方から憤懣《ふんもん》をぶちまける形で種々の内話を行った。同人が上部に通じていることは、外交官ナンバーの車を軍の管理する宿舎に招き入れたことからも察し得るところ》

今回の惨事の直接の原因として、この情報源は、〈指導者側と学生・市民側が互いに見通しを誤ったことにあり、学生・市民側は最後まで解放軍が発砲するとは思わなかったし、指導者側も市民がこれほど多数、軍に抵抗してくるとは予測していなかった〉と指摘したが、的を射たものだ。学生リーダーの王丹も、二〇一九年の筆者のインタビューに「われわれは政府が発砲するなんて思いもしなかった。発砲の時に初めて発砲を知った」と語っている。

さらに情報源は佐藤に対してこう憤慨した。〈李鵬、楊尚昆らが武力鎮圧という強硬策を推進したのは確かだが、最終的決定を下したのは鄧小平である。彼らは、気が違ったとしか思えない〉

さらに、〈反対派への弾圧はスターリンをほうふつさせるものであり、人心を失った李鵬らは、その地位を守るためには今後密告を奨励し、反対者を闇に葬るという恐怖政治をとるしかないであろう。元々能力のない人が総理になってしまった悲劇である。〔中略〕今回の事態を通じ、党への信頼は大きく揺らいだ。鄧、李らが権力を握っている限り、中国に希望はない〉と怒りは続いた。

　最後に〈外交官という情報収集者に以上のようなことを話すのは「外国と気脈を通じた」（里通外《リートンワイ》国《グゥオ》）罪になるのでくれぐれも口外しないでほしい〉と念を押して席を立った。

　一方、佐藤は六月十五日、懇意にしている報道関係者と会った。同関係者は〈鄧小平の九日の講話についての学習が進められているが、自分は、先般そのテキストを見る機会があった。それは二ページ程度のもので、鄧が原稿なしで発言したものを記録にしたものである〉と述べ、その内容を佐藤に教えた。鄧はこう講話したというのである。

〈自分（鄧）は今回のような反革命動乱は遅かれ早かれ起きると思っていたが、起きるのが早くてよかった。と言うのは、今は軍の老戦士がまだ健在であるからである〉

〈現在、外国でブルジョワ階級の反中国キャンペーンが生じているが、われわれはこれに断固対抗しなくてはならない〉

　この記録は十六日、**中島大使発外相宛公電「中国政情（報道関係者内話）」**として極秘扱いとされ、東京に発信されたが、佐藤は《同人は、当然ながら、現在外国人と会うことは難しく、特にホテルへの出入りは危険であるとして、先方より外国人の出入りしない店に案内した。現下の状況に鑑み、本電扱いには留意願いたい》と注意書きしている。

　笠原直樹も冷ややかに鄧小平の登場を見ていた。笠原が記録したメモによると、六月八日頃からは北京市内の解放軍の警備も縮小され、あちこちにはほうきを持って清掃する兵士の姿が見られた。新聞やテレビではさかんに武力鎮圧の正当性を報道し、解放軍の兵士に西瓜《すいか》などをプレゼントする市民を映しだすが、通りを行く市民は白けきっており、笠原は一度もそんな光景を目にしなかった。

笠原はメモに「六月九日に鄧小平以下首脳がようやく顔をだし、事件は一応落着を見た」と書いた。

西側からの圧力で「内向き」に

外務省中国課は、鄧小平が健在を誇示したことで、ようやくまともな対中評価を下すことができた。
《鄧の下に趙紫陽らを除く党・軍の強硬派が指導権を握ったことを意味するものであり、事態はこのラインで一応収束の方向へ向かうものとみられる。内部で意見の不一致も報じられた軍部も鄧の下で一本化の模様》（**中国課「中国情勢［鄧小平の登場］」一九八九年六月十日**）
中国課は同時に、「**今次事態についての対外応答のライン**」（**一九八九年六月十日**）も作成した。在外公館にも公電を打ち、任地政府や外交団と意見交換する際の想定問答マニュアルとした。
《中国指導部の体制が鄧小平・楊尚昆・李鵬ラインで一応収拾されつつあるやに見受けられるところ、政府としては、今後とも中国の情勢の推移を注意深く見守って参りたい》
六月十日に中国課が作成した「**中国情勢**（**事態収拾への動き**）」では「対外関係への影響」を分析した。《中国独裁政治の陰湿さと不安定性を印象づけ、国際的イメージを悪化させ、十年間の改革・開放の努力によって高まった中国の国際的信用を一気に落としてしまったとも言えよう》。こう指摘したが、日本の対中方針には触れていない。
なぜならまだ決められなかったからだ。動き出すのは六月十二日からである。
外務省が、対中方針決定を決められなかったのは、情報の混乱もあったが、慎重にことを運ばなければならない状況があったからである。

外務省には六月九日、北京の日本大使館から、米欧諸国から圧力を受ければ受けるほど、中国は「内向き」になると懸念する「意見具申」公電が送られてきた。鄧小平登場直前の分析とみられるが、登場後も情勢が大きく変化しているとは思えなかった。

〈現下の中国指導層の実情より見て、諸外国の対中圧力により、中国指導部が既定の方針、態度を変更する可能性は考えられないのみならず、却って逆効果となり益々その対外態度を硬直化する危険がある。また、このような事態になれば、中国政府の煽動により、国民の間には排外思想が広がる可能性すら考えられる。また、事態のかかる発展は、中ソ正常化後の中国の対ソ姿勢を益々ソ連寄りの方向へ押しやり、右正常化後のグローバルな戦略体制に微妙な変化をもたらす公算も考えておかなければならない〉（**中島大使発外相宛公電「日中関係〔意見具申〕」六月九日**）

この北京からの「注意喚起」は、七月中旬に開かれるアルシュサミットでの「中国を孤立させない」という対中方針に影響を及ぼすことになる。

なぜ日本政府は中国政府に配慮したのか。

外務審議官（政務）の栗山尚一も筆者のインタビューに、天安門事件を振り返り、「追い詰めれば追い詰めるほど中国は内にこもって反西側になる」と語った。日本政府は、鄧小平の登場で中国政局が安定すると安心する一方、民主化運動弾圧は「中国の国内問題」という論理を公式見解にした。戦争で中国を侵略した日本が人権問題を言える立場ではないという負い目のほか、中国共産党体制は外から言われるほど、内向きになって言うことをますます聞かなくなる、という懸念があったのだ。

「人権問題」ではなく「中国国内問題」

「鄧・李・楊ライン」という共産党指導部の方向性が見えたのは六月九日。それを受け、外務省中国課は、「流血の惨事」後の対中政策策定に向けた整理に着手した。そのペーパーが、六月十二日の「**我が国の今後の対中政策（今回の事態を踏まえて）**」（以下、「**六月十二日文書**」と略）だ。「極秘・無期限」指定となっている。

「六月十二日文書」に明記した天安門事件への外務省中国課の基本認識は、《隣国中国の国内問題》と《人道の見地から容認できない》の両面である。同時に《鄧の下に党・軍の強硬派が指導権を掌握し、当面このラインで収束の方向へ（但し、中国内外政は難問が山積）》と判断した。

その上で「当面の対処方針」としてはこう掲げた。

《実態面では、今次事態のインパクトがなるべく小さくなるよう対処》

つまり武力弾圧という人権問題を、日本の対中政策に影響させないということだ。

「六月十二日文書」はさらに、「具体的検討を要する問題」を挙げ、まず「二国間政治関係」を課題にしている。

《政府間接触のあり方↓閣僚会議、ハイレベル交流等》

米欧諸国が対中態度を硬化させる中、日本政府としてどう対中パイプを継続するか、という問題を最優先課題に挙げた。

さらに挙げたのは「歴史認識」問題。

《歴史認識↓靖国参拝、教科書等（中国が今般非人道的行為をしたからといって、我が国が過去の行為を曖昧にすべきではない）》

中国課は六月九日、北京の日本大使館からの前出公電「日中関係（意見具申）」を読んだはずだ。同公電は、《中国政府の煽動により、国民の間には排外思想が広がる可能性》と警戒したが、戦争の記憶が残る日本が、「排外思想」の向かうターゲットになることが懸念された。

「六月十二日文書」は後段で、《中国内政の不満が反日に向かうことは避ける》とも記している。

日中関係では、絶対的カリスマとして君臨した毛沢東と周恩来の時代にはトップの意向で「友好」が優先され、国民の反日感情を抑え込み、一九七二年の国交正常化を実現させた。当時、歴史問題が摩擦になることはほとんどなかったが、一九八二年に突如、教科書問題が外交問題に発展したほか、八五年の終戦の日に中曽根康弘首相が靖国神社に公式参拝し、中国政府が反発して、学生による反日デモも起こった。

外務審議官の栗山は、六月七日作成の前出ペーパー「我が国の対中姿勢について」（本書二〇〇〜二〇二頁参照）で、政府の抑制された対応が、歴史の負い目によるものとの印象を内外に与えるような発言を慎むべきであるとの見解を示したが、対中政策決定の現場では歴史の問題に神経を尖らせたことが「六月十二日文書」から分かる。日本政府が天安門事件をめぐり人権問題を理由に対中制裁に踏み切れば、中国側は逆に旧日本軍の残虐行為も持ち出しかねなかったからだ。過去の「人権問題」で逆襲することは容易に想像できた。こういう懸念もあり、中国課としても今後の対中政策を検討するに当たり、天安門事件を「人権問題」ではなく「中国国内問題」としてとらえた。

「安定、穏健な政策で近代化」する中国

「六月十二日文書」では「参考」として「**今後の政策決定に当たっての考慮すべき諸点**」として以下を列挙した。

(1)我が国にとって望ましい中国像→あくまで、安定し、穏健な政策により近代化を進める中国。

(2)我が国の対中政策が持つ重みとその跳ね返り→わが国の対中政策は、(イ)他の諸国の対中政策に大きな影響を及ぼすのみならず、(ロ)中国の内外政策そのものにも大きな影響を与えうる。従って、我が国の政策決定においては、その影響を予め慎重に評価する必要あり。

(3)中国の対外関係への影響→

(イ)中国内政の不満が反日に向かうことは避ける。

(ロ)今後米中関係悪化の兆し、西側全体との関係

(ハ)当面、中国が外交上活発に動くことは困難(「カ」〔カンボジア〕問題、朝鮮半島情勢への影響)。

(4)我が国国民感情と国際世論→今回の事態は何人たりとも中国現政権の側に立つことを困難にした。

(5)中国人民の将来→中国青年・市民の我が国を含めた民主主義陣営への期待に対する考慮。

特に注目したいのは《我が国にとって望ましい中国像》という部分である。

「安定、穏健な政策、近代化」がキーワードである。

天安門事件を踏まえた対中政策を議論する際のスタートラインとして、《我が国にとって望ましい中国像》を提起したのは、文化大革命時代の排外的な中国に戻ってほしくないという希望が込められたものだった。文革最中の一九六七～七〇年に外務省中国課の事務官だった前出・池田維は、省内で「カラスが鳴かない日はあっても、北京放送が佐藤《さとう》〔栄作《えいさく》〕内閣の悪口を言わない日はない」とよく言っていたと回想する（池田インタビュー）。文革で日中間のパイプは細くなり、中国側は佐藤首相の対中政策を「中国敵視」と激しく非難し、「日本軍国主義の復活だ」と迫った。

佐藤重和が筆者のインタビューでこう語ったことは第一章で触れた。

「個人的には中国の広い意味での民主化や、われわれが期待する中国像がありました」

外交記録によく似た観点が記されていたのは驚いたが、当時の外交官、特にチャイナスクール外交官には「自分たちが期待する、あるいは望ましい中国像」を頭に描き、その中国像に忠実な対中外交政策を検討していた。

それが、安定し、穏健な政策で近代化を進める中国であり、いずれ徐々に自由化、民主化の方向に進めばと期待した。チャイナスクール外交官はそのプロセスに「日本」が関与しようと考えた。

一方、日本国内では、歴史的、文化的につながりの深い中国への親しみの情は「血の弾圧」で一気に薄れ、中国共産党への嫌悪感が高まった。それが《今回の事態は、何人たりとも中国現政権の側に立つことを困難にした》という中国課の認識につながった。

「六月十二日文書」は、「考慮すべき諸点」の最後に《中国人民の将来》を挙げ、《中国青年・市民の我が国を含めた民主主義陣営への期待に対する考慮》を明記したが、これは共産党・政府ではなく、民主化を求めた学生や市民の側に立ち、「新たな中国」とどう向き合っていくべきかという観点を提示したものだ。第一章で日本大使館が武力弾圧前の五月三十一日に作成した分析報告「学生運動と趙紫陽の失脚」を紹介したが、そこには《今回の百万人デモで現れてきた民主化の流れは、今後の中国の将来への流れと見ることもできるわけであり、そうした人々の考え方や受け止め方にはわが国としても十分注意を払っていくべきであろう》と記された。六月十二日時点ではまだ、民主化への期待が中国課にはあり、民主主義国家の日本に期待する学生や市民にも寄り添う必要性を感じていた。

「ギャング・アップ」回避せよ

「六月十二日文書」は二日後の六月十四日、差し替えられる。

タイトルは同じ「**我が国の今後の対中政策**（**今回の事態を踏まえて**）」（以下「**六月十四日文書**」）。「当面の対処方針」に次の項目が追加されたが、全体的な体裁や内容に大きな変化はない。

《政府ベースの仕事は中国側が「とりこみ」中との事情から当面進められない状態との認識》

《中国との関係を元に戻すためには、国民感情、国際世論が納得するような説明、釈明が、公式に中国側より示される等、何等かの「けじめ」が必要》

アジア局中国課では、中国政府はまだ混乱しており、《とりこみ中》ということでなかなか対中方針を決められなかった。これに対してアルシュサミット政治部門を担当する情報調査局企画課長の宮《みや》本雄二《もとゆうじ》（後の中国課長、中国大使）はチャイナスクール外交官として、中国課が対中基本方針を示す必要を感じていた。

宮本は宇野外相の秘書官を務めていたが、天安門事件前日の六月三日に宇野内閣が発足すると同時に情報調査局企画課長に就いた。まだ「流血の惨事」は起きておらず、一カ月後のサミットで中国問題が焦点になるということを見越した人事ではなかった。しかし中国課や在北京大使館での勤務経験が豊富な宮本は、入省で二年先輩の阿南と共同作業でサミットに向けた対中政策を主導していく。

「六月十四日文書」では、中国政府が国際世論の納得するような説明を行う必要があるという方針が示されたが、宮本は筆者のインタビューに当時をこう振り返る。

「サミットを前に、日本以外の米欧諸国は中国に厳しく対応し、日本は中国を孤立させないため孤立無援で闘っている。しかし肝心かなめの中国が何もしないのは良くない。国際社会に向けて協調的な姿勢を取ってもらわないといけないと考えた」

宮本にとって「望ましい中国像」というのは、日本が中国との関係を維持しながら、中国を国際メカニズムの中に巻き込んで、中国自身の変化を促すことだ。逆に言うと、国際メカニズムの中で中国が身動きできないようにすることだった。「天安門事件の時、われわれの選択肢は、世界に背を向けた毛沢東の文化大革命時代に中国を戻らせるのか、あるいは鄧小平の改革開放政策で国際社会の一員にするのか、という二つのどちらかしかなかった」（宮本インタビュー）。当然、日本政府は後者を選択した。中国課が作成した「六月十四日文書」にはサミット政治部門の担当課長だった宮本の考えも反映されていると言える。

「六月十四日文書」の史料的価値が高いのは、中国課幹部のものとみられる手書きメモが文書に直接書き込まれているからである。

「説明」という字の下には《総括はするであろう。ダラダラとはいくまい》と、中国政府の「説明」への期待がメモされ、「けじめ」の部分はペン書きで丸く囲まれ、《中国による説明、米国をはじめ国際的状況はどうなるか》と記されている。

中国政府が行うと期待する「総括」は、果たして「けじめ」になるのか、それに対して米国はどう反応するか、見極める方針だった。

さらに対中政策について「具体的検討を要する問題」の一つとして「国際的側面」を指摘し、サミット対策や米中関係などを挙げている。

《サミット対策↓声明・議長総括等（サミット諸国によるGANG《ギャング》 UP《アップ》との印象は避ける。何等かの認識を表明する場合は、慎重に対処）》

《米中関係↓方励之の件もあり短期的に米中関係は冷え込む恐れ。米側と協議の要》

「ギャング・アップ」とは、悪事を働くため団結するというニュアンスである。一カ月後に迫ったアルシュサミットに向け、日本や米欧など先進七カ国（G7）が団結して対中制裁を強めているという印象を与えないよう、サミットで発出する声明などでは対中配慮の必要があるとの認識を共有しようとしたのだ。

この表現は、「六月十二日文書」にも記載されたが、「六月十四日文書」では、「GANG UP」も丸く囲まれ、《姿勢はいい、共同行動は駄目》とメモされている。サミットでの対中国共同制裁は認められないと読める。

「六月十五日文書」の新機軸

翌六月十五日に「**我が国の今後の対中政策（今回の事態を踏まえて）**」はさらに差し替えられる（以下「**六月十五日文書**」）。

ただ文書の左上に手書きで「次官の対総理ブリーフ用資料」と記されており、宇野首相への説明用として十四日の文書を基にし、内容をより練り、「公式化」されたことが読み取れる。十二日と十四日の文書の起案は「中国課」だったが、差し替えられた十五日文書では主管課に関する記載がない。中国課が中心となり、情報調査局企画課や経済協力局など複数の政策担当部局が関与して省全体の見解に格上げされた可能性が高い。

何が変わったのか。

最大の変化は、「六月十五日文書」の冒頭に「今次事態に対するわが国の立場」が明記され、天安門事件を受けた総括的な対中政策が完成したことだ。

文書作成者が線を引いており、この部分を強調したかったことが明瞭だ。引用する。

(1)中国は重要な隣国。対中関係重視はわが国外交の重要な柱の一つ。

(2)しかし、中国政府が、民主を要求する学生、一般市民を武力鎮圧し、多数の死傷者を出したことは、人道的見地から容認できない。

(3)今次事態は、基本的には我が国とは政治社会体制および価値観を異にする中国の国内問題。従って、中国批判にも自ずと限界あり。
(4)我が国始め西側諸国が一致して中国を孤立化へ追いやるようなこととなれば、長期的、大局的見地から得策でない。まして、中国に対し制裁措置を取ることは、却って逆効果。
(5)中国が現実的姿勢を取り、改革・開放政策を維持することは我が国にとっても望ましいとの立場。改革・開放政策が実際に不変であることを含め、中国が国際的にも納得の得られるような立場の表明を行えば、関係を旧に復せしめる上で望ましい。（腹づもりとしては、実態面で、今次事態の衝撃がなるべく小さくなるよう対処）

五項目に上る新たな対中政策が策定されたのだ。この中でアルシュサミットに向けて「対中新機軸」として打ち出したのは(4)「中国を孤立させず、制裁に反対」、(5)「改革・開放政策継続への支持」だ。特に(5)は、「六月十四日文書」では中国政府に国際世論が納得する説明が必要としたが、「六月十五日文書」ではさらに発展させ、中国政府自らが国際社会に向け改革開放政策実行への前向きなコミットメントを行えば、日中関係を以前の状態に戻す上で望ましいというような趣旨の明記があり、日本政府として改革開放政策に協力していく姿勢を打ち出した。中国政府が改革開放を堅持し、その中で「後見人」として日本が中国の近代化をサポートする状態に戻るのが「我が国にとって望ましい中国像」であるとの結論に至ったのだ。

次に外務省の誰が一体、この対中政策の方向性を決定づけたのか。

結論から言えば、外務省事務方ナンバーツーの外務審議官（政務）の栗山尚一である。

第二の「栗山ペーパー」

一九八九年の天安門事件を受けた日中関係も、栗山にとっては日米関係であった。日本政府の対中関係を方向づけたのが、栗山が六月十四日に作成した「**当面の対中政策に関する基本的考え方について**」（以下「**栗山ペーパー**」）だ。Ａ４判で二枚。通常の公電や文書と異なり、縦書きで「外審　栗山」と書いており、個人的見解を示したものだ。六月七日の「我が国の対中姿勢について」に続く第二の「栗山ペーパー」である。

冒頭、こう書かれている。

《「六月四日」以降の中国の国内情勢の推移を踏まえ、当面いかなる基本的考え方に立って対中政策を検討すべきかにつき、本官の考察次のとおり》

「六月十五日文書」は、「六月十四日文書」を基に「栗山ペーパー」の見解も取り入れ、差し替えられたとみられる。「栗山ペーパー」は四点から構成されるが、特に重要な二点を引用しよう。

(1)中国政府による民主化運動の弾圧は、それが中国の国内問題であるとしても、民主主義国である我が国の基本的価値観とは相容れないものであり、その意味で、かかる抑圧的政策が続く限り、これが日中関係において制約的要因とならざるを得ない。これは、極めて当然なことであり、その点は、中国政府も認識する必要がある。また、こうした我が国の基本的姿勢は、民主主義国としての我が国の対外的信用を維持していく上で重要である。

(2)我が国の対中政策の大きな柱は、中国の改革・開放政策に対する支援である。これは、こうした方法により中国を国際秩序に取り込んでいくことが、長期的に中国の変化を促し、アジア・太平洋地域の平和と安定に資するとの考えによるものである。したがって、中国の国内における抑圧的政策が我が国の価値観と相容れないからといって、かかる考えに基づいた対中政策を変えるべきではない。

(3)他方において、改革・開放政策は、単にこれが中国の指導者の口先だけのスローガンではなく、実際に不変であることが実行面で立証されていくことが、我が国の支援継続の前提となる。改革・開放を唱えながら、現実には孤立化の方向に走り、国民の積極的支持も得られない状況では、我が国も支援しようがない。

「栗山ペーパー」原文には《実行面で立証》という部分にペンでチェックが付けられている。日本政府として中国政府が改革開放政策を真に実行に移したと確認して初めて対中支援が可能になるとした方針を打ち出したのだ。栗山は、《民主主義国としての我が国の対外的信用》という西側民主主義国家としての立ち位置を重視しつつ、日本にとっての「望ましい中国像」を明確にするため、改革開放政策を堅持させ、中国を国際社会に取り込んで中国の変化を促す「関与政策」を打ち出した。「変化」とは中期的な自由化、長期的な民主化を指す。一方、中国が「国際孤立」の方向に向かえば、排外主義に走ってしまうという危機感があった。

宮本は、栗山の存在について「条約課長として日中国交正常化を進め、外務省の中で重みがあった。

さらに真摯かつ誠実にすべてを考える栗山さんが言ったり書いたりしたものは、そういうものとして受け止めた」と回顧する。八月十八日に事務次官に昇格する栗山の存在感は、外務省の対中政策に影響を与え、この「栗山ペーパー」も重みを持ったと言える。

駐中国公使帰国の目的

天安門事件後の対中基本政策が固まった六月十五日。この前日、北京の日本大使館次席公使、久保田穣が一時帰国した。宇野宗佑首相や塩川正十郎官房長官らに現地の状況を報告するためである。外務省が北京の中島大使宛てに《我が国の今後の対応ぶりを検討する上で有意義と思料する》として久保田の一時帰朝を要請する大至急公電を出したのは六月十三日。慌ただしい日程だが、久保田の報告がどこまで対中政策に反映されたかは定かではない。

「**外相発中国大使宛公電「中国情勢［久保田公使の一時帰朝報告］」一九八九年六月十七日**」に官邸と自民党中枢の「本音」が記載されている。

十五日午前九時二十分、久保田はまず官邸で塩川に会った。アジア局審議官の谷野が同席した。北京の米大使館に方励之が保護を求めて米中関係が緊張した時期である。塩川はこう話した。

〈日本にも亡命を求める中国人が出てくれば厄介。何とか工夫して（そんな事態は）避けないとな。ちなみに、日本大使館の塀は乗り越えられるようなことはないか？　心配だな。（方励之のようなのが、逃げ込んで来ないよう）中国側に警備方要請してはどうか〉

塩川の発言には、当時の日本の政治家の人権感覚が表れている。民主派の活動家や学生らが日本に亡命を求めても、対中関係に配慮して受け入れない方針があったが、「厄介」とまで言い切っている。
久保田は続いて、外務省アジア局や村田事務次官に報告したほか、午後三時からは村田が宇野にブリーフィングする場に同行。夕方には三塚外相にも報告した。午後五時からは衆院幹事長室で橋本龍太郎自民党幹事長と面会した。

〈館員は何ともなかったか。大変だったな。特に、子供のある人は〈大変だったろうな〉〉と声を掛けた橋本は、天安門事件による死者を「（兵士、学生・市民を含めて）三百人近く」と発表した袁木国務院報道官の六日の記者会見に触れた。

〈中国側スポークスマンが発表した数字はちょっと信じがたいが、一体どれくらい死んだのか。（中略）学生も、軍も、過剰反応したが、まああれは暴徒だよな〉

その上で橋本は、日本が置かれる難しい立場を述べた。

〈日本政府の反応はあれしかなかったのじゃないか。それとも、もっと厳しくすべきだったか。（自分がインタビューを受けた）昨日のニュース・トゥデイはどうだった。「日本軍だってあれほど（残酷）なことはしなかった」という中国人の言葉は強烈だった。日本が欧米諸国と同一歩調をとれないのは当然だ。しかし、強硬派政権との関係にどっぷりともつかれない。米中関係が一層緊迫の度を加えれば、中ソ接近もあるのではないか。しかし、ソ連も及び腰になるだろうね。ゴルバチョフが訪中した際のインタビューでゴルバチョフは学生の側についたと見てとった（後略）〉

橋本は最後に外務省と大使館をねぎらった。

〈まあ、いずれにせよ、今回の事態は外交官冥利に尽きるよな。大変だけどな。自分も気を配るし、やれることはやる。こういう状況になってきて、大使館の存在がいよいよ重要になってきた。予算などでできる限りのことをするので、要望があれば、どんどん持ってきてほしい。北京のみならず瀋陽等の公館についても持ってきてくれ〉

線は作成者が引いたものだが、外務省として中国情勢に関心を持つ橋本龍太郎という政界の実力者を味方に付けておきたかった。天安門事件を受けて内外から批判されかねない「対中配慮外交」を展開する外務省に対しては橋本が支持していることを線で強調している。久保田の一時帰朝報告の目的も、官邸と自民党に説明して理解と支持を得ておく政治的目的が主であったのだろう。

先の文書「中国情勢」にも久保田の一時帰朝報告に対する「先方の反応」としてこう書かれた。「先方」とは官邸と自民党中枢を指す。

《在中国日本大使館の邦人保護及び情報収集等については「お叱り」など批判的言辞は一切なく、むしろ「ご苦労さん」という慰労の発言がほとんどであった》

《対中関係は慎重にやってよかったとの声が強かったが、他方、米中関係は大変というのが大方の認識》

北京や国内で批判が高まった邦人保護を含めて外務省の対中政策を正当化する文書になっている。

第二節　六月十六日・経済協力局

「対中ODAは止めない」

「対中新規援助を凍結」

一九八九年六月二十一日付『朝日新聞』朝刊が一面に独自記事を掲載した。記事冒頭のリード部分を引用しよう。

「中国情勢の変動に対応して、同国への政府開発援助（ODA）の対処方針を検討していた外務省は二十日、昨夏の竹下首相（当時）の訪中の際に供与を約束した第三次円借款や日中友好環境保全センターなど新規案件については、中国情勢の落ち着き先を見極めるまで停止し、事実上凍結する方針を固めた。宇野首相に報告して了解を求めるとともに、二十六日にワシントンで予定される日米外相会談で、三塚外相が米側にこの日本の方針を伝える」

天安門事件を受け、対中ODA業務はストップし、再開の目途も立たなくなった。外務省中国課が六月十一日に作成した記録「**今次中国情勢の日中関係への影響**」によると、六月に予定した「技術・開発協力関係ミッション」十四件の派遣は延期され、中国滞在中の技術協力専門家や海外青年協力隊員ら対中援助関係者百九人の引き上げも決まった。

六月十二日以降差し替えられる「我が国の今後の対中政策（今回の事態を踏まえて）」は、「具体的検討を要する問題」として、円借款を含めた対中ODAをどうするかという問題を挙げている。この問題は、対中制裁に絡むセンシティブな難題だった。「六月十二日文書」「六月十四日文書」「六月十五日文書」の「政府ベース経済協力」の項目は微妙に表現が変化している。

【六月十二日文書】《停止も続行もインパクト大。関係省庁とも慎重に協議》
【六月十四日文書】《「停止」はインパクト大。また説明が困難。当面、継続案件は事態が平静に復せば再開、新規案件については諸情勢を見守りつつ慎重検討》
【六月十五日文書】《「停止」「凍結」はインパクト大、また説明が困難。当面、継続案件は事態が平静に復せば中断案件は再開とするもサミット前は目立たせない工夫。新規案件については諸情勢を見守りつつ慎重検討として含みを持たせる》

六月十二日時点では、対中ODAを「停止」すれば、中国政府は反発し、「続行」すれば、西側民主主義陣営の一員として対中制裁を強化する米欧諸国から「孤立」してしまう。板挟みに陥った日本の対中外交の苦悩が垣間見える。二日後の十四日には、対中ODA「停止」への懸念を示し、継続案件の早期再開に含みを持たせている。さらに翌十五日時点では、「停止」や「凍結」という表現を避け、天安門事件後に中断を余儀なくされた継続案件は早期に再開させるが、米欧諸国や国内外の世論が注目するサミットの前には目立った動きを控えようと促している。

目立った動きを控えるのは、米国の対日批判を気にしたためだが、その背景には外務省幹部と米政府高官による六月十五日の会談の存在があったとみられる。

この日、来日したフォーバー米国務次官補代理が外務省で小倉和夫《おぐらかずお》経済局審議官（後の韓国大使、駐仏大使）と鈴木勝也《すずきかつなり》アジア局審議官（後のブラジル大使）と会談した。まず〈経済制裁を中国に行うべきかについては自分は否定論であり、政府内でもかかる考え方をする者は多い〉と述べたフォーバーだったが、〈議会や世論は必ずしもそうではない〉と続けた。そしてフォーバーは日本の対中経協政策に不快感を示した。

〈日本政府がｏｎ‐ｇｏｉｎｇ〔継続中〕な対中経済協力案件を次々とａｐｐｒｏｖｅ〔承認〕すれば、ワシントンを刺激することとなろう。今回の事件は日本政府にとり極めて困難な問題を提起しているとは承知しているが、米の議会・プレスは日本があたかも多くの西側諸国とは離れた行動をとりつつあるのではないかと考えており、我々としては、かかる動きについては十分注意する必要がある。日本は中国のみと貿易しているのではなく、他の自由圏諸国とも貿易しているのであり、そのイメージには特に注意すべきである〉

鈴木はこう反論した。

〈西側の価値観・体制とは共に異なる中国に同様のｙａｒｄｓｔｉｃｋ〔基準〕をあてはめるのは無理があるということであり、メカニカル〔機械的〕に非民主的な国に経協を行わないということには必ずしもならない〉

鈴木は予想外の米政府高官の強い反応に対し、現実問題として対中ＯＤＡ案件の専門家を派遣できない状況であり、当面は停滞するだろうと付け加えた（**「中国及びアジア太平洋問題に関するフォーヴァー国務次官補代理との懇談」一九八九年六月十五日**）。

一方で、外務省は、全面的な対中ＯＤＡ停止という選択肢も、中国政府に与えるインパクトが大きいと判断していた。

一九八一年以降、日本は中国にとって最大の援助国であり、国際社会による対中二国間援助の約七五％は日本からだった。対中ODAを全面的にストップさせると、中国政府から見れば、日本の「対中経済制裁」に映ってしまう。米政府が追加制裁や経済制裁に否定的という情報も入ってきていたほか、西ドイツも新規は事態正常化まで停止するが、実施中の案件は可能な限り継続するとしており、世界銀行も同様に対応していた（**経協政策課「今後の対中経協政策について」一九八九年六月二十日**）。

日本政府にとっては八八年八月の竹下首相訪中で合意した巨額の新規第三次円借款が最大の焦点であった。「継続案件」と「新規案件」に大別し、前者は供与を続けるという対中配慮を見せ、後者は「慎重検討として含み」とぼかし、「対中」と「対西側」でバランスを優先した。

「凍結・中止」は使わない

「六月十五日文書」が作成された翌十六日、ODAを担当する外務省経済協力局は、「**天安門事件後の我が国対中経協政策**（**改訂版**）（**案**）」という極秘文書を作成した。対中ODA政策の基本ラインはこの文書に明記された。

同文書はまず「基本的考え方」を最初に明示している。以下要旨だが、作成者が引いた傍線部が外務省にとって強調したいポイントで、筆者が注視する部分には傍点を付けた。

⑴近代化、開放化のテンポをどう図っていくかはすぐれて中国の内政上の問題。

⑵しかし、西側諸国が一致して人道、人権、民主的自由等の見地から非難を高めているときに、こ

の際日本側から経協に絡めて、何らかの主体的な意思表示が必要ではないか、恰も「何も無かった」が如く〝Business as usual〟〔通常業務〕に戻るのは「日本は経済利益だけに従って動く国」との印象を高め、日本の国際的地位と責任が高まった現在、適当ではないのではないか――との問題意識である。

(3)他方、日中関係には、地理的近接性、戦争を含む過去の歴史的関係、及び過去十年の近代化・開放化政策への強力な経済協力など、欧米諸国の対中関係とは同一視できない特殊な面があるのも事実。これらの点から言えば、我が国経協政策上の対応が欧米諸国の対応策と同一内容にはなりえない場合に、それなりの理由、説明振りはある。

(4)また、中国の近代化、改革、開放化路線は長期的にみてその安定化につながり、我が国の積極的な対中経協の推進はその重要な支援策となっている筈――を変更すべき理由はない。

(5)以上を勘案すれば、今後の対中経協政策の方向は次の通りとなろう。

(イ)先ず事件後にこの基本路線が不変である旨を我が国としては中国側からキチンと確認すべきである。それ迄の間は、我が国対中経協政策のスタンスの中に〝wait and see〟〔静観する〕の要素を含ませておくことが適当であろう。

(ロ)軍による鎮圧行動、現在進行中の「反体制勢力」の逮捕、今後予想される逮捕者に対する処断など、人道、人権上の問題を我が国経協政策に反映させることの可否については、基本政策そのものにこれを反映させることは長期的な対中関係の見地から明らかに行き過ぎであるが、新規コミットメントに対する留保ないしは継続案件実施の「モダリティー」〔手順〕を変える等の姿勢により、「非難」ないし「不快感」の表明の一手段とする程度のことはありえよう。
(ハ)何れにせよ、経協政策との絡みを離れ、人道、人権問題そのものについて中国にキチンと物を言う姿勢は、我が国のよって立つ信念及びイメージの問題として、明確に維持すべきである。

新規ODAの供与を見合わせたのは、対中非難で一致する西側諸国の中で《「日本は経済利益だけに従って動く国」との印象》を与えることを避けるためであった。しかし人道、人権上の問題を対中ODA政策に反映させることは《長期的な対中関係の見地から明らかに行き過ぎ》という判断も同時にあり、人権問題を理由に対中ODAを全面停止するという選択肢もなかった。一方で、ODAを使って中国に圧力を掛けることもにおわせたが、この文言は、その後経済協力局政策課が六月二十日に作成した極秘文書「今後の対中経協政策について」では残ったが、同二十一日の同名・極秘文書では削除されてしまった。

「人権」より「日中関係」を優先したのだ。

その「日中関係」について、《戦争を含む過去の歴史的関係》や《近代化・開放化政策への強力な経済協力》などを指しつつ、米欧諸国の対中関係とは違って《特殊な面》があると位置づけ、米欧諸国と一線を画したODA政策を推し進めても問題にはならないと、「開き直り」の姿勢も垣間見える。

そのためか六月二十一日の文書では、前年（一九八八年）八月に訪中した竹下前首相が一九九〇～九五年度の六年間に八千百億円を供与すると表明した第三次円借款を念頭に《約束・合意したことはキチンと守る姿勢も重要》という一文が追加された。

その上で六月十六日の前掲「天安門事件後の我が国対中経協政策（改訂版）（案）」は「今後の具体的対応振り」として「継続案件（On-going）」と「新規案件」に大別した上で、「継続案件」についてはそのまま続け、関係者の帰国により中断中のものは、平静状態が完全に回復すれば、続行するとした。ただし《プレイアップはしない》と記し、下線を引くなどサミット前には「継続案件」続行を目立たせないよう注意喚起した。

一方、第三次円借款などの「新規案件」についてはこう記した。

《約束違反になるようなことはしない。但し、その実施に当たっては、国際的動向との関係に特に留意し、当面（少なくとも七月中旬のサミットまで）は"wait and see"の状況を維持し、閣議請議、署名、調査団派遣等の関連行為を控える》

《この場合、「凍結」「中止」「根本的見直し」等の表現は使わぬように注意》

「凍結」や「中止」の表現では中国政府を刺激しかねない。そのため、早い時期での「再開」を示唆するため、六月二十一日の文書では《当面は延期の姿勢》という表現に統一したのだ。

中国を腫れ物に触るように扱った。日本政府の対中ODA政策について筆者の分析では「対西側配慮二、対中配慮八」といったところではないだろうか。

次官のオフレコ記者懇談

朝日新聞が「対中新規援助を凍結」と報じた六月二十一日、村田良平外務事務次官は、霞クラブ（外務省記者クラブ）との定例懇談に臨んだ（**外務省大臣官房報道課「政策ガイドライン《取扱注意》第九**

一号」六月二十六日）。六月二十一日に作成の前出極秘文書「今後の対中経協政策について」の左上には「（次官お手持ち用資料）」と手書きでメモされており、村田はこのペーパーを閲覧した上で記者懇談に臨んだとみられる。

記者「中国への経済協力に関して、国会の答弁の中で長谷川〔アジア〕局長は、中国国内が完全な平静状態に戻れば再開を考えるとしているが、ここでの「完全な平静」とは何を指しているのか」
村田「常識的に判断すれば、四中全会〔中国共産党第十三期中央委員会第四回全体会議〕の開催は一つのポイントになると思う。その他、中国全土の治安の回復や、政治的対立の収拾等も判断の材料に含まれよう。〔中略〕さらに、方励之の扱い等をめぐって米国と中国の関係が険悪になっているが、もしこれがより緊迫するようであればわが国としても技術・資金協力をすすめるというわけにはいかないだろう」
記者「中国に対する経済援助再開の決定は、中国国内の治安の回復等の客観的状況の他に、日本独自の判断も加えて行うのか」
村田「当然、日本独自の判断を加えて行う」

外務省でODA担当の経済協力局が想定していた、新規案件再開に向けた条件は、《「改革・開放路線」の確認、経協受入れ体制の確認、国際的動向》。同時に《戒厳令の解除は、一つの「ケジメ」をつける節目》と位置づけていた（前掲「天安門事件後の我が国対中経協政策（改訂版）（案）」）。

第二章で記者懇談会での「雲の上」発言が日中外交問題に発展した柳谷謙介外務事務次官のケースを取り上げたが、外務省幹部の記者懇談の場合、通常、記者は発言者の名前を実名でなく、「外務省幹部」などとぼかし、発言内容を報じることができる。ただ発言者が「この部分はオフレコでお願いする」などと要請すれば、報道不可となる。

村田は「オフレコ」と断って述べた。

〈たとえば、何らかの理由で米中関係が非常に緊迫して、それが中国のナショナリズム的な動きになって反米のみならず、排外的な運動が起こった場合、そのとばっちりが日本や欧州に及ぶということは全くありえないことではない。そのような場合にも備えて総合的な判断をしなくてはならない〉

この村田のオフレコ発言は、北京の日本大使館からの公電で注意提起された内容に基づくものだった。大使館は六月十四日、**中島大使発外相宛公電「中国政情（当面の問題）」**で、方励之問題などで米中関係の緊張が高まる中、《かかる緊張した関係は中国政府による官製の対米非難デモといった形での大衆運動にも発展しかねない要素をはらんでおり、〔中略〕外国人全般に対する排外的な運動の台頭といった事態の展開に発展する可能性も排除されない》と指摘し、こういう事態に至った際には《排日的な側面の台頭も避けられず、その場合には日中関係に対してもかなりの影響を与えることは避けられないこととなろう》と警戒を促していた。

こうした中で村田の発言は踏み込み、米中関係が悪化すれば、第三次円借款どころではないとした上で、米中関係がもっと緊迫して中国共産党の煽動などで国民のナショナリズムが「反日」に向かい、「反日デモ」が起これば悪夢だと考えた。村田はそのために中国を孤立させず、改革開放を支援するため、早期に対中ＯＤＡの正常化を図るべきだと暗に示唆した。記者もこのオフレコの真意をかぎ取った。

記者「中国に対する経済協力の『当分の凍結』というのは、文字通り受け取っていいのか」

村田「〝凍結〟という言い方は妥当ではない。強いて言うなら、〝事実上の凍結〟ということであろう」

記者たちも、村田のオフレコ発言を聞き、本格再開の時期はそう遠くないと感じただろう。

「追い詰めれば追い詰めるほど中国は内にこもって反西側になる」と危機感を抱いた外務審議官の栗山尚一も「そういう（中国を追い詰める）アプローチをとるべきでないという日本の主張はある意味で正しかったが、その裏には日本の狭い意味での国益があった」と振り返っている（栗山インタビュー）。「国益」というのはＯＤＡの全面再開を通じて中国で反日感情の高まりを回避し、日本の影響力を拡大させることだ。

二カ月後の八月十日、外務省経済協力局技術協力課は「**対中国技術協力方針**」という「秘」扱い文書を作成し、対中ＯＤＡのうち有償資金協力の円借款とは違い無償で提供される技術協力を「カード」として利用する戦略を描いた。《戦略的配慮》という項目でこう記した。

《中国政府が国際的孤立感を深めていることは十分考えられる。これ以上孤立させればかえって中国政府部内の強硬派を支援する結果になり、ひいては冒険主義的対外政策に走らせる可能性すらないではない。その可能性を避けるために何らかのシンボリックなジェスチャーを示すことには意義があろう。このために技術協力をカードとして使うことは十分考えられる》

「火事場泥棒」非難

経済協力局による六月十六日付極秘文書「天安門事件後の我が国対中経協政策（改訂版）（案）」で次の一文が目に付く。

《国際的動向との関係で特に注意すべきは、各国政府・各国企業が慎重対応ないし退避しているときに、日本政府ないし日本企業の対応がことさら「突出」し、「火事場泥棒」と映るような行為となるのを極力控えること。逆に、中国側は日本政府・日本企業を引き込もうと画策するであろう。この点、中国側による新規国際入札公示への我が国企業参加は特に注意を要す》

《「火事場泥棒」》――「火事場の騒ぎにまぎれて盗みをする者」という直接の意味が転じて「どさくさまぎれに不正な利益を占めるもの」（『広辞苑』第七版、岩波書店）を指す。

六月七日、外務省は北京を対象にした渡航自粛勧告を中国全土に拡大し、まだ継続していたが、同月中旬には早くも日本企業の中で、武力弾圧直後に帰国した駐在員を北京に戻す動きが加速した。前出「六月十四日文書」には担当者の手書きで《大手商社はぞくぞく北京に帰りつつある。米国にどう映るか》とメモされている。

これも日本大使館からの十四日の前出公電「中国政情（当面の問題）」で指摘された問題で、公電は、日本企業の大挙Uターン現象が予想され、《米中関係を中心として西側各国と中国との関係が緊張化する過程で発生する場合には、「火事場泥棒」といった国際的非難にさらされないとも限らない》と予想し、それはすぐに現実の問題となった。三塚外相は十六日の参院外務委員会で、こうしたUターンの動きは「問題ではないか」と質問され、「私のところにもいろいろな懸念が来ている。日本が火事場泥棒的に金儲けに走るのか、ということ」と、日本企業に慎重な対応を要請した。

「火事場泥棒」批判が高まりつつあった六月十七日、高橋迪《たかはしみち》瀋陽総領事から外務省中国課長の阿南惟茂に公電が届いた。

小型モーターメーカーの「マブチモーター」（千葉県松戸市）の百％出資の子会社「大連マブチ」の竣工式が、魏富海《ぎふかい》大連市長の強い要請で六月二十七日に開催されることになり、出席するよう高橋に依頼があったというのだ。マブチモーターの本社から専務が出席するため、中国経済の専門家でもある高橋としてもできれば出席したいと伝えた。高橋は併せて七月一日から大連で開催される東北地区交易会の出席も、魏市長から要請されていることも知らせた。

これに対して阿南は六月十九日、高橋の両イベントの出席が〈中国側に利用され、ひいては西側よりの反発を招く恐れなしとしません〉と指摘し、〈特段の事情ない限り貴官及び館員の出席は自粛されますようお願い致します〉と返電した（**瀋陽総領事発外相宛公電「事務連絡」一九八九年六月十七日**、**外相発瀋陽総領事宛公電「事務連絡」一九八九年六月十九日**）。

中国課は六月十九日、北京の日本大使館に対し、G7やASEAN（東南アジア諸国連合）各国の在北京大使館に照会の上、北京在住の自国民数や北京への復帰状況を至急調査するよう訓令を出した（**外相発中国大使宛公電「中国情勢［調査訓令］」一九八九年六月十九日**）。日本以外の主要国などのUターーン状況を調べ、本当に日本が突出しているのか参考材料にするためだ。

中国課が入手した六月末時点の通産省の調査結果によると、北京駐在の登録日本企業三百四十六社のうち北京に復帰したのは百九十五社（五六・三％）に上り、米国の一八・八％、西ドイツの四八・六％、フランスの四一・五％よりも高かった（**外相発仏大使宛公電「事務連絡」一九八九年七月十四日**）。

そして中国課は六月二十日、「**中国情勢（本邦企業の中国復帰を巡る対応振りについて）**」と題した「秘」文書を作成した。

文書は、日本企業駐在員の北京帰任の動きが、《中国指導部からすれば「ありがたい援軍」》になると注意を促した。その上で、《日本は欧米協調の観点から形だけの遺憾表明を行っているにすぎない》などと中国側の誤解を招けば、外務省がせっかく中国政府から改革開放政策を実行する確約を得るための交渉を本格化させても、外交効果は上がらないと懸念した。

しかも外務省は、国際的な対中非難の高まりの中、商売を優先する倫理観の欠如や、日本人に対する「エコノミック・アニマル」批判が高まる怖れがあると警戒した。特に大幅な対米黒字を持つ日本が中国との経済関係を正常化させれば、米国議会などから強い反発が出ることにも神経を尖らせた。

外務省は六月二十二日、アジア局長と領事移住部長名で経済三団体（日本商工会議所、経団連、経済同友会）に対して国際的批判に配慮し、企業駐在員の中国帰任について慎重に対処するよう望む文書を通知した。しかし同日、これに先立ち経団連の斎藤英四郎《さいとうえいしろう》会長（新日鉄名誉会長）は記者会見で「帰任がエコノミック・アニマルと断ずるには情報不足だ」と述べ、批判は慎重に行うよう求めた。同席した河合良一《かわいりょういち》副会長（日中経済協会会長、小松製作所会長）に至っては、「机の上にそのままになっている書類などの始末のために戻るのは当然だ」と強く反発した（『日本経済新聞』六月二十三日）。

前出の外交文書に基づけば、外務省自身も人権問題を対中経済協力政策に反映させるのは行き過ぎという判断である。経済界にだけ「ビジネスより人権を」と求めることが難しいのは中国課も分かっていたはずである。このため、文書は、経済三団体への通知について《対中関係及び自由な企業活動への干渉はできる限り避けるとの観点から強制的な印象を与えるかのような表現振りは極力避ける》と記している。その上で、企業に干渉しすぎると、《事実上の経済制裁》だとして中国側から日本政府批判が出てくる可能性が高いとも分析した（前掲「中国情勢［本邦企業の中国復帰を巡る対応振りについて］」）。

「強制」ではなく、「自粛」の意味合いを強くせざるを得ないところに外務省の苦悩が見えた。

人権よりビジネス

一方、中国側は日本企業への攻勢を強めた。

七月十日、ある日本企業関係者が外務省中国課長の阿南のもとを訪れた。いわく、世界銀行による天津港建設工事プロジェクトの入札が同月十三日に開かれることになり、中国側から盛んに入札への参加を求められているが、「火事場泥棒」批判が高まる中、「イメージダウンにつながるのではないか」と相談に来たのだ（**中国課「中国情勢［本邦企業の対中ビジネス］」一九八九年七月十一日**）（日本企業名は黒塗り）。

もともと入札は六月二十八日に予定されたが、入札資格を認められていた米国企業が六月四日の事件を受けて不参加を決定。この日本企業も参加見合わせを決めたが、中国側は七月十三日に延期したとして参加を強く求めた。これに対して阿南は、民間企業の入札に「云々《うんぬん》するつもりはないが、アドバイスということであれば」と断った上で、こう述べた。

〈サミット前のこの時期に日本企業だけが目立つ活動をすることはできる限り避けた方がよいということであろう。その意味で欧米企業との横並びを念頭において動かれては如何〉

これに対し日本企業側は、イタリアの企業も入札から降り、日本企業の応札が確実だとした上で、〈入札価格の引き上げも可能だ〉と返した。日本企業は「人権よりもビジネス」に前のめりになっていた。

〈そうであれば入札時期をずらしてもらうよう中国側に要請してはどうか〉

〈時期がどうしても動かせないときは本件入札を公表しないよう中国側の了解を得るべく働きかけることをしてはどうか〉

アルシュサミット開幕四日前に迫ったタイミングで、外務省では米欧諸国からの対日非難を恐れ、「日本は目立たず」を優先した。

北京残留した松下電器

「ビジネスと人権」を巡る問題では、松下電器産業（現パナソニック）のケースが知られている。鄧小平副総理（当時）が一九七八年十月下旬、日中平和友好条約批准書交換のため中華人民共和国の国家指導者として初めて来日したが、隠れた目的は、同年十二月に正式始動させる改革開放政策に向け、近代化のモデルとして日本を視察することだった。十月二十八日、松下電器産業の茨木《いばらき》工場（大阪府）を視察した鄧小平は、創業者の松下幸之助《まつしたこうのすけ》に中国の近代化を「手伝って下さい」と依頼すると、松下は「何でもやりまっせ」と答えた。

七九年五月、北京に松下電器駐華代表処（駐中国連絡事務所）が設立されたが、これは他の米欧企業とともに外国企業の事務所設立第一号だった。初代処長に就いた青木俊一郎《あおきしゅんいちろう》によると、松下幸之助は七九年六月、「国賓待遇」で訪中したが、北京に着いて早々、なぜか孫悟空が活躍する京劇に連れて行かれた。その二日後の六月二十九日、鄧小平が会見に応じた。「一昨日はいいものを見させてもらいました」。経営には孫悟空のように変化への対応が必要だと考えた幸之助。鄧小平はこう返した。

「戦後の日本の復興は、新日鉄の稲山《いなやま》〔嘉寛《よしひろ》〕さんや東芝の土光《どこう》〔敏夫《としお》〕さん、松下さんらたくさんの孫悟空がいたのですね。これからの中国の改革開放でもたくさんの孫悟空がいります。孫悟空をご指導ください」

試行錯誤を続けながら、八年後の一九八七年、北京市と合弁でテレビのカラーブラウン管を製造する「北京松下カラーブラウン管有限公司」（ＢＭＣＣ）を設立。八九年二月に工場が完成したが、幸之助は病床にいた。言葉を発せられないほど衰弱していたが、当時の四代目社長、谷井昭雄《たにいあきお》から工場の写真を見せられ、ニコッと笑った。「鄧小平さんとの男と男の約束があった。待っておられたんですね」と青木は振り返る。幸之助が亡くなるのは四月二十七日。『人民日報』の「動乱社説」が出た翌日で、天安門広場で学生運動が盛り上がっていた。

ＢＭＣＣの中国人従業員の一部もデモに参加した。人事部長は「デモに行くのも愛国運動。ブラウン管をつくるのも愛国運動」と促した。結局、五月になるとブラウン管の製造が忙しくなり、デモ参加者もいなくなった。失敗を繰り返しながら第一号ブラウン管は六月三日昼に完成した。人民解放軍が同日夜に武力制圧を始める直前だった。

当時、工場には青木ら日本人三十八人がいた。外務省は邦人に退避勧告を発し、日本に残した家族から「お父さん早く帰って来て」と電話を受けた日本人関係者もいた。しかし、帰国して炉を停めてしまったらもはや製品は使い物にならず、再開は約半年後になってしまう。青木は蜷川親義《にながわちかよし》総経理（社長）と一緒に日本大使館に行き、久保田穣公使と面会した。

「言われても困ります。鄧小平さんと松下幸之助が約束した。中国側も命懸けでやっています」

そう訴えると久保田も「本省〔外務省〕と打ち合わせています。松下さんの場合は要にして急だからどうぞ続けて下さい」と了解した。日本人は全員、北京に残留した。

しかし本社の谷井昭雄は、米国との関係を心配していた。人権問題で米国が対中非難を強める中、松下が対中ビジネスを続ければ、国際社会で叩かれかねなかったからだ。

空港近くの郊外にある工場から天安門広場まで十六キロ。銃声が聞こえる中、中国人従業員約四百六十人の九割が出勤し、作業を続けた。

中国共産党・政府は危機の中でも職場を離れなかった外国企業を称賛する宣伝を強めた。「困った時に手を差し伸べる人こそ本当の友人だ」という中国の論理である。武力弾圧から一週間後の六月十一日。対外経済貿易部の鄭拓彬《ていたくひん》部長が工場の視察に訪れた。大臣だけでなく、国営中央テレビのカメラクルーも一緒だった。日本でも放映され、社内からも「お前らは『死の商人』と言われているぞ」と批判された。その一方で、「残留したことで中国ビジネスはものすごくスムーズにいった」と青木は回想する。

「人権よりビジネス」――。中国ビジネスの現場にいた多くの日本企業関係者はそれが当たり前だと感じていたようだ。

――第三節　六月二十六日・中国大使館幹部と――

「人権より大局」

この辺で話を三塚博外相の訪米を控えた六月下旬に戻そう。外務省は天安門事件を受けた対中政策の確定を急いだ。

「我が国の今後の対中政策（今回の事態を踏まえて）」は六月十二日に作成され、同十四日の「栗山ペーパー」を踏まえて十五日に差し替えられた。十六～二十一日にかけて対中経済協力政策も固まり、前出「我が国の今後の対中政策」は二十二日に改めて作成された。これも「極秘・無期限」文書である。「基本的考え」が大きく改訂された。

(1)考慮すべきは、(イ)民主主義国たる我が国が有する価値観（民主・人権）に基づき今回の中国の事態に対し如何なる立場を示すべきかということ、(ロ)長期的、大局的見地からみて中国の改革・開放政策は支持すべきという二つの相反する側面の調整。

(2)結論は、長期的・大局的見地の重視。我が国の立場は明確にしつつ実態面で、今次事態の衝撃がなるべく小さくなるよう対処。

(3)具体的には、サミットまでは「模様ながめ」の姿勢をとり、中国側が改革開放路線を今後とも維持していくことを確認の上、徐々に関係を正常化していくとの方針。（西側が一致して対中非難等を行うことにより中国を孤立化、対ソ傾斜に追いやるようなことは得策でない）

「人権より大局」――。より明確な対中指針が示された極秘文書である。

「民主・人権」という民主主義の価値観と、日本政府として中国共産党・政府を支持する長期的大局という対立軸を提示し、結論は後者を重視すると明確化した。「栗山ペーパー」で指摘した《民主主義国としての我が国の対外的信用》からも外れるような内容である。

日本として中国との関係を正常化させ、アルシュサミットで中国を孤立させないため西側諸国が一致して対中非難制裁を行うべきでないという日本の立場を主張するためには、中国政府から《改革開放路線を今後とも維持》すると確約を得ることが大前提である。阿南惟茂中国課長はこの文書が作成された四日後の六月二十六日、在京中国大使館幹部と非公式に懇談し、中国政府が改革開放政策の堅持や各国との関係発展を重視する見解を発するよう促した。この懇談記録は「内話」として作成されるが、これは第三章で触れた、武力弾圧当日の**六月四日付「中国情勢に対する我が国の立場（主として西側向け）」**という「謎」の文書に関係してくる。それは後述しよう。

外務省はこの時点で、「中国孤立」回避のため、西側諸国と中国政府の両方を説得する腹を決めた。外務省中国課が中国政府に対して動くことにしたのは、六月二十六日（日本時間二十七日）から三塚外相の訪米を控えていたほか、中国共産党が二十四日、第十三期中央委員会第四回全体会議（四中全会）で、趙紫陽総書記の解任と、後任として江沢民上海市党委書記を選任したとようやく発表したことも大きい。実は江沢民の抜擢が内定したのはそれより一カ月以上前の五月二十日午前。趙紫陽が天安門広場で学生たちに涙ながらにハンスト中止を訴え、公から姿を消した翌日である。鄧小平は私邸に呼んだ陳雲、李先念、楊尚昆ら保守派長老に、李鵬と姚依林を加えた密室の会議で決めていた（『鄧小平年譜・下巻』一二七七頁）。

中国課は六月二十四日、「**中国情勢（第十三期四中全会の開催）**」と題した文書を作成し、「全般的評価」を下した。

《鄧小平を中心とする中国指導部は今秋四中全会の開催により過去二カ月以来の中国内政の異常事態に一応名実共に終止符を打ったと言え、事態はほぼ予想通り「強硬派」主導の方向で収拾された。他方、新指導部は趙〔紫陽〕、胡〔啓立〕を排除して辛くも安定団結を保ったと言える。江沢民新総書記を中心とする新指導部の指導力は未知数であり、鄧小平「院政」の色彩が強まるものと予想される。また、一般民衆の評価・支持も未知数》

中国課は、異常事態が収まったと認識した。課長の阿南は同日夜、記者に対して、この文書に基づき四中全会のブリーフィング（背景説明）を行っている（**中国課「中国共産党第十三期四中全会［中国課長のプレス・ブリーフ］」一九八九年六月二十四日**）。

〈趙紫陽の一番の罪状は、実は学生、市民の鄧小平批判に理解を示す形で鄧の権威に正面から挑戦したということではないかとの推測も成り立ちうる〉

阿南はこう分析を述べた。記者からは〈日中間の経済協力をもとに戻す条件である政情の安定は得られたと言えるか〉との質問が出た。

〈事実上の決着は六月九日の鄧小平の出現の時。形式的にも中央委員会で決定ということで、これは一つの目途。判断は難しいが戒厳令も比較的早く解除される可能性はあろう。新指導部がすぐ崩れるというような不安定要因は特に見当たらない〉

実際には、五月二十日以来続く北京市中心部への戒厳令の解除は翌一九九〇年一月十一日であり、阿南の見方は楽観的だ。さらに阿南は、四中全会のコミュニケを見て、〈「一部外国勢力の陰謀」等の言及は一切なし〉と述べ、〈対米批判のトーンはない〉と解説した。記者に対し、武力弾圧があっても中国政府は〈世界の理解を得られる〉と確信しているだろうとの認識を示した。

中国大使館幹部との懇談に臨んだのは、中国の安定と軟化を感じたからだ。

「反発させずに反省促す」

阿南惟茂の中国スタンスは、中国共産党・政府の嫌がることを敢えて言わないという姿勢ではなく、中国側とのパイプを構築した上で、相手のメンツを潰さないよう、日本として言うべきことを直接伝え、中国側の変化を促すというものだった。前出した同じチャイナスクールの後輩、宮本雄二企画課長の中国スタンスと同様である。

阿南は六月二十六日、中国大使館幹部と非公式に懇談するわけだが、三日後の二十九日、自身が主催して、外務省アジア局内の課長を集め非公式で意見交換している。その際の発言は、阿南の対中スタンスを明確に表したものだった（**中国課「今次中国情勢のアジア諸国に及ぼす影響に関する非公式意見交換［メモ］」一九八九年六月二十九日**）。

〈今は、日本の姿勢自体が試されているのだと思う〉と語った阿南はこう続けた。

〈サミットまでは西側向けにある程度毅然とした態度をとる必要があろう。他方、中国としては、今のところ、日本を逆恨みしたり、誤解しているということはない模様。むしろ、日本は厳しい内外状況等の中で中国のことを考えてくれているという感じではなかろうか〉

東南アジアを担当する南東アジア一課長からは〈中国への対応、人権問題への見方対応等につき、日本は西側との間で違いがあってもよいのではないか。「西側の一員」という要素はあろうが、基本的には違うということを堂々と主張していってもよいのではないか〉と、中国にもっと配慮すべきだとの意見が出された。これに対して阿南はこう持論を述べた。

〈中国が西側との協力で近代化を進めていくとの政策を維持する限り、（今次事態に対しては）我々にも発言権がある。このまま何もなかったかのように事が収まるというわけにはいかない。これは日中関係についても言える。長期的に見れば、我が国国民の対中感情の変化等中国に責任があり、「内政問題」というだけでは済まないところもある。きちんと、中国側にメッセージを伝え、反省を促すこ

とを中国側に反発させないでうまくやる必要あり〉

「中国側に反発させずにメッセージを伝え、反省を促す」という対中スタンスを実践したのが、六月二十六日の中国大使館幹部との非公式懇談だった。

この非公式懇談を記録したのが、中国課が六月二十七日に起案した「[redacted]内話（二十六日）」という文書。「極秘・無期限」指定で、宛先は外相、事務次官、外務審議官（政務・経済）、官房長に限定されたほか、回覧先も北米局長、経済局長、経済協力局長、情報調査局長、条約局長、総務課長に限られた。

三十年以上が経ち二〇二〇年に秘密解除された際も、阿南が誰と会ったかは黒塗りになっている。ただ「内話」の中で阿南が相手に「中国の外交官が置かれている辛い立場は理解できる」と漏らしていることから、相手が中国の外交官であることは想定できた。当時の外務省幹部に取材したところ、この人物は、中国大使館政務参事官の趙鐘鑫《ちょうしょうきん》であることが分かった。東京赴任前には外交部日本課長、天安門事件後の一九九〇年九月から九四年四月まで札幌総領事を務めたが、天安門事件前後に東京の中国大使館にいた唐家璇や武大偉、王毅ら、その後外交部で活躍した日本通外交官に比べて知名度は低い。

合法的民主化要求受け入れを

趙鐘鑫は阿南にこう述べた。

〈中国の民主化は漸進的に行われるべきであり、大衆を動員するやり方は文革時代の「大民主」の方法であって誤り。日本でも、例えば皇居前で多数の学生が非合法に長期間座り込み、政府打倒を叫べば取り締まるだろう。天安門広場の座り込みを放置すれば混乱が全国に波及し、収拾がつかなくなる可能性があった。中国政府の取った方法は仕方のないものであった〉

さらにこう弁明した。

〈先般北京で処刑された七人の中には、「動乱」中銀行強盗を働いたものが三名（内一名は女性）含まれるなど、決して全てが民主運動の闘士と言うわけではない〉

阿南は趙紫陽の失脚について尋ねたのに対し、先方はこう答えた。

〈趙紫陽が今回の事態の前にすでに孤立していたかどうかは、分からないが、四月の全人代の時に李鵬は経済政策失敗の責任を取ったのに対し、趙紫陽はほとんど自分の責任であることは明らかなのに一切責任を認めなかった。これに対し強い批判があったと聞いたことがある〉。事の真相は不明だが、内部情報である。

阿南は話題を核心に移した。間もなくワシントンで開かれる日米外相会談や、七月中旬のアルシュサミットに向け、中国政府の西側諸国に対する態度を軟化させ、国際社会に向けて前向きなメッセージを出させることが問題の核心であり、そうすれば、サミットでの対中非難も和らぐと判断した。

つまり日本は、中国と米欧の橋渡しを務め、中国の国際的孤立を回避しようという狙いだ。

〈中国側としては、中国の事態は中国の国内問題であり、これに外国が意見を言うのは内政干渉だという言い分があることは想像できる。しかし、日本はもとよりどの国にあっても、長い間対中関係に関わり中国との関係発展に努力してきた人々にとって、今回の中国の事態は、残念であると同時に憤りを覚えるのも事実。何よりも深刻な影響は、これまでごく自然に中国に好意を抱いていた日本の一般国民の対中観が今回の事態を機に悪い方向に一変したことであり、この回復にはまた、相当の時間が必要であろう。中国の外交官が置かれている辛い立場は理解できるが、この点中国側も認識する必要あり。この様な隔たりに非難と反発で対処していけば、両者の距離は遠くなるだけであり、自制が必要とされる。これまで、日本の対応は自制のきいたものであったが、今後は国内では選挙、国際的にはサミットが控えており、中国にとって厳しい対応もでてくるかもしれないが、以上の背景を了知されたい〉

阿南は中国政府に対し、対中感情の悪化という現実を受け止めるよう求め、自制を促した。その上で、中国政府から国際社会に向けて次のようなメッセージを出してほしいと期待を示した。

(イ)先般の措置〔武力弾圧〕は中国としても取りたくなかった
(ロ)今後も合法的民主化要求は受け入れる
(ハ)改革・開放政策堅持、各国との関係発展を期待

〈〔こうした〕内容の見解が中国政府より明確にでれば、国際世論の中国に対する悪い印象も幾分かは改善の方向に変わっていく可能性がある〉と続けた。

日本が書いた「中国政府声明（案）」

第三章で武力弾圧当日の六月四日の日付で作成された「中国情勢に対する我が国の立場（主として西側向け）」（以下「**六月四日文書**」）という「秘・無期限」扱い文書を取り上げた（本書一八三〜一八四

頁参照）。

内容を改めて紹介すると、日本政府として、中国を孤立させるのは得策ではなく、西側諸国が一致して対中制裁措置をとることに反対すると同時に、中国政府に対して国際的に納得を得られる立場を表明するよう促し、それを受けて対中関係を正常化させたい――という方針が明記されている。

しかし、実際には武力弾圧当日、大混乱の中でこれだけ具体的な対中方針は固まっていなかった。これまで外交文書「我が国の今後の対中政策（今後の事態を踏まえて）」の差し替え状況などを分析したが、実際の対中政策は六月九日に鄧小平が登場して以降、徐々に完成した。第三章で「この文書は六月四日に作られていないのではないか。六月四日にこれらの方針が決まったようにしたのではないか」と問題提起したが、この謎を解くヒントは、この文書が、阿南と趙鐘鑫の非公式懇談記録「[redacted]内話（二十六日）」に挟まれていたことだ。

当時の外務省アジア局幹部は筆者の取材に対し、「中国課では六月四日にこのような対処方針を起案したことはない」とした上で、「おそらく宮本企画課長（当時）が起案し中国課に相談したのでしょう」と明かした。筆者は、宮本に取材し、「〔六月四日文書を〕起案したのではないか」と尋ねた。これに対する宮本の答えは、「覚えていないが、言われてみればそうかなと言う感じになる。私の考え方と非常に近いのは事実」だった。ただ六月四日は企画課長就任翌日で、日曜日ということもあり出勤しておらず、仮に起案していても同月四日以降ということになる。

さらに筆者は、宮本が企画課長を務める情報調査局の名前で六月二十一日、「**アルシュ・サミット政治問題（中国問題対処方針）（第一案）**」という「極秘・無期限」指定の文書が作成され、これに「**中**

国に関する我が国の基本的立場」（六項目）という文書が別添されているのを発見した。しかも、この別添文書は、「六月四日文書」（五項目）と表現や構成がほぼ同じだった。また、前出「六月十五日文書」にも「六月四日文書」とよく似た表現がある。つまり「六月四日文書」は、アルシュサミットに臨むに当たり、六月十五日～二十一日前後に策定されたのではないかと推定される。

さらに、「[redacted]内話（二十六日）」には、「六月四日文書」と一緒に「**中国政府声明（案）**」という文書も挟まっていた。こちらは「極秘・無期限」であり、機密度は「秘」扱いの「六月四日文書」より高い。

「中国政府声明（案）」

1．今次事態は、純粋に中国の国内問題。一部の扇動分子が、人民共和国の転覆を図ったものであり、党・政府は、これに断固反撃。

2．今次動乱において多数の死傷者が出たことは、まことに遺憾。中国政府としても、このような態度を回避するよう最大限の努力を行ったところ。

3．中国においては、経済体制改革と並んで、政治体制改革を推進しており、今後も民主を求める人民の合法的要求には、十分配慮していく。

4．「改革と開放」は今後とも不変。中国は友好国との協力関係を引き続き希望。

「中国政府声明（案）」の3と4は、阿南が趙鐘鑫に求めた〈合法的民主化要求〉と〈改革・開放政策堅持、各国との関係発展を期待〉と一致している。さらに「六月四日文書」の《改革・開放政策を維持》や《中国側に対し、国際的にも納得の得られるような立場の表明を慫慂》という箇所は、阿南が趙に述べた内容と重なる。

「中国政府声明（案）」は、どういう経緯で作成されたのだろうか。宮本は「中国政府声明（案）」についていては記憶していいた。取材に対して「これは阿南課長と共同で一緒にやった。阿南さんが書いたと思う」と振り返った。

「中国政府声明（案）」は、中国政府が作成したものではなく、阿南が極秘に作成し、趙鐘鑫に提示したとみられる。天安門事件を受けて米欧諸国が対中制裁を強化する中で、中国を孤立させないという方針を決めた日本がアルシュサミットで孤立無援になる事態を危惧した。宮本はサミット政治部門担当課長としてこうした事態を避けるためには中国政府が国際社会に向けて協調的なメッセージを出す必要があると考え、阿南課長に「中国側にプレッシャーをかけてほしい」と依頼した。

つまり「六月四日文書」は、米欧諸国に向けた対中方針が「六月四日」に決まったかのようにし、中国政府を説得する資料として作られた。日本政府として天安門事件当初から、中国を孤立させず、制裁に反対だったことをアピールし、中国政府の軟化を引き出す狙いだったとみられる。さらに「中国政府声明（案）」まで作成し、サミットを直前に控え、このラインに沿って中国政府が対外声明を出せば、米欧諸国の対中非難も抑制され、日本の利益につながると判断し、中国政府に「知恵」を貸したものとみられる。

第六章――米中は裏でつながっていた

第一節　仏アルシュの「北風」

「温かい目で中国を見守る」

三塚博外相は、ワシントン時間六月二十六日（日本時間同二十七日）、ブッシュ大統領、ベーカー国務長官と相次ぎ会談した。

外務省は、三塚の訪米に向けて「**中国情勢―日米外相会談大臣発言要領―**」という「極秘・無期限」扱いの文書を作成した。日付の記載はないが、具体的な対中ODA政策が記述されているほか、日本商社社員らの中国へのUターンにも言及されていることから、三塚の訪米直前の作成とみられる。三塚の訪米でアルシュサミットでの日本の対応につながる「日本独自の立場」を米側に直接伝え、理解を得ようとした。

一言で言うと、西側（米欧の民主主義陣営）の価値観と、アジアの論理は違う。日本は、前者ではなく、後者のアプローチで中国に向き合うというものだ――。

《西側の価値観のもの指しに従って一方的にこれを声高に非難することは却って中国を孤立化の方向へ追いやることになりかねないこと。なお、アジア諸国が欧米先進諸国と異なる点の一つは、これら諸国が近代的な政治社会の定着のために苦労していることであり、こういうアジアの現実にたいして西側諸国の尺度をあてはめて是非を論ずることは、この地域の安定に資するものではないと考えている》

このため西側が対中共同制裁措置をとることに日本は賛成しがたいと明確にし、文書はこう続けた。

《中国はその近代化への過程において今後とも今回の如き折々の挫折を経験することとなろう。要はそのような事態に対して、我々は、過度に反応したり、いたずらに感情的になったりすることを避け、息長くかつできるだけ温かい目で中国側の状況を見守っていくということであると思う》

北京で徐敦信外交部アジア局長は六月九日、日本大使館の久保田、畠中両公使と会見した際、〈世界の友人たちに近視眼ではなく長い目で物事を見て頂きたい〉と述べている（「中国政情［徐・アジア司長との意見交換］」）。《息長くかつ温かい目》という表現は、徐敦信の言葉を引用したものかどうかは定かではないが、中国政府が望む対中姿勢であることは間違いなかった。

「日米外相会談大臣発言要領」はさらに、《日米間において、具体的政策措置等の面で違いはあるもののそれぞれの対中政策の方向に大きな乖離が生じることは許されざるところである》と記した上で、日米両政府間による緊密な協議の必要性を訴えたが、日本政府も米側との間で対中アプローチが異なることを覚悟した。

一方で、ブッシュ大統領はまさにこの時、鄧小平との間で極秘のやり取りを続けていた。日本政府どころか、米政府内でもこの動きを知っていたのはブッシュ、ベーカー、ブレント・スコウクロフト大統領補佐官（国家安全保障担当）の三人という超極秘交渉だった。

米国は密使を送るが……

ブッシュ大統領は米中関係を傷つけずに流血の惨事をやめさせるため、鄧小平に直に電話で話したいと申し入れたが、拒否された（『シャトル外交・上巻』二二三頁）。その後、「建前」では議会や世論向けに対中制裁を強化したものの、「本音」では共産党指導部との意思疎通ルートの断絶を恐れていた。そしてスコウクロフトを内密に中国へ派遣することを提案した。ベーカーは、NSC主導の密使派遣に反対し、ラリー・イーグルバーガー国務副長官が加わった（同・二二二頁）。

六月二十日に米中間の高官交流禁止という対中制裁を発動したばかりで、秘密保持は絶対だった。外交部長だった銭其琛は二〇〇三年発行の回顧録『外交十記』（一七〇～一七一頁）で、ブッシュが六月二十一日に鄧小平に秘密書簡を送り、鄧は翌日にブッシュに返信したと明かし、その中で鄧は「中米関係は現在、厳しい挑戦に直面しており、心配している」と、双方が絶対秘密保持を条件に特使訪中を受け入れ、率直な意見交換を行うと約束した（ベーカーとリリーの回顧録では、ブッシュは六月二十三日に鄧に書簡を送り、二十五日に返事が来たと明かしている）。

六月三十日午前五時（米時間）、スコウクロフトとイーグルバーガーは出発し、鄧小平は七月二日午前（北京時間）、会談に応じた。わずか一日の北京滞在である。

リリー駐中国米大使の回顧によると、ホワイトハウスは、リリーに対して誰にも気づかれないようワシントンに戻るよう指示した。ベーカーは外交電報を打つことで情報が漏洩するのを恐れた。リリーはホワイトハウスの会合で密使派遣により中国側に公開処刑中止を説得できるかと尋ねられた。

「学生らの命を救うことにはならないだろうが、米中関係の緊張は緩和できるかもしれない」と説明した（『チャイナハンズ』三三四頁）。

米側は秘密保持徹底のため、スコウクロフトらの搭乗した米空軍C－141輸送機は途中立ち寄りを避け、空中給油で飛行した。同機は外装ラベルを消し、米国機だと分からないよう細工した。銭其琛は、米国による秘密保持の程度について、米中接近の契機となり、パキスタン経由で北京入りした一九七一年のキッシンジャー秘密訪中を上回ったと回想した（『外交十記』一七一頁）。

鄧小平は会談前、同席する李鵬と銭其琛に「きょうは原則だけを話し、具体的問題には触れない」と語った。銭が「間もなく開かれるサミットで中国に対する制裁措置が公表されるかもしれません」と伝えると、鄧は語気を強めた。

「（制裁措置がサミット参加国の）七カ国はもとより、七十カ国であろうと意味はない。中米関係はうまくやらなければならないが、恐れてはいけない。中国人は中国人としての気概と気骨を持たなければならない。われわれはいつ他人を恐れたことがあっただろうか。解放後、われわれは米国と戦争した。あの時（朝鮮戦争時）われわれは絶対的に劣勢で、制空権もなかったが、恐れたことはなかった」

鄧小平は続くスコウクロフトらとの直接会談で、「中華人民共和国の歴史は、共産党が人民を指導し、抗米援朝（朝鮮戦争）も加えれば二十五年間も戦争を続け、二千万人以上に上る犠牲の上にやっと勝ち取ったものだ。中国の内政にはいかなる外国人も干渉させない。共産党の指導に取って代わるいかなる勢力もない」とすごんだ（『外交十記』一七六頁）。

この極秘訪中は、対米強硬を貫いた中国外交の「勝利」と歴史的に評価されていいだろう。

ブッシュ大統領は、武力弾圧の張本人である鄧小平に対して自分から意思疎通を持ち掛け、ブッシュが派遣した密使は鄧小平の前に返す言葉もなく、北京を後にした。二人は帰国後、ブッシュに「中国政府の対応は依然として理解しかねる」と報告した（『シャトル外交・上巻』二三四頁）。ブッシュの決断は成功したとは言い難い。

秘かにつながっていた米中両国に対して、「中国を孤立させない」と米国を含めた西側諸国の間を奔走した日本は、実はスコウクロフトらの極秘訪中の事実をその後五カ月間も知らされなかった。そうした中で七月中旬のアルシュサミットを迎えるのである。

「日本一国になっても反対すべき」の真意

七月六日午後三時、首相官邸。

宇野宗佑首相は、十四〜十六日に開催されるアルシュサミットを前に村田良平外務事務次官からブリーフィングを受けた。サミットで首相を補佐するシェルパを務める外務審議官（経済）の國廣道彦はパリに滞在中。「山頂（サミット＝ｓｕｍｍｉｔ）」への道案内人（シェルパ＝ｓｈｅｒｐａ）という位置づけである。國廣は七日にパリ近郊のランブイエ城で、サミット参加国によるシェルパ会合に出席し、政治関連の宣言案を討議することになっていた。

サミットで討議される政治関連の宣言は、「人権」「東西関係」「中国」「テロ」の四つだが、特に天安門事件という流血の惨事を受けた日本政府にとって「中国に関する宣言」の表現が焦点だった。

村田の説明を受けて宇野はこう指示した。

〈中国に関する宣言の〔議長国〕仏側案の「野蛮な中国」という表現は、中国が嫌おう。「価値観が異なる」、「人道上許されない」との表現で足りよう〉

〈中国を国際的孤立に追いやるのは不適当。日本の使命は、「良薬は口に苦し」で、良き隣人として、諫言することである。中国を孤立しないよう引き戻すことが、他国と違う日本の役割。私はこれを強調したいし、サミットの席でこれを話すつもり〉

〈中国は、開放を続けたい、処刑ももうしないと言っているし、それに応じたやりようがあろう。また、中国は、言葉と面子をおもんじる国であるから、下手をすると逆効果である〉

村田は、〈これらの点を踏まえ、日本は中国の隣国でもあり、ミッテラン〔仏大統領〕に対し、「中国問題〔の発言〕は宇野総理から始めては如何」との根回しを行いたい〉と述べた。

これに対して宇野は応じた。

〈EC・米と日本は違う、これが、文章や表現上、どこかににじみ出るようにしたい。他方、西側の足並みが乱れないようにしなければならないし、又、火事場泥棒もしないようにしないといけない〉

情報調査局審議官の池田維は、宇野と村田のやり取りを「極秘・大至急」公電として今川幸雄《いまがわゆきお》駐仏公使宛てに送り、國廣に伝えた（**外相発仏大使宛公電「部内連絡」一九八九年七月六日**）。

それより前、六月三十日のシェルパ会合後、帰国した國廣は七月六日午前九時、首相官邸で宇野に報告している。宇野からは「具体的制裁措置を書き込むことは日本一国になっても反対すべきである」とはっきりした意向を示された（國廣『回想「経済大国」時代の日本外交』二九〇頁）。

外務省としてはもともと「中国に関する宣言」を発出することに反対で、七月一日作成の極秘文書で、《過去にとった各国の措置については、サミット参加国が共同で中国に対処しているとの印象を避けるためにも言及しない方が望ましい》と記した（**情報調査局企画課「サミットにおける中国への言及振りについて［第二案］」一九八九年七月一日**）。

宇野の指示もあり、サミット参加国が既に実施中の閣僚接触の停止など具体的な制裁措置が宣言に列挙されれば、中国政府を刺激するとして反対を強めた。そういう面で事務方の外務省と宇野の中国認識はほぼ一致しているが、宇野は外務省以上に中国の反発に神経を尖らせており、筆者から見れば、中国にどう向き合うかに関してその思考の八割以上が「対中配慮」で占められている印象である。

「死刑」をめぐる日欧の溝

議長国フランスのシェルパは、ジャック・アタリ大統領特別補佐官。著名な思想家、経済学者であり、後の一九九一〜九三年には欧州復興開発銀行（ロンドン）の初代総裁を務めた。

アタリは七月四日、「**中国に関する宣言**」案を作成し、外務省にも五日、仏大使館から「極秘・大至急」公電として届けられた（**木内駐仏大使発外相宛公電「アルシュ・サミット政治［中国問題］」一九八九年七月五日**）。外務省ではこう仮訳した。

1. 我々元首及び首相は、人権を無視した中国における凄惨な鎮圧及び処刑の継続を非難する。
我々は、中国当局に対し、民主主義及び自由のための当然の権利のみを主張した人々に加えられているこの弾圧行動を止めるよう要求する。

2．この鎮圧は、我々の各々をして、閣僚その他のハイレベルでの交流の停止、軍事協力、武器輸出入の停止を行わせしめた。更に、我々各々は、世銀による新規融資及び輸出保険の新たな要請の検討の延期を勧奨した。

3．我々は、中国と平常な協力関係にもどれる状況が可能な限り早急に生まれることを希望する。

「凄惨な」の部分の原文は「ｂｒｕｔａｌ」。当初、仏大使館が訳した公電では「野蛮」としていたが、宇野は仏案の「野蛮な中国」という表現では中国側が嫌うと反対しており、前述したように村田事務次官にも伝えている。「凄惨な」に日本語訳が修正された。「ｂｒｕｔａｌ」について外務省は削除を望んだが、國廣が他のシェルパから得た非公式な感触では、実現は難しかった。七月十一日には日本語訳を「苛酷な」や「厳しい」として処理することを検討した（**情報調査局企画課「中国問題に関する対処方針［案］」一九八九年七月十一日**）。

國廣は、「天安門事件とアルシュ・サミット」（二〇〇四年）という手記を残している（以下「國廣手記」）。私は二〇一〇年、國廣から手記の提供を受けた。

外務省で中国課長を務めたことのある國廣は四～五項目の対中制裁措置を列挙しながら、「中国と平常な協力関係にもどれる状況」を望むと記したアタリ案を見て、「中国にとってあまりにも屈辱的」な内容だと感じた（「國廣手記」）。

外務省条約局法規課もアタリ案に否定的だった。特に処刑を非難するくだりについて、日本政府は中国国内法に基づく法執行という立場を堅持したのだ。

《民主化運動の武力鎮圧についてはともかく、死刑執行等と直接リンクした形で、人権を無視したものということは、中国側の強い反発を招く（かつ、内政干渉云々の口実を与える）ことが予想されるため不適当》。その上で人権への直接的な言及を避ける日本政府の提案が望ましいと指摘した（**法規課「中国に関する宣言　アタリ案に対するコメント」一九八九年七月五日**）。

中国当局による相次ぐスピード処刑は米欧に衝撃と非難をもたらしたが、日本と欧州の間に大きな溝が存在した。

ＥＣは六月二十七日、マドリードで開いた理事会で、《適当な国際審判の場において中国の人権問題を提起すること。中立的なオブザーバーが裁判に参加し、囚人との接見交通を可能とすること》など、七項目の対中措置を決定している（**中国課「中国問題［サミット関係国の反応］」一九八九年七月三日**）。アタリ案は、相次ぐ処刑を受けて米欧で厳しくなる一方の対中非難を反映したものだった。

「スキあらば経済利益」

外務省情報調査局は六月二十一日、前掲「アルシュ・サミット政治問題（中国問題対処方針）」の第一案を作成した。アルシュサミットに向けた「基本的考え方」として、

(イ)中国との基本的関係を損なわず、
(ロ)西側の一員としての立場を貫き、
(ハ)中国の孤立化を回避し、

㈡アジア・太平洋の戦略的安定を確保する、

という四つの要請を充足する必要があるとした上で、《我が国にとり中国問題が格別の重味をもっている現実を考える時、他の参加国のイニシアティヴに任せ、中国問題の討議が四つの要請の間のバランスを失したものとなる事態は是非とも避ける必要がある》と判断した。サミット準備段階から中国問題は《我が国が議論をリードし、妥当な結論にもっていく努力が必要である》と決めた。

さらに第一案で、首相と外相に積極的に発言してもらい、《人権に関する文書において中国に言及することには断固反対する》と明記した。

こうした外務省の方針を受け、米欧の日本外交官は、任地政府に攻勢を掛けていた。

〈中国に対し強硬になればなるほど、中国側の反発が強くなり排他的になる傾向があるので、太陽と北風の逸話を参考にすべき〉

駐仏日本大使館の外交官は七月六日、議長国フランスのラコング外務省アジア局次長と会った。アタリも、デュフルク外務省政務総局長も、ゴルバチョフソ連共産党書記長の訪仏で忙殺されて会えず、「中国に関する宣言」起草の実務責任者ラコングに会うことにした。その際、物事に対して「北風」（厳罰）で臨むより、「太陽」（寛容）に対応した方がうまく行くというイソップ寓話を持ち出して、中国への圧力は効果的ではないと説いた。

しかしラコングは「北風」のように冷たく返した。

〈〔中国の〕穏健勢力を支援し、少数の強硬派を排除するために、われわれとして強硬な態度をとるべしとの認識であり、〔仏政府〕内部の検討結果は、前回お渡しした案以上に、各種の措置をもり込むべしとの考え方が強くなっている〉（**木内大使発外相宛公電「アルシュ・サミット政治「中国問題」」一九八九年七月七日**）

外務省にはこの頃、G7高官の発言を記した大量の至急公電が、当該大使館から届けられたが、相手は中国に対して冷めた反応を示すケースが大部分だった。

駐仏大使の木内昭胤《きうちあきたね》が六月二十三日に面会したシェール外務次官もそうだった。

〈中国保守派は今回何故これほどまでに国際世論の厳しい反応が出ているのか十分理解し得ていないのではないか。文化大革命で何百万人もの死者を出した指導者の感覚は変わっておらず、処刑中止を求めても止める国ではない。しかし、スターリニズムの終焉を信じていた国際世論からすれば大量武力弾圧は誠に大きな失望であった〉（**木内大使発外相宛公電「アルシュ・サミット政治宣言」一九八九年六月二十五日**）

木内は同じ二十三日、アタリのもとを訪問している。制裁措置に対する日本の考えを尋ねられたので、木内は〈西側が怒るのは分かるが、制裁により中国を孤立化の方向に進ませることは適切ではないと思う〉と答えたところ、アタリは〈中国情勢の取り扱いは難しい〉と漏らした（**木内大使発外相宛公電「アルシュ・サミット「アタリ補佐官との会談」」一九八九年六月二十四日**）。日本は「西側」の一員ではなく、アジアの立場で説得しようとしている。

谷野作太郎アジア局長は、ブルネイで七月六〜八日に開催された東南アジア諸国連合（ASEAN）拡大外相会議に出席した三塚博外相に随行し、米国家安全保障会議（NSC）のジャクソン大統領補佐官と意見交換した。その場でジャクソンはこう述べた。

〈自分にとって最大の懸念は、日本が「スキあらば経済利益を人道上の考慮に優先する国」とのイメージで米議会に見られており、日本の対中政策を米議会が注視している〉（**大鷹駐ブルネイ大使発外相宛公電「中国問題〔米側との意見交換〕」一九八九年七月八日**）

こうした米欧諸国の実情を考慮し、外務省情報調査局が七月七日に作成した極秘文書「**サミットにおける中国問題の言及振り**」ではこう明記された。

《今後のなりゆきによっては具体的措置のうち、どこまで書き込むことができるのかのぎりぎりの落としどころを考えておく必要がある（場合によっては日本として極めて苦しい対応を迫られる場合もありうる）》

第二節　六対一

「弱い中国」は排外的になる

パリの民衆がバスチーユ牢獄を襲撃し、フランス革命の幕を開けたのは一七八九年七月十四日。その二百周年記念に合わせて開催されたアルシュサミットでは、「自由」や「人権」の概念が前面に出された。折しもゴルバチョフ書記長が主導したソ連のペレストロイカへの期待が西欧にも浸透し、中国共産党の行為を糾弾する雰囲気が濃厚だった。

七月七日、ランブイエ城。

午後一時から三時まで行われた先進七カ国の政務局長によるランチに続きシェルパ会合が、午後四時に始まった。國廣は「サミット参加国が中国を袋叩きにするような内容にならないよう努力した」（「國廣手記」）が、「六対一」の構図が鮮明であった。言うまでもなくサミット七カ国のうち、六は米欧諸国、一は日本。終了したのは翌八日午前二時だった。國廣のほか、山下新太郎《やましたしんたろう》情報調査局長、同局の宮本雄二企画課長が出席した（**木内大使発外相宛公電「アルシュ・サミット政治問題〔中国〕」一九八九年七月八日**）。

まず議長のアタリは、中国問題に関する宣言を出す必要があるだろうか、と各国シェルパに尋ねた。

これにたいして國廣は、日本の立場を訴えた。

〈この問題は単に国民意識の問題であるのみならず、アジアの平和と安定の観点からいかなる対応をするべきかの問題であり、わが国としては中国に関して特別の宣言を発することを望んでいない〉

〈アジアの平和と安定〉――。

アジア視点のロジックが日本から出されたが、これに先立ち外務省が作成した極秘文書の中で《今次、サミットにおける中国問題に関する総理・外務大臣の御発言に当たり、是非共、御留意いただきたい点》の一つとして次の点が挙げられた。

《米欧の首脳、外相に対しては、隣国としての我が国の中国との関係の特殊性とか、アジアとヨーロッパの価値観の相違を説明して理解を得ようとしても効果がない。（彼等は、自分達の犠牲において、日本は中国に「良い顔」をしようとすると受け取る）彼等を首肯させるには、彼等の価値観と中国に対する利害の認識の枠の中で、我が方の議論を展開しなくてはならない》（**情報調査局企画課「アルシュ・サミット政治問題［総理及び大臣用資料作成依頼］」一九八九年六月二十八日**）

米欧諸国に対し、日中関係の特殊性を訴えても説得力を持たないし、大国中国の脅威に対するアジアの論理を主張しても、彼らは理解してくれない、という苛立ちがこの文書には表れている。もはや日本は西側民主主義陣営ではなく、中国を含めたアジア側に立ち、米欧を「彼等」と呼んでいる。

その上で、「極秘・無期限」扱いの**企画課「中国問題に対する総理（外務大臣）発言案」（一九八九年七月八日）**で、アジアにとっての中国認識をはっきりさせた。

《心に留めておくべきは、今の中国は、「弱い中国」であるということである。歴史的に中国は、弱い時には常に強い排外的な姿勢をとって来た。これは、我々自身が過去に経験してきたことである。また、排外的な中国が、アジア・太平洋地域の平和と安定にとっていかに有害な存在であるかということも、我々はよく知っている。そのような中国に対し、過度な圧力を加えれば、愈々《いよいよ》その排外的反応を助長し、振子が戻る速度を遅くするのみであろう。アジア・太平洋地域において、我が国を含め、そのような中国の再来を欲している国は一つもない》

日本は一体、「西側の一員」なのか「アジアの大国」なのか。中国課長の阿南惟茂は、〈現実には西側のスタンスをとって信用を確かなものとしてから、アジアの状況・感情を西側に対し代弁していく〉とした上で、〈いわば二律背反（西側の一員・アジアの一国）の命題をいかに一致させるかが重要〉と認識していた。しかし〈下手をすると両方とも踏みはずす惧《おそ》れもある〉と述べ、「西側」と

「アジア」のバランスに細心の注意で臨もうとした（前掲「今次中国情勢のアジア諸国に及ぼす影響に関する非公式意見交換［メモ］」）。

「日本は世界的批判招く」

ランブイエ城での七月七日のシェルパ会合に話を戻そう（前掲「アルシュ・サミット政治問題［中国］」）。「アジアの平和と安定」のロジックを盾に、サミットでの「中国に関する宣言」発出に反対する國廣に対し、他の六カ国のシェルパは全て〈中国に関する宣言は必要〉と口をそろえた。國廣も、他のすべての国が発するというのであれば〈これをボイコットするのはよくない〉ということで、交渉には積極的に参加する姿勢で臨んだ。

宣言への具体的な対中制裁措置の明記は一国になっても反対するよう宇野から厳命されていた國廣は、〈具体的措置を書くことはできない〉と強く主張し、こう続けた。

〈「この抑圧によりわれわれは強い非難の気持を表現するため、適当な措置をとるに至った」との抽象的な表現がわが国としてとり得る最大限の表現〉と譲らなかった。

これに対して米国はこう反論し、対中制裁措置の明記は不可欠だと訴えた。

〈独立記念日明けの議会で対中非難の動きが更に強まることが懸念され、どうしても一定の具体的措置に言及しサミット参加国で合意したのはこの線である旨をはっきり説明できない限り議会・世論との関係で大きな困難に直面する〉

イタリアと西ドイツも米国に追随した。

米、伊、西独の攻勢に対して次のように反論する國廣はなかなかのタフネゴシエーターである。

〈わが国の主張は国民的意識に基づいて行われているのであり、また、中国が周辺のアジア諸国に及ぼすべき影響も考えて日本の外交政策の基本的問題として首脳以下一致した意見を述べているのであって変える訳には行かない〉

さらに、國廣は具体的な対中制裁措置を宣言に入れたとしても、〈具体的措置に関係する部分は全てカッコに入れられるべき〉だと主張した。

「〈閣僚その他のハイレベルでの接触の停止〉」などとカッコ付きにすることで、少しでも制裁色を弱めようとする策である。

これに対してアタリは、〈日本はやっていることを何故書けないのか、この文書に同意できないのは日本だけ〉だと非難し、サミット開幕当日の十四日に予定されるシェルパ会合でもカッコが取れない場合には首脳レベルの議論とならざるを得ないと総括した。もっと厳しかったのはイタリアである。

〈このようなカッコが残れば、いずれ外部に漏れ日本の孤立は世界的批判を招くであろう〉

イタリアのシェルパに國廣は、〈そうならないことを願うが、そういう困難はあっても立場は変えられない〉とあくまで強気を貫いた。米国もこう意見した。

〈米案はブッシュ大統領自ら手を入れた文章に基づいているものであるが、日本が総理自身の意見であるという以上、カッコ書きが残るのは止むを得ないが、ワシントンに戻ると、この文言では不十分であり、これら以外の他の措置を追加すべしとの指示を受ける可能性もある〉

七カ国間で日本の孤立は深まった。栗山外務審議官は霞が関からパリでの交渉を見ていた。

「あの時は厄介だった。アルシュサミットでは当初、日本はG7の中で孤立した。中国に断固制裁を科すべきだとミッテランが主導してヨーロッパはもちろん、ブッシュ政権も同調してシェルパレベルでは七カ国では六対一だった」（栗山インタビュー）

「孤立させることが意図ではない」

七月十一日午後一時三十五分、首相官邸小食堂。

パリへの出発の前日、「サミット首相勉強会」が開かれた。宇野首相、三塚外相、村田外務事務次官、栗山外務審議官、谷野アジア局長らがそろった。七日のシェルパ会合後、國廣はパリに残ったが、同会合に出席した山下新太郎情報調査局長は帰国して勉強会に参加した。

勉強会には「**中国問題に対する総理御発言案**」（**一九八九年七月十一日**）が提出された。作成者は「外務省」に格上げとなった。もともと前出した「中国問題に対する総理（外務大臣）発言案」として作成されたが、関係部局課長や外務審議官らの決裁を重ねて最終的には村田次官が次のような指示を出して完成した。

《総理と外相を分ける》

《外相（発言案）にはASEANの声と我が国の措置をかく》

《弾圧への憤りを明記》

《個別（制裁）措置の言及は仕方がない》

こうして同日（七月十一日）、情報調査局は、首相発言案と分けて「**中国問題に関する大臣御発言**

案」（「極秘・無期限」）も作成した。「ＡＳＥＡＮの声」として、三塚外相が同月五日、ＡＳＥＡＮ拡大外相会議出席に先立ちシンガポールで会談したリー・クアンユー首相の発言をサミット外相発言案の最後に入れることにした。八日の発言案にはなかった部分である。

《ソ連は、欧州の一員として価値観を共有したいとの気持ちがあるので、人権に関しても外から圧力をかければ動くが、中国は価値判断の規準が異なり、そのようなことをすれば怒らせるだけである。自分は〝怒って、いらだった中国〟よりも、平和的な隣国としての中国であった方が良いと思っている。国内の変化は遅いであろうが、四〇〜五〇年後には近代的な中国になり得る》

宇野とのサミット勉強会の結果を踏まえ、山下はパリの國廣に「極秘・大至急」公電を送った（**外相発仏大使宛公電「部内連絡」一九八九年七月十一日**）。

《我が方がカッコ書きをはずすことに関する政府首脳の政治的決断をいただいた際、中国との関係で、更にバランスのとれた表現が不可欠であるとの強い御意向が示されたので、〈中国に関する宣言〉第三パラの冒頭に「我々は中国が孤立化することを意図するものでなく」との文言が入ることが条件である》

具体的制裁措置をカッコ書きから外す政治決断を下したとしても、「中国を孤立させるのが意図ではない」という一文を宣言の中に入れることを最優先にしろ、という宇野からの厳命である。

極秘公電はさらにこう指示している。

《〈中国を孤立させないという文言を入れることが〉どうしても不可能な場合には、第三パラ目の末尾に

「我々は、中国が国際政治経済秩序の中で安定的役割を果たしていくことを強く期待する」との文言を追加する》

いわゆる《パッケージ・ディール》だと極秘公電は記し、國廣がアタリへの根回しや米国との事前すり合わせを行うのが好ましいと求めている。それ以降、東京とパリの外交官たちは、「対中国」と「対米欧」の狭間でギリギリの極秘交渉を進めることになる。

シェルパ國廣の根回し外交

国廣は、外務省からの指示通り、さっそく根回しに動く。七月十一日にまず、議長のアタリのもとを訪れ、宇野の指示に基づき修正した文案を示した。

「IT IS NOT OUR INTENTION TO ISOLATE CHINA AND WE STRONGLY HOPE……」（中国を孤立させるのがわれわれの意図ではなく、われわれは……と強く望む）

しかしアタリは、〈これを加えることにより、全体のトーンが随分弱くなる〉と難色を示した。これに対して〈この点はわが方として最も重視するところであり、これなしには案文の妥協はできまい〉と粘る國廣。〈ベーカー長官も、カナダも英国も中国をＩＳＯＬＡＴＥ〔孤立させる〕すべきでないと言っているのであるから、この点はぜひとも考えてほしい〉と続けた。

このやり取りが記録された「**木内大使発外相宛公電**「**部内連絡**」**一九八九年七月十二日**」は極秘指定で、國廣は配布先を次官、栗山外務審議官、官房長に限定し、その他に配布の必要がある際には官房長の了承を得るよう依頼した。

國廣はアタリと会った後、十一日夜、米国のシェルパであるマコーマック国務次官と夕食を共にした（**木内大使発外相宛公電「部内連絡」一九八九年七月十二日**）。

國廣は、〈総理・外相ともにぜひとも必要としていることは、「中国を孤立化させることがわれわれの意図ではない」ということを宣言の中に含めることである〉と述べたところ、マコーマックも〈それがわれわれの共通の意図であることは間違いないが、それを宣言文の中に入れると宣言文の迫力が落ちてしまう〉と、アタリと似たことを口にした。

マコーマックは、中国政府に対して厳しい姿勢を取る理由を延々と続けた。

〈これまで中国政府は一万人を逮捕し、さらに逮捕を続けている。さすがに最近は死刑はさしひかえているが、それもわれわれの反応が激しいことを知ったからである。ここで、われわれがあまいことを言うと一万人の逮捕者をどうするかわからない。ヨーロッパ諸国は中国の弾圧がいずれの日かソ連・東欧に飛び火する可能性を極度に恐れていて、今中国に断固たる姿勢を示すことを極めて重視している〉

國廣は、〈中国を孤立化させて闘争的な政権にすれば、周辺のアジア諸国が不安におちいるから、われわれもアジアで異なった意味で安全保障上の問題を感じている〉と口を挟んだ。

アジアにおける中国の脅威を唱えて説得しようとした國廣の言葉に対し、マコーマックは不快感を示し、対日批判に転じた。

〈欧州諸国は日本が中国に厳しい姿勢をとりたがらないのは、中国における日本の経済的利益を守るためだと信じている。特にアタリがそうである〉

マコーマックは実は、九日にも國廣と会ったが、〈米議会が極めて強硬な制裁措置を行政府に要求しているという現実がある以上、行政府として、これ以上制裁措置をとらないためには、言葉の上で強いことを言わざるを得ないというのが実情である〉と理解を求めていた（**木内大使発外相宛公電「アルシュ・サミット政治問題［中国］」一九八九年七月十日**）。

米国はこれ以上の追加制裁を避けたかったが、対中強硬を強める議会を黙らせるためには宣言案の表現を弱めるわけにはいかないという現実があった。

〈自分はダレス（元国務長官）が一九五四年にジュネーブで周恩来に握手を拒んで怒らせたことが、その後の米中関係にどれだけ大きなマイナスになったか知っている。しかし、現在の中国政府は二十五《ママ》年前の政府と違って世界情勢をよく理解している。われわれが中国の孤立化を意図するものでないことは現行案第三パラから十分読み取れるはずであり、これ以上にその点を強調すると弁解がましくなってしまう〉（前掲木内大使発外相宛公電「部内連絡」）

國廣はなおも〈ベーカー長官も中国の孤立化を欲するものではないと言うことは度々公言しており、何故宣言文の中で言うのに反対するのか理解し難い。総理も、外務大臣もこの点は特に重視しているので、是非ともよく検討して欲しい〉と繰り返した。

「国対の宇野」の粘り

宇野首相が日航の特別機でパリ・オルリ空港に到着したのは七月十二日午後三時二十五分。

宇野の通訳としてワシントンからパリに出張した鶴岡公二駐米日本大使館一等書記官は、当時をこう振り返る。
「アルシュサミットでは、天安門事件後の中国にどう対応するかが大きな課題だったが、日本のマスコミの最大の関心は、女性問題にさらされた宇野総理に対し、サッチャー英首相が果たして握手して話をするのか、ということだった。マスコミは、宇野総理が世界でも相手にされず、サミットは総理の失脚を演出する場という記事を書きたがっていた。通訳として総理と行動を共にした私は、記者からサッチャー首相の態度などをしつこく聞かれたが、サッチャー首相の宇野総理への接し方は全く普通であった」

リクルート事件を受けて退陣した竹下登の後任として「クリーン」を売りにした宇野は、当時、女性スキャンダルに見舞われていた。宇野が東京・神楽坂の元芸者の女性と金銭を介して交際していたと報道した週刊誌『サンデー毎日』が発売されたのは宇野就任直後の六月六日。同月二十八日付新聞各紙朝刊一面には「宇野首相、辞意もらす」（読売新聞）、「首相、進退に言及」（朝日新聞）の見出しが躍り、二十九日付ニューヨーク・タイムズなど米欧各紙による宇野の辞意報道も相次いだ。七月五日には参院選が公示されたものの、宇野に選挙応援の声も掛からず、参院選（同月二十三日）後の退陣が現実味を帯びる中、宇野にとってサミットは「外交の宇野」をアピールし、風向きを変えるための舞台だった。

しかし、サミットでの「中国に関する宣言」の交渉を担うシェルパの國廣道彦は、進展がないことを宇野に報告するしかなく、重い気持ちだった。フランス革命二百周年記念前夜祭が十三日夜、パリのコンコルド広場で行われ、賑やかな音楽が鳴り響く中、「自由」「平等」「博愛」のプラカードを掲げたパレードが続き、花火も打ち上げられた。人波を見下ろす海軍省ビルで首脳の歓迎ディナーが行われ、國廣らシェルパは首脳と相対する部屋で、首脳と同じくフランス一のシェフによる豪華なメニューを前にしたが、國廣はあまりの忙しさに胃袋が裏返った感じで何も味わえなかった（「國廣手記」）。

事態が動いたのは七月十四日昼食会の場であった。アタリが宇野に近寄ってきた（「**中国問題に関する総理とアタリ補佐官の会話［七月十四日昼食会］**」）。

アタリ〈西欧諸国としては、中国を孤立化させてはならないと言うのは非生産的と考える〉
宇野〈中国が自ら孤立化しないような改革を進める必要がある、というような案文ならいいのではないか〉
アタリ〈それなら巧妙な言いまわしであり問題ないと思われる〉
宇野〈サッチャー〔英〕首相にも話したが、日本として中国との経済関係は動いていない。八千億の借款も手をつけていない。（中国情勢が）平静になるのを待とうと思う。中国は「戦々恐々」としてサミットを見ている〉
アタリ〈昨日の〔四川省成都で民主化運動に絡み放火したとされる〕二名の処刑〔の報道〕はサミットに対する挑戦である。このような状況ではトーン・ダウンした案文にしようという気がおきない〉
宇野〈（再び）自ら孤立化を避けるよう改革を進めるのがいい〉

外交記録を読む限り、宇野とアタリとの会話はかみ合っているとは言いがたいが、G7が中国を孤立させるのではなく、中国が自らを孤立させないよう希望するという表現を提案した宇野に対し、アタリは検討の余地があると応じた。十四日午後五時すぎから首脳会合が開幕した。ルーブル美術館の中庭にあるナポレオン広場に新設されたガラスのピラミッドに七カ国首脳が集まった。

國廣はアタリにメモで「so that China will not isolate itself（中国が自ら孤立しないように）」という表現なら同意できるかと尋ねたところ、「ＯＫ」と書かれたメモが戻ってきた（「國廣手記」）。

國廣は手記に「国対の宇野」のねばりと能力に感服した、と評価している。宇野は自身の女性スキャンダルもあり、結局、サミット直後の七月二十三日に行われた参院選で惨敗。責任を取り、翌二十四日に退陣を表明した。首相在任わずか六十九日の短命内閣だったが、一九七〇年代半ばに自民党国会対策委員長を務め、野党と激しく駆け引きした手腕が外交にも生かされた。

ブッシュが日本を支持

七月十五日の首脳会合は、午前十時から始まり、「中国に関する宣言」は人権、テロ、東西関係に関する宣言とともに、午後零時十九分、採択された。外務省は「仮訳」を作成した。

> 我々は、既に、中国における人権を無視した激しい抑圧を非難した。我々は、中国当局に対し、民主主義と自由に対する正当な権利を主張したに過ぎない人々に対する行為を中止するよう強く促す。
>
> この抑圧に鑑み、我々各自は、深甚なる非難の意を表明し、二国間における閣僚その他のハイレベルの接触を停止し、また、中国との武器貿易があれば、これを停止するといった適当な措置をとるに

至った〔中略〕。
我々は、中国当局が、政治、経済改革と開放へ向けての動きを再開することにより、中国の孤立化を避け、可能な限り早期に協力関係への復帰をもたらす条件を創り出すよう期待する。

宇野が激しく抵抗した「ｂｒｕｔａｌ」（野蛮な）は「ｖｉｏｌｅｎｔ」（暴力的な）に変わり、外務省は「激しい」と訳した。一方、焦点だった「中国を孤立化させない」という部分は、〈中国当局が〔中略〕中国の孤立化を避け〉となり、宇野の提案は採用された。

宇野の提案が通った経緯について検証しよう。

結論から言うと、中国に対する「建前」と「本音」を使い分けていたブッシュ大統領が日本の味方になった。サミット首脳会合が開幕した七月十四日の夜八時半から、シェルパと政務局長による夕食会に引き続き、翌日採択される宣言案の最終調整が行われることになっていた。最新の宣言案は前日の十三日のシェルパ会合で作られたもので、日本が提案した「われわれの意図は中国を孤立させることではない」という文言がカッコ付きで三段落目最後に加わっていた。

十四日夜に予定されたシェルパと政務局長の合同会合に先立ち、宇野はパリの米大使公邸に向かい、同日午後四時二十九分から三十五分まで、ブッシュと会談した。当初二十五分間を予定し、宇野にとって就任後初の日米首脳会談のはずだったが、わずか六分間の会談に終わった。

宇野の通訳を務めた鶴岡公二によると、十四日午後、世界各国から首脳級が出席したフランス革命二百周年祝賀の昼食会が終わり、米大使公邸に向かおうにも会場を出発できなかった。「大統領など元首」「首相」「首脳代理」の順に退出する外交儀礼上の理由で、首相で着任間もない宇野の配車は、順番が後回しになったからだ。先に出発するブッシュは、宇野に「これから一緒に話をするんだったから、私の車で行きましょうか」と声を掛けたが、警護官もいることなどから「お誘いはありがたいが、後でお会いすることになっていますから……」と断らざるを得なかった（鶴岡インタビュー）。

この日米首脳会談は「史上最短」（『読売新聞』七月十五日）と揶揄されたが、ブッシュは対日重視を示した。会談冒頭、〈あなたを『ソースケ』と呼ばせてほしい。私のことは『ジョージ』と呼んでほしい〉と持ち掛け、二人は会談後、歩きながら中国問題も話した。〈中国問題については日米間の見方は基本的に似ているので、サミット期間中に互いに協力したい〉。ブッシュは前向きな反応を示した（**木内大使発外相宛公電「アルシュ・サミット［日米首脳会談・記者ブリーフィング］」一九八九年七月十五日**）。

宇野が大使公邸を後にした直後、公邸に残った梶山静六《かじやませいろく》通産相はブッシュに歩み寄り、たった今の宇野との会談で中国問題に関して明確にした米国の理解と支持に謝意を述べた。これに対してブッシュは、〈中国問題に関する米国の対処ぶりは、日本の考え方を良く聞いて決めた〉、〈日本政府の立場は、十分に検討された結果のものであり、米国としてもこれを評価して支持する〉と応じたため、梶山は〈大統領のただ今の御発言を日本国民に伝えたい〉と喜んだ。

このブッシュ発言は、「大至急」「至急」指定の公電として東京に送られた（**木内大使発外相宛公電「部内連絡」、「日米首脳会談」一九八九年七月十五日**）。

続いて午後五時十五分から六時四十分まで外相会合が開かれた。

〈中国の孤立化はよくない。〔中略〕決して日本の経済的利益から言っているのでなく、アジアの安定にとって重要〉

三塚は、事務方の作成した「中国問題に関する大臣御発言案」に沿って述べ、前述したリー・クアンユーの言葉を紹介し、最後に〈これが歴史的結論であります〉と付け加えた。これに対してベーカー米国務長官は〈三塚大臣の言われたことにほとんど賛成〉と述べ、ハウ英外相、ゲンシャー西独外相も続いた（**企画課「サミット第一日目外相会合の模様」一九八九年七月十五日**）。

「流れ」は日本有利に傾きつつある中、十四日夜のシェルパと政務局長の合同会合が始まった。「國廣手記」から引用しよう。

ECや西ドイツなどは依然、日本が提案した「中国を孤立させない」という趣旨の語句を入れることに反対していた。この会合に特別参加した米高官がいた。約二週間前に北京を極秘訪問し、鄧小平と会ったスコウクロフト米大統領補佐官である。

「日本は天安門事件の再発を憂慮していないのか」

スコウクロフトは席上、國廣に向かって面罵した。國廣は、「日本はどの国にも劣らず中国の行為を非難しているし、このようなことを再び繰り返してはならないと中国に申し入れている」と反論した。國廣はこの時、米政府が標榜する米中高官交流の停止という対中制裁措置を無視して鄧小平と極秘会談したことを無論知らない。

スコウクロフトによる國廣批判の後、議長のアタリは「日本から提案があると聞いている」と発言した。國廣は、カッコ付きで付け加えられた「われわれの意図は中国を孤立させることではない」という文言ではなく、「中国が自分で孤立を避けるようにすることを希望する」という趣旨の表現に修正したいと提案した。ＥＣの政務局長は反対したが、米国の政務局長は「もともとの日本案でよいのではないか」と言い出し、議論の末、英国のシェルパが修辞上の助け舟を出してくれ、翌十五日の首脳会合で採択された宣言が完成した。日本が難色を示してきた対中制裁措置の列挙も、サミットとしての制裁という形にはせず、これまでに各国がとった措置を過去形で書き並べることで合意し、國廣にすれば「宣言全体としてはわが国の意見を反映したものになった」と満足した（「國廣手記」）。

ブッシュの本音が表れた瞬間

國廣道彦は、マコーマック米国務次官に礼を言ったところ、「日本が頑張っていてくれたから助かった」と逆に感謝された（「國廣手記」）。マコーマックは当初、國廣が「中国を孤立化させない」という言葉を入れたいと求めたところ拒否したことは前述したが、米国の態度豹変《ひょうへん》にはブッシュ大統領の意向があったという。國廣は「後で聞いたこと」として、ブッシュがポーランド、ハンガリーを訪問した後、七月十三日にパリに到着し、シェルパの報告を聞いて「それは日本の言う通りだ」と答えた、と手記で明かした。

七月十四日夕に七〜八分間しか宇野と話せなかったブッシュは、翌十五日午前十時に始まった首脳会合のコーヒーブレイクの際、ベーカー同席で宇野と立ち話した。「中国に関する宣言」の表現は前夜のシェルパと政務局長の会合で固まっていたが、両首脳の見解の一致を改めて確認した。

宇野〈午前の会議に決定された政治宣言における中国に対する言及振りは良かった〉
ブッシュ〈同感である。貴総理の発言は有益だった。日米は中国に関し共通の利益を有しており、今後とも緊密な連絡を維持したい〉

通訳した鶴岡公二は、立ち話の内容について控えロビーにいたスコウクロフトに通報した（**木内大使発外相宛公電「アルシュ・サミット［総理・ブッシュ立話―十五日］」一九八九年七月十六日**）。前夜に國廣を批判したスコウクロフトの反応は記録されていないが、宇野に対するブッシュの発言はスコウクロフトにとって意外なものではなかったと、鶴岡は記憶している。

「G7の中で米国は別格である上、ブッシュ大統領は就任間もないといえども、中国についての知識と実地体験が豊富であり、発言の重みは他の首脳とは全く違った。さらに中国の隣国・日本の中国情報はヨーロッパに比べて深く広い。サミットで中国問題を議論する場合、他の首脳は日本の発言を重要とみて聞いてくれる。日米が一致すれば、それがないがしろにされることは基本的にはない」（鶴岡インタビュー）。日米首脳の結束が、西欧諸国の対中強硬論を跳ね返した側面が強い。

アルシュサミット最終日の十六日、環境保護、開発途上国債務対策などを討議し、経済宣言が採択された。この日午後の首脳、外相、蔵相による昼食会でも宇野とブッシュは懇談した（**木内大使発外相宛公電「アルシュ・サミット［首脳・外相・蔵相昼食会―総理関係］」一九八九年七月十七日**）。「極秘・大至急」公電である。

ブッシュは宇野に〈邦人記者会見において如何なる質問が出たか〉と尋ねた。

昼食会前の午後一時十五分から二時まで邦人記者向け会見が開かれた。宇野はブッシュに〈中国につき質問が出たので、自分（総理）から政治宣言の表現は日米英の見解の一致を表現する良いものだと答えた〉と紹介し、こう続けた。

〈現在中国は孤立化していないが、今後わが国及び西側として非難せざるを得ない行動を中国がとる場合には孤立化して行くであろう〉。ここで宇野は、内部情報をブッシュに打ち明ける。

〈実は在中・中島大使に対し〔中国の〕副首相級の要人から会談要請があるが自分（総理）は現時点では過早であるので、右会談要請には応じないように指示してある。これは仮に会談が実現すれば中国はこれを全世界に宣伝し、あたかも日中間が通常の関係に復帰したかの如き印象を世界に広める為の道具に使おうとしているからである〉

宇野はこの時点で、ブッシュ自身が、スコウクロフトを極秘に北京に派遣したことも、「中国に関する宣言」に関して日本が望む表現への修正をブッシュ自らが主導したことを知る由もなかった。宇野もブッシュに対し、日本も中国が求める望みをすべてかなえているわけではない、中国の言いなりではない、ということを証明するため内部情報を持ち出した可能性が高い。しかしブッシュの答えは拍子抜けするものだった。

〈中国側が大使との会談を要請したから会うというのでは余りにも簡単に中国側の利益に奉仕することとなろうが、自分〔ブッシュ〕としても、在米中国大使が帰任する為、離任あいさつに中国大使が来れば会うこととなるやも知れない〉

ブッシュはさらに対中宥和姿勢を示す。

〈米国議会においては四一八対〇で対中制裁決議が採択されたが、自分〔ブッシュ〕としては今後新たな措置をとる考えはなく、先日もボーイング民間機の輸出を許可したところである〉

外務省にブッシュが「中国に関する宣言」の修正に直接関与したという極秘情報が入ったのは、サミットから二カ月後の九月九日。宇野が退陣して首相は海部俊樹《かいふとしき》に替わっていた。九月八日、サミットに通訳として出張した鶴岡公二が、米国務省のゲストNATO部次長から次のような情報を得て、極秘公電として送ったのだ（**松永駐米大使発外相宛公電「アルシュ・サミット政治宣言〔後日談〕」一九八九年九月九日**）。

ゲストは、米国として天安門事件は〈西側先進民主主義諸国の共通の価値観であり、普遍的妥当性を有する人権の観点から強く問題視し、EC諸国ともその基本的認識を同じくした〉と語り、こう続けたというのだ。

〈日本が表現をやわらげることを強く要請して来たので、見方によっては日本が孤立する可能性すらあった。右状況につき報告を受けたブッシュ大統領は、中国に対する理解とともに日本を孤立させることだけは絶対に避けねばならないとして、政治宣言案に自ずから筆を入れてその表現をやわらげたものであり、その文書のコピーを自分〔ゲスト〕は保有している〉

ブッシュが日本を孤立させないため「中国に関する宣言」で日本に同調したというのは恐らく日本向けの外交辞令もあろう。ただ、ブッシュは中国共産党の反応に神経を尖らせた。スコウクロフトを七月初めに秘かに北京に派遣していたから、日本の立場を支持して当然だし、スコウクロフトと会った鄧小平の強硬な反応を聞き、中国との関係改善をより迫られていた。

日本政府が極秘訪中を知るのは、この「極秘公電」からさらに三カ月後の十二月に入ってからである。

第三節　日中特別論

宇野の「気遣い外交」

中国共産党機関紙『人民日報』は七月十七日付の一面に社説を掲げた。

「中国的内政不容干渉」（中国の内政への干渉は許さない）——。

《西側七カ国サミットの叱責は道理がなく、中国内政に対する粗暴な干渉である。中国政府と人民は当然のことながら、これを受け入れることはできない》

北京の日本大使館は、社説全文を日本語に翻訳して大至急公電として東京に送った（**中島大使発外相宛公電「アルシュ・サミット〔中国の反応〕」一九八九年七月十七日**）。

『人民日報』での中国共産党・政府の反発を受け、塩川正十郎官房長官は、十七日午後四時からの定例記者会見で、アルシュサミットの内容について中国政府に通報するよう宇野首相から電話で指示があったと明らかにした。実は宇野は、中国側の反応が公になる前から指示を出していた。パリ滞在中の十六日朝の勉強会で、宇野は北京駐在の中島大使を通じて対中通報を行うよう命じた。総理の意向は、随行していた山下新太郎情報調査局長から、東京の同局審議官、池田維に極秘公電で伝えられていた（**木内大使発外相宛公電「部内連絡」一九八九年七月十七日**）。

十七日午後四時半すぎ、外務省中国課は中島大使に大至急公電を打ち、中国外交部の劉述卿副部長に対して十九日を目途として通報を行うため、アポイントを取るよう要請した。公電にはこう記されていた（**外相発中国大使宛公電「中国外交部への申し入れ［アルシュ・サミット］」一九八九年七月十七日**）。

《宇野総理の強い意向であるところ、貴使は含みまで》

「根回し」が得意で、対中配慮を重視する宇野の「気遣い外交」である。サミットでどれだけ日本が中国の孤立回避のため努力したかを示し、日中関係や中国と国際社会の関係を元に戻す狙いだった。

「日本は西側より慎重」

アルシュサミットでの「中国に関する宣言」には「二国間における閣僚その他のハイレベルの接触を停止した」と明記されたが、日本政府が想定した対象は、閣僚や次官級の接触を指し、大使による通常の外交上の接触まで排除しなかった（**企画課「アルシュ・サミット政治問題に関する擬問擬答」一九八九年七月十三日**）。

中島から外務省には同日（十七日）中に返信があり、中島は劉述卿と十八日午後二時半にアポイントを取った（**中島大使発外相宛公電「中国外交部への申し入れ［アルシュ・サミット］」一九八九年七月十七日**）。中国政府が本当にサミットでの行動について日本に対して激怒しているならば、中島からの会談要請を拒否あるいは無視することもできたはずだ。しかしすぐに会談に応じたところから、中島も中国側の日本への期待を感じただろう。

劉述卿の横に座ったのは王毅日本課長。一方、中島に同行したのは小林二郎政治部長である（**中島大使発外相宛公電「中国外交部への申し入れ［アルシュ・サミット］」一九八九年七月十九日**）。

〈宇野総理、三塚外相の指示に基づき、今般のサミットにおける政治問題の模様につき中国側に通報すべく来訪した〉と切り出した中島はこう続けた。

〈今次サミットにおいて、中国に対する各国の立場はおしなべて極めて厳しいものであったところ、総理、三塚大臣は各国首脳との種々の機会をとらえての話し合いを通じ今次サミットで、いたずらに一方的な声高の中国非難に終わることとならざるよう努力された〉

中島の伝達内容は、七月十七日にパリの山下から池田に伝えられた前出極秘公電で決まっていた。

中島は劉に対して、日本側の通報を指導部に伝達するよう求め、〈是非日本が中国の親しい友人として、こうして中国に通報していることの真意をくみ取っていただきたい〉と訴えた。これに対して〈友人として、サミットにおける討議の概要を通報してくれたことに感謝する〉と返しながらも劉述卿は〈中国として非常に不満がある〉と述べ、『人民日報』や外交部スポークスマンと同様の非難を繰り返した。その上で、武力鎮圧の過程で「暴徒」に襲われ、車両を焼かれ、六千人余りの軍や公安の関係者が負傷したと主張し、〈最終段階となって、軍としては兵器を用いて自衛の手段を採らざるを得なかった。〔中略〕さもなければ、外国の外交官が外交部に来るのも困難となっていたであろう〉と続けた。さらに〈批判は恐れない〉と強がってみせた。

〈中国に圧力を加えると、結局圧力を加えた国に損害が及ぶことになる。中国の内外政策には何の変更もない。中国は、今後も引き続き、改革・開放政策、独立自主の平和外交政策をすすめ、アジア・太平洋地域のため貢献していく。日本との友好にも何ら変更はない〉

中島と劉述卿の会見のうち、小林二郎政治部長が北京駐在の邦人記者向けのブリーフィングで明らかにしなかった部分があり、その部分こそ、日本大使館や外務省が注目した劉の発言だった。

〈中国は日本の友人の態度を良く知っている。日本は中国にとって近隣の国なので、他の西側諸国よりもより理解し合う関係となるはずである。今回、日本は他の西側諸国よりも慎重な態度をとっている。しかし、他のアジア地域の隣国に比べると、日本もまだ遠くを歩いている感じである。〔中略〕日本が他の西側諸国に追随して遠くを歩くことのないよう希望する。〔中略〕宇野首相、三塚外相とも中国の古くからの友人なので、これまでと同じように、両国間の善隣友好関係を発展させていくことを希望する〉

村田事務次官が塩川官房長官に説明するために作成された「**サミット政治宣言『中国』に対する中国の反応**」という文書には『人民日報』社説などでの中国側の強い反発とともに、劉述卿の発言が掲載されているが、上記「劉発言」のうち線を引いた部分を抜粋し、「―秘―」と注が付いている。記者ブリーフィングで隠した部分だろう。

他の西側諸国との比較で日本の対応を〈西側諸国よりも慎重な態度〉と評価したり、〈西側諸国に追随して遠くを歩くことのないよう〉と牽制《けんせい》したり、〈これまでと同じように〉と対日関係の不変を示唆したりした発言に意味を見出していることが分かる。

「日本工作を重視しろ」と指示

劉述卿の発言に対して中島敏次郎はさらに続けた。

〈われわれは、日本が中国の隣国で、中国を理解するからこそ、中国の孤立化は西側諸国にとって望ましくないことをるる説明し、他の西側諸国の共感を得たものである。貴副部長の発言振りからわが国のサミットにおける努力を中国側も評価しているものと考え、うれしく思う〉

これに対して劉述卿は〈米国は先頭に立って米中関係を損なうことを行ったが、日本は先頭に立って日中関係に有利なことを行うよう期待している〉と述べ、〈中国と日本は親しい隣国なので、日本が他の西側諸国よりも早く中国との正常な関係を回復することを希望する〉と締めくくった。

日本と中国は、米欧諸国と中国の関係とは違う特殊な関係であるという「日中特別論」が垣間見える。サミットを通じて「日中特別論」の構築が加速し、両国の共通認識になろうとしていた。中国政府は他の西側諸国と区別し、日本を取り込み、国際的孤立からの脱却を図ろうとした。

実際に当時外交部長の銭其琛は回顧録で、日本を「西側諸国による対中制裁の共同戦線の中での弱点」と位置づけ、「西側各国と歩調を合わせるためだけに、サミットで中国制裁決議に同意させられたようなものだった」と回想した（『外交十記』一九一～一九二頁）。中国政府は、サミットで対中制裁を強めた西側諸国と、中国に配慮した日本を区別して後者を取り込もうとする対外戦略を展開したのだ。「敵」と「友」を区別して「友」を取り込み、「敵」を牽制する伝統的手法である。

東京では七月十八日午前十時すぎ、池田維情報調査局審議官が唐家璇臨時代理大使を外務省に招致し、サミットの内容を通報した。楊振亜大使は一時帰国中であり、代わりに公使の唐が臨時代理大使として対応した。

楊振亜が一時帰国したのは六月三十日。中国指導部は、サミット開催直前の七月六〜十二日、北京で駐外使節会議を開催することになり、楊も出席した。

会議は「鄧小平同志の戦略思想に基づき、原則を堅持し、政策を変えず、矛盾を利用し、より多くの工作を行う」と明確にした。焦点は、いかにして西側諸国の制裁を打ち破る方針を打ち立てるかだ。次のような指示が出された。「突破口を確定させろ。日本工作を重視しろ。日本を先行させ、徐々に制裁を取り消させ、西側諸国の中で率先的役割を果たすよう推し進めろ」（楊『出使東瀛』三三二頁）。劉述卿外交部副部長もこの方針と指示に基づき、中島大使に発言したとみられる。

指示を受けた楊振亜は日本に戻り、対日工作を強化した。楊の回顧録には対日工作対象者を記している。栗山尚一外務審議官、二階堂進元官房長官、伊東正義日中友好議連会長、斎藤英四郎経団連会長、河合良一日中経済協会会長であり、彼らと接触し、中国国内情勢と改革開放政策について紹介し、中国の近代化目標と中日友好政策は断固揺るがないと述べ、楊は理解を得られた、と回想している（『出使東瀛』三三三頁）。

第七章——日本の「敵」は米欧

第一節　「米欧先行」に危機感

遅れる日本のODA、李鵬の苛立ち

アルシュサミットから一カ月もすると「日中特別論」は暗転する。

中国政府は、日本を「突破口」に米欧諸国による対中制裁を弱体化させる戦略を決め、対日工作を強めたが、日本政府の方では新規の第三次円借款どころか対中ODA再開そのものに向けた動きが、中国政府が期待するように進まなかったからだ。

伊東正義が一九八九年九月十七～十九日、日中友好議連訪中団を率いて訪中したのに続き、日中経済協会の河合良一会長も北京を訪問、十月二日に李鵬総理が会見に応じた。

李鵬は河合にこう不快感を示した。

〈私と竹下首相との間で話がついた円借款は〔六月四日の〕事件で中止になった。しかしそれでも中国は外国に頭を下げておねがいに行くつもりはない。せっかく両国首相が話し合ってできた借款を一方的にやめれば中国人民はどんなイメージをもつか、すぐ昔とつなげて考えるのではないか。〔中略〕中国は援助なしでも発展できないことはない。いろいろ率直に言わせてもらった〉（**中島大使発外**

相宛公電「河合日中経協会長と李鵬総理、田紀雲副総理との会談」一九八九年十月四日）

李鵬の苛立ちは高まり、〈すぐ昔とつなげて考える〉と口にした。李鵬は中国への侵略戦争の歴史と結びつけて反日感情が強まると示唆したが、日本政府が突かれると尻込みすることを知っていて歴史問題を持ち出し牽制した。

その一カ月半前の八月十八日、外務省は、戒厳令の続く北京を除く中国の各地への渡航自粛勧告を解除した。その直前の同月十二日、防衛駐在官の笠原直樹は偶然、北京空港で情報源とばったり出会い、〈北京市周辺に進駐していた戒厳部隊のほとんどは最近、原所属駐屯地に帰った。現在残っている部隊は市内の警備等に必要な最小限の部隊〉であると聞いた。ただ六月三〜四日に「暴徒」に奪取された武器が戻っていないことなどから、北京への戒厳令は継続されると、この情報源は語った（**中島大使発外相宛公電「中国軍事［[redacted]内話］［防衛情報］」一九八九年八月十四日**）。いずれにせよ北京市内も安定を取り戻しつつあった。

外務省は、北京以外への渡航自粛勧告解除を受け、第三次円借款を含む新規案件については慎重に検討していくことにしたものの、事実上中断されていた経済協力案件については徐々に活動を再開させることにした。戒厳令の続く北京でも案件によっては例外的に再開させる可能性を排除しないと決めた（**経済協力局政策課「対外応答要領」一九八九年八月五日**）。

しかしながら対中ＯＤＡの新規案件はもちろんのこと、継続案件も一向に前進しなかったのだ。

「米欧に比べ日本の遅れが目立つ」

北京の日本大使館が「**わが国の対中経済協力**（**意見具申**）」という「秘・至急」扱い公電を東京に発信したのは八月二十三日（**久保田臨時代理大使発外相宛公電**）。《各案件について実際に現場で生じる問題点》を踏まえ、次のように早急な対処が必要だと訴えた。

《ここ数年来せっかく努力して各種の政治問題を解決してきた日中間の関係ではあるが、新たに経済協力をめぐって先方から不信感ないし疑念をぶつけてくる可能性があり、その場合は極めてやっかいな外交問題に発展するおそれがある》

日本大使館の中でも、民主化運動の動向を追った政治部ではなく、経済協力を担当する経済部が懸念したのは、せっかくサミットで「日中特別論」が構築されつつあったのに、日本がもたもたしている間に、中国経済利権を狙う米欧諸国が先行してしまう事態だった。久保田は北京着任まで、東京でODAを担当する経済協力局の審議官を務めていた。

《諸外国とも慎重な姿勢を変えないとしてはいるが、実際には今後速いテンポで実務レベルの協力関係が進捗することが見通される》と記し、《各国首都（本国政府）における公式見解とは異なり、現地では既に首都圏及び地方都市ともかなり活発に政府間及び民間企業活動の兆しが出ており、特に米国はリリー大使が先頭に立って企業とともに活動しており（後略）》と報告した。

米欧諸国や米主導の世界銀行の援助に比べて日本が遅れれば、これまでの対中ODAの実績から見れば落ち込みが目立つこととなり、《何か日本は他国と違って意図的に中国に対する協力の締めつけを行っているという印象を与える》と危機感を訴えた。

北京の日本大使館は九月十四日、さらに「**わが国の対中経済協力（意見具申）**」（**中島大使発外相宛公電**）という、今度は「極秘・至急」公電を東京に送った。

八月二十三日の意見具申公電以降も、日本政府の対中ＯＤＡ政策が、米欧諸国と比べて遅々として進んでおらず、中国政府の不満に直面した現場・北京の大使も、東京の対応に苛立ちを強めていることが公電からひしひしと伝わる。

《アルシュ・サミット以降もわが国の対中経済協力の再開が欧米諸国と比べて遅々として進まないことに対して中国側の一部には、わが国が実質的に厳しい経済制裁を実施しているのではないかとの不満がこうじつつあり、現に本使〔中島〕に対しても鄭〔拓彬〕対外経済貿易部長が述べたのを始め、中国側よりわが方官民関係者に同旨を述べている。右をこのまま放置すれば、わが国に対するぬきがたい不信感を生じ、動乱後原則問題についてはせっかく適切なる態度をとってきたにもかかわらず、その対中効果をいちじるしく減殺し、対中外交全般に長期的影響を及ぼすおそれがある》

公電を受け取った東京の担当者がペンで下線を引いた跡が残っている。

日本大使館は、渡航自粛の継続を理由に北京でＯＤＡ事業を再開できないことを批判し、渡航自粛とＯＤＡ事業再開を切り離すよう求めた。さらに地方についても、貴州省の飲料水プロジェクトを取り上げ《数十万人の農民がその実施を待ち望んでいる》と予定通りの実施を要求した。

本来なら、民主化運動弾圧に対する代償として中国政府が負うべき制裁なのに、制裁を科す側（日本や米欧）が、制裁を受ける側（中国）の支援を実施したいという逆転の構図が鮮明となった。こうした中で、ODAを通じて中国の経済利権や巨大市場・中国に対する影響力の獲得を目指す日本にとって、中国をめぐる競争で米欧諸国がライバルになった。北京発の「意見具申」公電は、国際世論を気にして米欧との「横一線」を心がけた外務省に向けて、逆に米欧に追い抜かれつつある現実を直視するよう訴えている。

《欧米諸国は経済、技術、文化各分野の協力は新規大型借款の如きものは除き、ほぼ平常通り実施しているのが実情であり、これら欧米諸国のビヘイビアーとの対比においてもわが国政府の経済、技術協力の遅れが目立っており、不満が高まっている。本省において対米欧関係を考慮し、経協案件の実施を進めるについて自ら慎重な配慮を加えられることは、当方としてもよく推察し得るところであるが、今や米欧からの指摘に対しては、彼らの実施振りの現状及び対中経済協力の中長期的観点の必要性を明確に指摘し、彼らのモウ〔盲〕を解く必要があると思料せられる》

二カ月前のアルシュサミットでは「日本はスキあらば経済利益を優先する」と米欧諸国から非難されたが、日本大使館は中国との関係正常化に向け、米欧に対して反論すべきは反論するという主張を展開している。

「人権より国権」

一九八九年十一月六〜九日、中国共産党第十三期中央委員会第五回全体会議（五中全会）が開催され、鄧小平が最後まで手離さなかった党中央軍事委員会主席のポストからも退き、江沢民総書記に譲った。北京ではまだ戒厳令が続いている。

共産党指導部は、五中全会閉幕当日の九日夜、訪中した日中経済協会ミッション（団長・河合良一会長、顧問・斎藤英四郎経団連会長）に対して、田紀雲副総理が会見と歓迎宴に応じるなど、対日重視を示した。五中全会は午後五時に閉幕し、六時半から会見に応じる厚遇で迎えた（**橋本大使発外相宛公電「日中経済協会訪中ミッション［田紀雲副総理との会見］」一九八九年十一月十日**）。

鄧小平は、九月十九日に伊東正義日中友好議連会長と会談したのに続き、十一月十三日、日中経協ミッションとの会談にも応じ、〈政治生活に正式に別れを告げた。したがって、皆さんのような大事な客とお会いするのはこれが最後の機会になると思う〉と述べた（**橋本大使発外相宛公電「日中経協訪中ミッション［鄧小平氏との会見］」一九八九年十一月十三日**）。鄧小平は明らかに日本を特別視した。前述したように楊振亜駐日大使の工作対象者も伊東、斎藤、河合であり、それぞれ中国に招いている。

しかし日中経協ミッションとの会見で、引退した鄧小平は意気揚々だった。「最も大きな問題」の「第一」として次のように述べた。

〈サミットでいわれた人権ということについてだ。人権と国権とがあり、（中略）人権が重いのか、国権が重いのかといえば、私の考えでは国権は独立、主権、尊厳という点に関わるものであり、これが全てを圧倒すると思う〉（前掲「日中経協訪中ミッション［鄧小平氏との会見］」）

ちなみに鄧小平の公式記録『鄧小平年譜』では、「国権」の部分は「国格（国家の体面）問題」となっており、鄧は「人権あるいは国格のどちらが重要か。私が見たところ国格は国家の独立、主権と尊厳の問題に関わるものであり、全てを圧倒する」と述べたと記述されている（下巻・一二九九頁）。

実は、一九七二年の米中接近の立役者であるニクソン元大統領とキッシンジャー元国務長官もほぼ同時期に訪中し、鄧小平はそれぞれ十月三十一日と十一月十日に会談している。

斎藤英四郎は鄧小平にニクソンとの会談内容を尋ねたところ、鄧小平は〈中国は被害者なのであって、米国が被害者なのではない〉と述べ、米国の干渉は許さないという従来の強気の姿勢を見せたが、柔軟になっていた。

〈彼〔ニクソン〕は理解していると思う。米中双方が情熱を持って当たれば、この数ヶ月の米中間のわだかまりはピリオドを打つことができるだろう〉

これに対して斎藤は〈これが引退する人とは思われない〉と漏らしたところ、鄧小平はこう返した。

〈百パーセント職場から離れるが、いつでもお会いはできる。現在の指導者グループはうまくやっていくだろう。〔中略〕重要なことを一言でいうと、指導者グループも安定しなければならないということだ〉（前掲「日中経協訪中ミッション〔鄧小平氏との会見〕」）

天安門事件の教訓から出た言葉だった。

口と行動が違う米欧

円借款など対中ＯＤＡが停まったままの日中関係に対し、中国指導者からは日中経協ミッションに厳しい言葉が相次ぎ、改善の機運が出てきた米中関係とは対照的に緊張感すら漂った。

十一月十二日午前十時半、人民大会堂東大庁。

李鵬総理は日曜日に、日中経済協会訪中ミッションとの会談に応じた。十一時三十五分までが全体会談。続いて十二時半まで、斎藤英四郎、河合良一、経団連副会長の平岩外四《ひらいわがいし》（東京電力会長）、日中経協副会長の小林《こばやし》庄一郎《しょういちろう》（関西電力会長）の首脳四人と少人数でより突っ込んで意見交換した。大使館からは公使の久保田が同席した。

〈松下幸之助先生の指導のもと、北京でブラウン管工場が設立された〉

全体会談で李鵬は、六月四日も工場の操業を停めなかった松下電器産業の件に言及した。

〈この企業は事件の最中、北京が最も混乱している時期にも生産を止めなかった。私は二度視察しているが、この工場が日中合弁のモデルになることを希望する〉

李鵬は対中制裁にも言及した。

〈中国にとっても勿論、何らかの損害を伴う。しかし何らかの形で制裁をする側にもはねかえってくることも間違いない。注意深く、良く見ると、世界の先進七カ国の中にも、対中経済制裁のやり方は、口で言うのと実際のやり方に食い違いがある。ある国は（制裁を主張する）口数は多いが、実際面ではあまり行っていない。また口ではあまり言わないが、実際的には逆に行っているところもある〉

李鵬は具体的にフランスを例に挙げ、〈政治的には対中態度は最も厳しい（悪い）が、経済界の人々は政府より柔軟で弾力的〉と述べ、広東省の大亜湾原発は英仏が落札したと紹介した（**橋本大使発外相宛公電「日中経協訪中ミッション［李鵬総理との会見―全体会談］」一九八九年十一月十三日**）。

〈口ではあまり言わないが、実際的には逆に行っているところもある〉。名指ししないが、日本のことを批判したのだ。李鵬の発言は、人民大会堂にいた日本財界首脳らにとって耳の痛いものだった。

続いて斎藤、河合、平岩、小林の財界首脳四人と李鵬との少人数会談に移った。李鵬は熱心にメモを取りながら日本側の発言に耳を傾けた。

〈〔十月の〕国慶節の際訪中し、李鵬総理と会った際、総理同士の約束だという話であった第三次円借款については帰国後政府の関係機関に伝えたが、残念ながら未だ再開されていない〉と発言したのは河合だった。李鵬はこう答えた。

〈どうやって〔中日関係の〕突破口を開くかについては、熟成した考えではないが、まず実際の仕事から始めてはどうかと思っている〉

ここで同席した沈覚人《しんかくじん》対外経済貿易部副部長が李鵬に二言ほどささやいた。沈は前日、日中経協ミッションとの会議で〈日本は欧米より借款問題で厳しい〉と苦言を呈した幹部である。

李鵬は助言を受け、〈まず日本から調査団を派遣して話し合うとかすれば、円借〔款〕の実行面においてさほど大きな影響を与えずに済むだろうと思う〉と述べ、円借款の一部プロジェクトを公表せずに開始したらどうかと提案した。その上で、〈西独の新聞にのっていた〉話として、西ドイツは上海の地下鉄プロジェクトに対する借款を再開し、政府の認可も得ていると明かした。李鵬は西ドイツに対して〈〔公表しないとの〕義務〉を負っているため、新聞に載っている情報としてしか紹介できないという、手の込んだ説明を行った。そして笑いながら〈いろいろと弾力的な方法があり、それらを試してみるのがよいのではないかと思う〉と述べた。

さらに李鵬は続けた。

〈私は、この間、日本は経済力が強いので、米国の言うなりになったり、意見を聞かなくてもいいだろうということを言ったが、少々後悔している。日本には日本自身の困難や事情があるのだと思っている〉

これは嫌味であり皮肉でもある。李鵬は少し前まで、米国の言いなりで、米国に追随するしかない対中政策に不満だったが、この発言を〈少々後悔している〉と述べた。今や米中関係も好転しつつあり、米欧諸国は対中援助でも日本を追い越しつつある。米欧諸国は実際には水面下で中国側と交渉しているにもかかわらず、日本は米欧の顔色を窺わざるを得ず、対中円借款再開に躊躇《ちゅうちょ》している。それが〈日本自身の困難や事情〉であり、李鵬の口ぶりからは「お人好し」の日本を馬鹿にしているようにも聞こえる。

李鵬は、河合良一からキッシンジャーとニクソンの訪中の様子を尋ねられ、〈二人と会談して米中関係を本来の姿に戻すべく、困難を克服し、絶えず改善・発展させていくべきだとの印象を持った〉と好意的に振り返った。これを聞いた日本経済界首脳は、日本に先行する米欧の対中アプローチに衝撃を受けたことは間違いない。

その衝撃は、副団長を務める平岩外四の李鵬に対する発言に表れた。

〈私は中国民航で中国に来たが、欧米の人々が多く乗っていた。仕事をしに来たのだろうと思う。〔中略〕第三次円借〔款〕の円滑な実施のために日本政府に対し側面からお願いすることだと思う。実情を話して説得することが重要だと思う〉

続いて同じく副団長の小林庄一郎もこう述べた。

〈私は第三次円借を是非進めて欲しいと考えている。F／S〔事業化可能性を調査するフィジビリティ・スタディ〕を水面下でという気持ちはあり、我々から政官界にお願いするよう努力したい。また、中国政府から日本政府に強く言ってもらいたい〉

小林は、自身が率いる関西電力では〈原油の四分の一は、大慶〔黒竜江省〕原油を使っているが、動乱後も影響はなかった〉と謝意を述べた。

〈中国政府から日本政府に強く言ってもらいたい〉という小林の発言は、日本政府と財界の分裂を露呈させた。早期の円借款再開を望んでいた日本大使館としても、対米欧関係で日本政府や外務省が慎重に進める中、李鵬に乗せられる形で財界が、中国側から日本政府に圧力をかけてほしいというような発言はまずいと感じたのだろう。同席した久保田は、斎藤と河合に対してこう注意喚起した。

〈中国側は、李鵬自身極めて日本の立場を考えた物の言い方をしているのであり、中国側の指導部で事務方は完全に意思疎通が出来ているとみられるところ、日本財界側から、けしかけるような発言は適当でないので慎重にお願いしたい〉

日中経済協会側は〈以後各団員とも気をつけるようにしたい〉と反省の意を示した（**橋本大使発外相宛公電「日中経協訪中ミッション〔李鵬総理との会見―個別会談〕」一九八九年十一月十三日**）。

外務省と財界の分裂。李鵬は日本内部の分裂に付け込み、「米欧カード」を使って日本の財界を揺さぶり、焦る財界から日本政府に圧力を掛けてもらおうという対日工作を展開した。日本側はこれにまんまと引っ掛かった。

中国に取り込まれた日本の経済界

斎藤英四郎経団連会長と河合良一日中経済協会会長は帰国直後の十一月十五日、中山《なかやま》太郎《たろう》外相を訪問し、訪中報告を行った。訪中時に会談した鄧小平や江沢民、李鵬から、海部首相や中山外相に〈宜しく伝言願いたい旨を頼まれたこともあり、報告に来た〉と述べた。共産党の対日接待工作に取り込まれたことが分かる。斎藤は中山に対して冒頭こう述べた。

〈今回の中国側要人の対応は、従来と異なり、一部マスコミで報道された如き日本非難の調子、高圧的態度等全く見られなかった。また、李鵬、江沢民との会見は日曜日に、鄧小平との会見は代表団帰国当日の午前にわざわざアレンジされた。今回中国側は、現在（インフレ、外貨不足等国内経済の悪化及びサミット後の国際社会での孤立等）苦境に陥っている自国に対し、最も頼れる隣国である日本に手を差しのべてもらいたいとのシグナルを示したものと自分（斎藤）は理解している〉

その上で、斎藤は中山に対し、中国に対する第三次円借款再開に向け〈日本は米国を説得するくらいのイニシアティブをとるべき〉と提言した上で、さらに強い調子で続けた。

〈中国も今回はお願いするとの低姿勢で日本の援助再開を要望しており、今が関係改善のアクションを起す絶好の機会と考える。大臣の勇断をお願いしたい。今動けば将来十倍、百倍の得るものがあろう。しかし、逆の場合には今後の関係修復には数年を要し、先人たちが苦労してこれまでにした日中関係は崩れてしまう。米国に追随したのでは、中国はもちろんアジア諸国からも評価されないだろう〉

中山は、財界からの熱い要望に対して〈話は承った。我々も種々検討している〉とだけ応じた（**「斎藤英四郎経団連会長他の中山大臣来訪」一九八九年十一月十五日**）。

中山と斎藤らの会見に同席した外務省アジア局長の谷野作太郎は当時、斎藤が「米中は裏で手を結んでいる。モタモタしないで早くODAを再開すべきだ」とかなり強い調子で求めてきたことを覚えている。しかしこう考えた。「鄧小平が『欧米はわれわれ〔中国〕と価値観が違うが、日本は〔中国が〕苦しいことを分かってくれるだろう』と言うように、日中で手をつないで先に行こうというわけにはいかない。やはりODAをそろりそろりと始めるためには、中国側は何らかの姿勢を示さないといけない。その一つが戒厳令の解除だった。北京で戒厳令という下でODAなんてなじまないから」（谷野インタビュー）。

第二節　米中の呪縛

「今は一歩引いた方がいい」

まず日本政府がいつ、対中新規円借款を再開できたかという話から始めたい。

日本政府が、外務省の松浦晃一郎《まつうらこういちろう》経済協力局長（後の駐仏大使、ユネスコ事務局長）を北京に派遣したのは一九九〇年一月十八〜二十日。同時に中国政府からは副総理級の鄒家華《すうかか》国務委員兼国家計画委員会主任が同月十六～二十五日に訪日した。外務省はこうした往来を通じ、今後の第三次円借款を含む新規案件の供与実施に向けた環境が整うよう期待した（**中国課・経協政策課「当面の対中政策」一九九〇年一月十日**）。

海部俊樹首相が同年七月九日、先進七カ国首脳会議（サミット）が開かれた米ヒューストンで、ブッシュ米大統領に対し、第三次円借款について長期的観点から実施すべきだとの考えを表明。政府が第三次円借款の凍結解除を閣議決定したのは十一月二日である。

日本政府は、はやる経済界を抑え、再開に慎重な姿勢を崩さなかったが、中国政府から見れば、アルシュサミットで対中宥和姿勢を示したのに、実際には進展せず、日本側への苛立ちと不満をぶつけ続けた。一方で、ブッシュ政権は、裏でがっちりと中国共産党指導部と手を結んでいたが、日本政府はその情報を摑めず、表面的に米欧が対中制裁を続ける中、第三次円借款の凍結解除にも踏み出せず、「対中」「対米」とも壁にぶつかっていた。薄氷を踏むように円借款を再開させようとした。

松浦が訪中する直前の一九八九年十二月。

北京に出張した外務省中国課長の阿南惟茂は十二月八日、日中有識者が両国関係の在り方や未来について率直に議論する「日中友好二十一世紀委員会」の中国側首席委員を務める張香山《ちょうこうざん》を表敬訪問した（**橋本大使発外相宛公電「日中関係［張香山二十一世紀委員会委員内話］」一九八九年十二月九日**）。

張香山は東京高等師範学校（現筑波大）に留学。日本敗戦直前、八路軍第一二九師団敵軍工作部副部長として日本軍捕虜工作を行い、共産党が政権を樹立した一九四九年以降も、党中央対外連絡部秘書長、中日友好協会副会長として対日工作に従事。七二年の日中国交正常化交渉にも外交部顧問として参加するなど、「日本通」の重鎮として存在感があった。

〈日本はアルシュサミットでも制裁の先頭を切った訳ではないし、発言振りにも含みがあり、行動も他の西側諸国と少し違うことは中国でもよく理解されているが、最近になって対外経済貿易部の実務家等の中には、日本は口では制裁しないと言いながら実際には制裁を越えることをやっているという意見が出始めている。日本は東洋の一員だということも忘れてはならず、西側とは少し対応が違って然るべきである。日本が日中友好に有利な独立した措置をとるよう望む〉

張香山は「発言」と「行動」が異なる日本への不信感をぶつけ、〈対中借款の交渉を来年まで延ばされると困る〉と牽制した。

この「秘・至急」扱いの外交記録で注目したいのは、中国側の対応ではなく、阿南中国課長の中国認識である。

〈今日本が中国に対し、西側諸国より一歩、半歩前にでることは長期的日中関係にとって決して良い結果をもたらさないとの認識が根底にある。中国は日本と他のどの国より深い経済関係を有するが、他国は日本が中国の対外経済関係を独占しようとしていると批判しかねない。批判が出れば日中関係は制約されたものとならざるを得なくなる。従って、日中関係は他の諸国が理解出来る形で回復することが重要。いったん関係が以前のように軌道に乗れば、十歩でも二十歩でも先に進められる〉

阿南の〈〔西側は〕日本が中国の対外経済関係を独占しようとしていると批判しかねない〉という発言からは、日本と米欧諸国の間で中国に対する「影響力」や「利権」をめぐる主導権争いの様相が強まり、警戒すべきは、中国ではなく、米欧諸国だという本音が垣間見える。特にフランスをはじめとする欧州は、対中ＯＤＡを日本の中国マーケット攻略の武器だととらえる傾向が強かった。米欧が「中国を独占している」と日本の対中政策を否定的に見る中、阿南にすれば、今日本が中国に対し米欧よりも一歩あるいは半歩前に出るのは長期的な日中関係にとってプラスにつながらないと判断している。第三次円借款再開の遅れを正当化しているようにも聞こえるが、「日中は特別な関係」という意識がより強いとみられる。

歴史的、文化的、地理的に近い日中両国。過去の歴史問題を抱える両国関係の中で、阿南は中国との人脈を通し、信頼関係の中で中国側の「変化」を促すという一貫した対中スタンスを持っていた。

「文化大革命による混乱後、ＯＤＡで中国の近代化を支援したのは日本だ」

「天安門事件で孤立した中国をいち早く救い、鄧小平が築いた改革開放を壊してはいけないと考えたのも日本だ」

「中国のことを一番よく知っているのは米欧ではなく日本だ」

こういう自負や責任感が、チャイナスクール外交官の阿南にはあったのだろう。

二〇一〇年に中国が日本を上回った国内総生産（ＧＤＰ）は二〇二一年には三倍以上の差が付いたが、一九八九年時点での経済規模は中国は日本の八分の一程度である。外務省の外交官には「自分たちがサポートする」という「上から目線」の中国認識が強くあった時代である。さらに日本を中国近代化のモデルとした鄧小平について「独裁的な強権主義」というより「実務的な改革主義者」だという、先入観に似た信頼が、「流血の惨事」以降もあった。その鄧小平が六月九日に登場し、「鄧小平が中国を治めるなら日本が前面に出る」という楽観的な対中観があったのは間違いない。

亡命民主派の来日問題

天安門事件をめぐり人権感覚に乏しいと批判され続けた日本政府だが、果たしてそうだったのか。張香山から指摘された厳家其の訪日問題では、是々非々で対応する現実的な対応を見せている。

民主化運動の際に鄧小平を徹底批判した元中国社会科学院政治学研究所長の厳家其は天安門事件後、パリに亡命。民主派を集めて九月二十二日に「中国民主戦線」を旗揚げし、主席に就いた。十二月十六日には三番目の支部として日本支部が結成される予定だった。

張香山は、〈指名手配中の厳家其らが東京へ行こうとしていると聞いたが、この問題をうまく処理しないとけんかになる〉と、厳家其らを入国させないよう求めた。これに対して阿南は、〈厳らの入国申請は頭の痛い問題である〉と漏らした上で、こう続けた。

〈厳の問題は中国の内政がらみの問題である。いわゆる「反革命分子」が国外にもれて出たもので、日本は迷惑している。日本は入管法に違反していない者の入国を拒めないし、日本の制度をくずす訳にも行かない。これらの人々は日本政府が招待した訳でももち論ないし、その対応をめぐって中国から批判されるのはまことに不本意である。六月以来、日中関係は停滞しているが対立している訳ではなく、こんなことでけんかになれば不幸である。わが方としては、中国側の事情にも十分注意を払い対応するつもりであるが、日本は民主主義国であり、国際世論の動向を考えれば入国を拒んだ場合それがどういう意味を持つかも慎重に考えなければならない〉

「反革命分子」を出国させ、日本に来たからと言って中国政府に責任があり、日本として「迷惑」なものだというロジックである。その上で、民主主義国として入管法に違反していない限り、人権問題を重視する国際世論もあり、入国は拒めないという立場である。

実際に、東京での中国民主戦線日本支部結成大会への出席のため、副主席のウアルカイシが訪日し、大会には在日留学生ら約三百五十人が集まった。ウアルカイシらの訪日に対して中国外交部スポークスマンは「彼らが日本で中国政府に反対する言論を発表しても注目や評論には値しない」と不快感を表明したが（『朝日新聞』十二月十五日）、抑制されたトーンだった。

日本政府としても、この中国政府の反応を注視したはずである。

米密使訪中に激怒

中国課長の阿南が北京で張香山と会った翌十二月九日午後、米大統領補佐官のスコウクロフトと国務副長官イーグルバーガーが特別機で北京に入り、そのまま銭其琛外交部長と会談した。地中海マルタ島で行われた歴史的な米ソ首脳会談の説明が表向きの理由とされた。

天安門事件後、東欧の民主化が急速に進み、十一月九日には冷戦の象徴であるベルリンの壁が崩壊。ブッシュ米大統領とゴルバチョフソ連共産党書記長は十二月三日、マルタ島沖のクルーズ船で二日間の会談を終えて記者会見を行い、米ソ冷戦時代の終結を宣言した。一向に変化しない鉄のような共産党支配体制の中国から遠く離れた欧州では歴史的な激変が起こっていた。

しかしマルタ会談の説明というのは口実であり、米中両政府が果たしてどこまで接近するのかが本質的な議題だったことは外国メディアも気づいていた。

米政府による対中高官接触停止という制裁措置が続く中、それを反古《ほご》にするスコウクロフト訪中を、日本メディアは「電撃」「突然」と伝えた。しかし武力弾圧直後の七月初めにも超極秘で訪中しているわけであり、より衝撃的な事実はまだ隠されていた。

ホワイトハウスが主要通信社を通じてスコウクロフトらの訪中を発表したのは十二月九日午前二時(東京、北京時間の九日午後)。土曜日だった。一行が到着するまで発表しないでほしいという中国側の要請があったからだと後に説明された(『日本経済新聞』十二月十七日)。

北京やワシントンの特派員にすれば、米中両国が表向き極度の緊張状態にある中、何の前触れもなく米大統領補佐官が北京に到着し、「ビックリ仰天」と言ったところだ。

翌十日は日曜日。にもかかわらず引退した鄧小平が人民大会堂で会談に応じた。江沢民総書記と李鵬総理も会談した。

鄧小平は、「中米両国間にはいくらかゴタゴタがあり、あれやこれやと問題や意見の食い違いがあるが、結局のところ仲良くしなければならない」と述べた上で、ブッシュ大統領への伝言をスコウクロフトに託した。「東方の中国に、一人の引退した老人がいて、中米関係の改善と発展に気をかけている」(『鄧小平年譜・下巻』一三〇四頁)。米大使館に保護されたままの方励之問題という「トゲ」を抱えながらも米中関係は、日本の頭越しで正常化への道を進んだ。

日本の外務省はどこまで、十二月のスコウクロフト訪中を把握していたのか。

スコウクロフトが東京へ来るので、十二月十日(日曜日)に海部首相に会いたいと、米国大使館から事前に、外務省に電話があった。外務省では「総理に日曜日に時間を空けろ、なんて失礼な話だ」として週明けにしてもらいたいと伝えたが、「どうしても会いたい」と譲らなかった。その一方で、スコウクロフトは北京から来ることが分かり、アジア局で対応することになった。結局、海部は米側の要求通り十日夜、スコウクロフト一行と会談し、谷野作太郎アジア局長と阿南中国課長が同席した。谷野は、「イーグルバーガーはけしからん人で、私の前に座って漫画を描いていた」と振り返った（谷野インタビュー）。イーグルバーガーにとって日本など眼中になかったのかもしれない。

七月極秘訪中が明るみに出たのは、約一週間後の米時間十二月十八日で、ホワイトハウスも認めた（『読売新聞』十二月二十日）。

スコウクロフトが実は、七月にも北京に行っていたと報道されると、米国では対中強硬論が渦巻く議会で問題となった。谷野は、十二月十日の会談で七月訪中の話が出なかったことから、「僕らは怒り狂ったわけです。米国に抗議しなくてはならんと、北米局から米側に電報を出して釈明を求めた」と回顧した。米政府は、十二月の訪中は「エクスチェンジ（交流）」であったから知らせたが、七月の訪中は「コンタクト（接触）」だったから、知らせる必要はないと弁解した。阿南も谷野に対して「北米局がよく日米同盟なんていうが、所詮こんなことなんですね」と漏らした（谷野インタビュー）。

外務省でそれ以上に激怒したのはアルシュサミットのシェルパだった國廣道彦外務審議官。「中国に関する宣言」の最終調整を行う会合で、スコウクロフトから「日本は天安門事件の再発を憂慮していないのか」と面罵されたからだ。実はその時既に北京で鄧小平と極秘会談していたわけであり、國廣は手記に「私は彼に対して未だに不信感を持っている」と回顧した。

「日本がソッポを向いてはいけない」

外務省中国課長として一九七二年九月に日中国交正常化を成し遂げた橋本恕が、中島敏次郎の後任駐中国大使として北京に着任したのは八九年十一月一日。外務省内では橋本の北京赴任に期待論が高まった（**外務省「橋本駐中華人民共和国大使に対する訓達」一九八九年十月二十七日**）。

《日中関係は暫らくの間（日中国交）正常化以降、はじめてというほどの難しい時期に御赴任。橋本大使に大変、期待》（**次官発言**）

《六・四事件により、中国は近代化重視路線の開始以来、最も困難な時期を迎えており、また日中関係も停滞気味となっている。かかる時期に橋本大使に中国に行って頂けることは誠に心強い》（**谷野アジア局長コメント案**）

天安門事件から五カ月。橋本は中国外交をどう展開しようとしたのか。筆者のインタビューにこう答えた。

「（天安門事件は）元凶だった。大局的に中国自身がいずれ変わらなければならないという将来の見通し、具体的な形、つまり民主化するかどうかは分からないが、一党独裁のままでいつまでも行けるものではない。中国自身も変わらなければならない。その時に、日本がソッポを向いていてはいけない。中国の変貌に協力したい。技術協力や経済協力に何とか持って行こうとした。国連での外交や対米関係もそうだ。孤立させるのは危険だった」

その後、大使として九二年十月に天皇訪中を成し遂げ、外務省内では今でも「橋本の前に橋本なし、橋本の後に橋本なし」（現役チャイナスクール外交官）と言われる。「親中派」として見られることも多いが、共産党に対する冷徹な認識も持っていた。

橋本は天安門事件時、駐エジプト大使だった。八九年八月一日に帰国辞令を受け、次期駐中国大使として赴任する橋本も交えて省内で中国問題を議論したことがあった。アルシュサミットでの中国孤立回避外交が成果として語られていた時期である。

八月十八日に外務審議官から事務次官に昇格する栗山は、橋本が述べた意外な発言が印象に残った。「後々、中国の若い人があの時〔天安門事件時〕、日本が〔中国共産党に対して〕どうだったかを話す日が来る。その時のことを考えて日本の対応を考える必要がある」

栗山はそれを聞き、「橋本さん、そこまで考えるかな」と思ったと振り返った。そして栗山は橋本の発言の真意について「橋本さんの言ったことは、〔日本政府は〕中国共産党が取った対応にもう少し批判的であってもいいんじゃないか、という感じがあった」と回想した（栗山インタビュー）。

対中独自外交なのか

北京駐在大使となった橋本は十一月十八日、外交部長も務めた呉学謙《ごがくけん》副総理を表敬訪問し、約四十分間会談した（**橋本大使発外相宛公電「日中関係〔本使の呉学謙との会談〕」一九八九年十一月二十日**）。〈暴乱の平定に関連して、中日関係をはじめ西側諸国との関係に困難が生じたが、各国とも根本的、戦略的利益を考え、いかに中国との関係を回復し発展させるかをよく考える必要がある〉と最初に釘を刺した呉学謙は、米国の変化を持ち出した。

〈ニクソン、キッシンジャー訪中時に、中国の指導者、就中《なかんずく》、鄧小平はこの点ははっきり述べた。米国の政府の中にも一部の人は中国に対し積極的な対応をしている。日本は中国の近隣で伝統的な関係もあるので、米国等よりもっと積極的に対応すべきであると思う〉

凍結された第三次円借款再開に向けた動きが遅々として再開しないことへの牽制だと橋本は感じたのだろう。こう返した。

〈残念ながら、日中関係は現在不自然な状況にある。問題は、高官の往来と第三次円借款の二つであろう。〔中略〕いま本国政府内部で慎重に検討されているが、率直に言って、二つ問題がある。一つは、日本国民の中に、六月の天安門事件に関連して中国に対する批判的意見が少なからず存在すること。二つ目は、日本には日中友好の政策とともに、西側の一員であるとの基本政策があり、他の西側諸国の意向を考慮に入れる必要があることである〉

橋本は公式見解を述べるにとどめた。鋭い勘を持つ橋本は、七月のスコウクロフト極秘訪中の事実を知らなかったとしても、十月下旬から十一月上旬にかけてのニクソンとキッシンジャーの相次ぐ訪中を受けて、対中強硬姿勢に見える米国が中国と「机の下」でがっちりと手を握り、日本を牽制するのではないかと疑っていた。こんな内部情報を手に入れていた。橋本は会談の最後に呉に尋ねた。

〈ニクソンが訪中時に、在北京米大〔使館〕の館員に対し講話をしたおり、「アジア・太平洋の最大の問題は、経済大国日本がやがて政治大国、軍事大国になることであり、かかる日本をおさえるため中国が積極的役割を果たすべき」旨、述べたと聞き及んでいる〉

これに対して呉学謙は、ニクソンが米大使館で何を話したかは承知していないと述べた。ただ〈ニクソン、キッシンジャーの訪中は、中米関係の改善のために役立ったと思う〉と付け加えた。

橋本は米中接近という自身の直感を確信しただろう。ニクソンとキッシンジャーが環境を整え、その約一カ月後にスコウクロフトの二回目の訪中が実現した。

しかしアルシュサミットでG7首脳が確認した中国とのハイレベル接触停止に背く密使訪中の発覚が、日本の対中外交を動かしたのだった。

当時外務事務次官だった栗山は筆者のインタビューにこう明かした。

「（スコウクロフトの極秘訪中に）日本としては怒り心頭だったが、他方において日本は日本で、早く円借款を凍結解除したいという思惑があった。アメリカがああいうことで割合に柔軟な姿勢を持っていることはある意味で渡りに船で、今度は日本がそれを利用したという面はある」

日本を頭越しにした米国の対中外交があって初めて、日本政府も対中独自外交を展開できたのである。これは、日本を頭越しにした一九七一年のキッシンジャー極秘訪中にショックを受けた日本政府が、米国より先に対中国交正常化に走ったのと同じ構図だ。

北京への戒厳令解除は結局、一九九〇年一月十一日まで先延ばしされた。日本大使館も前年末のクリスマス前に解除されるとの情報を得ていたが、八九年十二月二十五日にルーマニアの独裁者チャウシェスク大統領夫妻の処刑に衝撃を受けた中国指導部は、戒厳令解除をいったん延期した（**橋本大使発外相宛公電「中国内政［内話］」一九八九年十二月三十日**）。共産党・政府はしばらく様子を見てから引き締め策を緩和する方針に転換した。

米密使訪中の結果、皮肉にも日本政府は対中独自外交の一歩を踏み出せた。さらに第三次円借款再開の条件とした戒厳令解除を受けてＯＤＡ担当局長の訪中がようやく実現したのだ。

中国に「穏健政権」を期待したブッシュ

対中円借款再開に向けようやく動き出した一九九〇年三月二日。

海部俊樹首相とブッシュ米大統領が、米西部カリフォルニア州の保養地パームスプリングスで会談した。夕食会で天安門事件後の中国情勢について意見交換した。限定配布の外交記録「**総理訪米（夕食会での両首脳の意見交換：中国）**」（**一九九〇年三月三日**）の極秘指定が解除され、二〇二一年十二月二十二日に公開された。

ブッシュ〈中国とのコンタクトを維持しつつ、中国の変革を促していくべきというのが、引続き自分の基本政策であるが、対中関係の先行きを心配している。中国の人権状況が改善されることを希望〔する〕〉

海部〈我が国は、中国の孤立化回避のためにも米中関係を含む中国と西側諸国との関係改善を望んでおり、そのために中国から積極的なメッセージが出されることが必要と考えており、機会をとらえてこの旨を中国側にも伝えている。対中新規円借款は、残念ながら未だ進め得ない状況である〉

「コンタクトを通じて中国の変革を促す」というブッシュの対中アプローチは、日本のチャイナスクール外交官のそれと同じだった。ブッシュが鄧小平や共産党指導部と緊密につながっているという状況は、海部との会談記録にも表れている。ブッシュは海部にこう明かしている。

〈〔ルーマニアの〕チャウシェスク政権の崩壊〔八九年末〕以前に鄧小平から受け取った一、二の内々の連絡から、中国が人権に関する規制を緩和するとの心証を得ていたが、チャウシェスク政権の崩壊が中国の政策に大きな影響を与えた〉

〈自分は、鄧小平を気に入っている（ｌｉｋｅ）〉

〈李鵬は強硬派であるが、江沢民は現実的であり、後者とは、いずれ上手くやっていけるような気がする。趙紫陽も党籍を剥奪されてはおらず、そのうちに中国に穏健な政権が成立するかもしれない〉

「知中派」を自認し対中政策を自ら仕切ったブッシュは相変わらず、鄧小平とのパイプを大切にしている。その上で、鄧小平から得た情報を基に中国の人権問題は改善され、鄧小平・江沢民の体制で中国に「穏健な政権」が成立し、中国は「変革」すると期待している。

　さらに次の海部に対するブッシュの発言からは、前年六月三〜四日に民主化運動を武力弾圧したことを正当化する中国側の主張に耳を傾けようとしていることが分かる。

〈中国側から自分に対し、プライベートなルートを通じて、(イ)昨年六月には、学生や労働者が中国指導層が住んでいるコンパウンド（敷地）の回りにあるフェンスを乗り越えて侵入しようとしたのであり、同様のことがホワイトハウスで起こればどうするのかと問いかけてきたり、(ロ)ヴィエトナム戦争当時に、米国の大学で警察が学生を一名乃至数名射殺したこともあったことを指摘したりしてきている〉

　民主化運動の際に学生や市民が中南海新華門を取り囲んで侵入しようとしたり、新華門前の軍用トラックの武器を奪ったりしたことを指している。その上で、ブッシュは米中関係の本格的改善のタイミングにも触れた。

〈方励之問題、学生の釈放等の一、二の措置が取られれば、米国も少し動くことが出来、その結果、確たる見通しがある訳ではないが、趙紫陽の復権、江沢民の李鵬離れ等の事態に繋がり、対中関係を改善できる状況が生まれることを期待している〉

〈趙紫陽の復権〉など、ブッシュの対中分析はかなり楽観的である。一方、日本政府は、米側が「少し動く」ことができなければなかなか対中独自外交に踏み出せない。ブッシュ大統領は、一九九〇年五月二十四日に中国に対して低い課税を適用する「最恵国待遇（ＭＦＮ）」延長を決定し、中国政府は六月二十五日に方励之の出国を認めたが、こうした中で七月に海部は円借款凍結解除を表明する環境が整った。

三十三年後も不変の構図

こう楽観的な「中国期待論」を語るブッシュに対して海部は、悲観論で応じている。

〈中国側から自分に、個人に基本的人権があるように、国家にも基本的な「国権」があり、中国の統一を維持するためには、「国権」が尊重される必要があると説明するので、自分からは、国家は国民があって初めて国家なのであるから、個人の人権の方がより重要であると言った〉

「人権」と「国権」の議論は八九年十一月に鄧小平によってなされたことは触れたが、中国側は海部に対しても引き続き同じ論理を展開していた。ブッシュはこう話す海部に対して中国は〈「人権の方が重要であると〉未だ理解していない〉と述べ、会談記録は終わっているが、人権重視を表明した海部は翌一九九一年八月、西側諸国首脳の中でトップを切って訪中し、中国共産党・政府を喜ばせた。

翌九二年十月には天皇、皇后両陛下まで中国の土を踏む。腫れ物に触るように中国共産党に気を遣いながら、米政府の顔色も窺い、薄氷を踏むように進めた日本の対中外交——。

日本を頭越しにした米国の対中外交が、日本政府を独自の対中外交に向かわせることは歴史が証明しているが、中国のみならず米国の「呪縛」からも逃げられないその本質的な日中関係の構図が天安門事件から三十三年が経過しても大きく変わったとは言い難い。

あとがき

三十三年前の天安門事件は、私にとって「因縁」であり続けた。

事件当時、私は大学一年生で、中国にさほど関心がなかった。しかし、NHKで「流血の北京」の現場中継を見て衝撃を受け、いますぐ中国に行って、勇気ある学生たちと話してみたいと思った。これが私の天安門事件との因縁の関係の始まりだった。

日中両国の学生が討論を通じて交流する「日中学生会議」に入り、中国に行くことを願った。翌一九九〇年夏にはその「夢」がかない、北京大学、清華大学、上海の復旦大学の学生たちと討論した。翌年夏、大学三年の私は仲間たちと、今度は学生たちを日本に招き交流したいと計画を練った。

当初、一九九一年八月二十五日から上記三大学の十五人が訪日する予定だったが、中国政府から学生のパスポートが発給されず、同月三十一日からに延期を余儀なくされた。北京大、清華大の外事弁公室（外国との窓口部署）も「二十六日に中国外交部からパスポートが下りるから大丈夫だ」と話したが、結局二十六日にも発給されなかった。当時のことは、第五回日中学生会議の報告書に記載している。拙い文章だが、そのまま引用したい。

「僕自身予定通りいかないことにかなりまいっていて『学生ということで中国政府に嫌がらせをされているのでは』という思いも何回か頭をよぎりもしました。ちょうど当時はソ連のクーデターが起こっていた時で、ソ連の国民が戦車の前で保守派に抵抗している姿は二年前の天安門事件での学生達の姿と重なって、学生に対する引き締めもあったからではないか、という変な思考回路にもなっていました。その時点ではもう日本開催は絶望視していました」

当時、パスポートが発給されるよう、三大学の学生と一緒に、外交部と国家教育委員会へ「陳情」に行ったことを覚えている。そのかいがあったのだろうが、訪日できるギリギリのタイミングである八月二十八日にパスポートが下り、北京の日本大使館も「特急」でビザを発給してくれ、現在（四十一期）も続く日中学生会議で初の「日本開催」を何とか実現できた。

ちなみに本書第四章に登場する全日空北京支店の尾坂雅康氏は、当時、予定が二転三転する中、訪日中国人学生の航空券をめぐり、私のような一学生の話も真剣に聞いてくれた。

その前年つまり天安門事件翌年の一九九〇年夏、清華大学の学生との討論会で、私は「世代間ギャップと若者の力」というテーマでプレゼンテーションを行った、と当時の報告書に記録している。今から三十二年前の中国の学生の親は、文化大革命世代、自分たちは「天安門」世代である。討論で天安門事件に触れれば、中国の学生に迷惑がかかることは分かっていた。討論でのやり取りを、私は報告書にこう記していた。

「中国人学生は親と自分との違いを〔中略〕『親は〔文革時に〕何も考えずに政府の呼び掛けに応じたが、自分たちはいくら政府の呼び掛けでもまず自分で考えてから行動する』と述べ、〔中略〕理想がもはや共産主義だけでなく多元化している」

民主化運動に参加した学生も多かったようである。中国人学生の「本音」の一端が垣間見えた。

大学卒業後、私は時事通信に入り、希望通りに二回、計十年間にわたり北京特派員を務め、一九八九年の民主化運動に参加した知識人たちに話を聞くことをライフワークの一つとした。法律を通じて中国の言論空間をこじ開けようとした元人権派弁護士の浦志強氏、改革派知識人たちのサロンである民営書店「万聖書園」を経営する劉蘇里《りゅうそり》氏ら、事件の記録と記憶を伝えようとする「闘士」と交流を深めた。天安門事件の際に「非暴力」を貫き、二〇一〇年に獄中でノーベル平和賞を受賞した後にがんで亡くなった劉暁波氏にも話を聞いた。習近平体制下で言論空間がどんどん縮小し、負の歴史である天安門事件を公に語ることを許されなくなった今でも、「中国を変えたい」という八九年の「魂」はまだ中国社会に生きている。

本書は、日本の首相、官邸、外務省、チャイナスクール外交官、北京の現場外交官、防衛駐在官、警察官僚らが天安門事件という戦後日中関係の「分水嶺」に、「中国」をどう認識し、行動したかについて「外交記録」と政策当事者の「証言」に基づき検証したものである。

日本政府が対中国政策を実行する際、侵略戦争の歴史は切っても切り離せず、「日中友好」のロジックの下、「腫れ物」に触るように対応するのが当たり前だった。しかし天安門事件は、リアルタイムかつ目に見える形で、中国共産党体制の強権的かつ閉鎖的な本質が表れた瞬間であり、日本政府や日本人にとって中国の民主化の限界を考える初めての機会だったはずである。日本国民の「中国」を見る視点は、この日を境に変わった。しかし、日本はその分水嶺を見誤ったのではないか、というのが私のそもそもの問題意識だった。

現場にいた外交官個人の「感情論」は、国家としての方針を決める組織の「外交論」にどう影響を与えたのか――。

学生の民主化運動の行方を追い、武力弾圧を目の当たりにして涙した日本大使館書記官（当時）の佐藤重和氏は私のインタビューに対し、「憤りはあったけど、われわれの感情的なもの、シンパシー的なものと、外交は別という意識はあった。ただ天安門事件の後に日本は真っ先に関係改善もしたわけですから、その気持ちの上ではわれわれはいろいろと割り切れないものが山ほどあった」と振り返った。「外交論」は「感情論」に優先するという当然と言えば当然の結末となり、外交官が現場で目撃した「中国共産党の本質」は封印された。

秘密指定を解除された外交記録や、当時の外交官らへのインタビューを通じ、「やはりそうだったのか」と確認できたこともあるし、「実はこうだったのか」とうならされることもあった。外交文書には「人権より大局」、「温かい目で中国側の状況を見守る」と明記された。人権問題を軽視し、戦争の「呪縛」から逃れられないまま腫れ物に触るように中国共産党に配慮した対中政策は「やはり」と納得した。

北京の現場外交官と霞が関の外務官僚の中国認識の鮮明な違いは興味深いが、北京の日本大使館員が入手した極秘情報や分析が、どこまで国家としての対中政策に反映されたのか疑問が残る。中国の学生や市民が共産党・政府への嫌悪感を強める中、民主化に向かう新たな中国の時代を予感した現場の外交官は、共産党・政府との関係を優先した日中関係のままでは市民の反感を招くと危機感を訴えた。しかし、民主化運動の弾圧とともに、民主的な市民や学生の存在も重視すべきだという日中関係の提言は挫折した。霞が関は、農村の国に民主化は無理と判断してしまった。

ブッシュ米大統領が日本政府以上に中国共産党の反応を怖れ、日本政府は「米中接近」を知らずに対中政策を進めていた一端も分かった。

自分たちにとって「望ましい中国像」を描いたチャイナスクール外交官は、日本と中国は「特別な関係」だと見なしていた。彼らは、天安門事件後しばらくして対中影響力を狙う米欧諸国について、制裁対象の中国以上に警戒していた現実も、外交記録を通じて垣間見えた。一方で、円借款再開を狙う中国共産党は、米欧の方が対中経済協力で先行していると圧力をかけて日本財界などの焦りを高めさせ、日本政府の対中政策に影響を与えようと、巧みな対日工作を展開していた。

三十三年前の中国共産党は、国際的に孤立した「弱い中国」だった。日本のチャイナスクール外交官は、自由化や民主化に向けて中国の「変化」を促した。中国にも日本の直言に耳を傾ける謙虚さがあった。日本政府も、米政府も「中国はいずれ変わる」と期待し、経済援助を惜しまなかった。

しかし中国共産党は、天安門事件や、社会主義が敗北した冷戦の終結を受け、統治の正統性に疑問を突き付けられ、看板を「共産主義」から「愛国主義」に変えた。日本から受けた「屈辱の歴史」を前面に、国民のトラウマを刺激し、対日ナショナリズムを高めた。日本や米欧から援助を受けつつ、経済力と軍事力を増強し、日本をはるかに超える「強国」にのし上がった。今、共産党体制を支えるのは国民の大国意識と愛党ナショナリズムであり、習近平国家主席はこれを巧みに利用し、排外的かつ野心的な対外戦略を展開し、中国共産党の立ち居振る舞いに異を唱える他国を威嚇している。

日本政府は三十三年前、「中国を孤立させれば排外的になる」と懸念し、共産党体制を救う外交を展開し、それはサミットという国際政治の舞台で米欧諸国も共有するところとなった。しかし皮肉にも中国共産党は今、排外的な「モンスター」に化け、既存の国際秩序に挑戦している。

今後仮にウクライナ戦争や台湾有事などで、中国への国際的圧力が極度に高まっても、習近平は共産党の「紅《あか》いＤＮＡ」継承を最優先し、「硬軟」を織り交ぜ、断固として手段を選ばないことは、「天安門事件外交ファイル」を読めば分かるだろう。

日本政府が一九八九年にとった選択はその時点では正しかったと、当時の外交官が胸を張っても、結果的には「失敗」となった。「歴史の分水嶺」の日本の対中外交をどう評価するか、という難題を考える際、ファクトに基づき検証した本書が参考になれば幸いである。

中央公論新社書籍編集局の中西恵子氏は、元通信社記者という字数制限の世界で長く生き、ページ数も考えずに無制限に書ける喜びを感じていた私を戒め、読みやすく分かりやすい原稿づくりを徹底して説いてくれた。感謝したい。また度重なるインタビューに快く応じて下さった方々にも改めて御礼を申し上げたい。


天安門事件から三十三年の二〇二二年六月四日

城山英巳

5月15日	ゴルバチョフソ連共産党書記長訪中（〜18日）
5月17日	天安門広場で百万人デモ
	鄧小平、戒厳令発動指示
5月19日	趙紫陽総書記、天安門広場でハンスト中止呼び掛け
5月20日	北京に戒厳令発動
5月30日	天安門広場に「民主の女神」登場
6月3日	宇野宗佑内閣が発足
6月3日未明	人民解放軍が天安門に向けて行進
同日夜	人民解放軍、武力制圧に着手
6月4日未明	北京飯店前などで流血の惨事
	民主化運動を武力弾圧
6月5日	北京飯店前に「戦車男」現れる
	方励之が米大使館に保護される（〜90年6月25日）
6月7日	人民解放軍が外交官アパートなどに無差別乱射
	在留邦人の「北京脱出」本格化（〜9日）
6月9日	鄧小平が公の場に登場
6月12日	中国当局、方励之に逮捕状
	外務省、対中政策を本格化
6月24日	江沢民が共産党総書記に正式就任
6月26日	阿南外務省中国課長、中国大使館幹部と非公式懇談
7月2日	スコウクロフト米大統領補佐官、北京で鄧小平と極秘会談
7月14日	パリでアルシュサミット開催（〜16日）
7月15日	「中国に関する宣言」採択
7月24日	宇野首相が退陣表明
8月10日	海部俊樹内閣が発足
9月19日	伊東正義日中友好議連会長、鄧小平と会談
11月1日	橋本恕駐中国大使が着任
11月9日	鄧小平、中央軍事委員会主席辞任
11月13日	日中経済協会訪中団、鄧小平と会見
12月9日	スコウクロフトが再訪中
1990年	
1月11日	北京への戒厳令解除
1月18日	対中円借款再開へ外務省経済協力局長訪中（〜20日）
7月9日	海部首相、米ヒューストンサミットで円借款実施表明
11月2日	円借款凍結解除を閣議決定

関連年表

1985年	
8月15日	中曽根康弘首相が靖国神社に公式参拝
9月18日	北京大学生らが天安門広場で「反日デモ」
1986年	
11月8日	中曽根首相が訪中（～9日）
12月5日～	中国各地で学生デモ（87年1月1日、天安門広場へ行進）
1987年	
1月11日	竹下登自民党幹事長訪中（～15日）
1月16日	胡耀邦総書記を解任
6月4日	柳谷謙介外務事務次官による「雲の上」発言
10月25日	中国共産党第13回党大会（～11月1日）
11月2日	趙紫陽が党総書記就任
11月6日	竹下登内閣が発足
11月10日	中島敏次郎駐中国大使が着任
1988年	
3月24日	高知学芸高、修学旅行先の上海で列車事故
5月4日	北京大学開校90周年
6月1日	ロード米大使が北京大で民主派学生と交流
6月2日	柴慶豊事件、天安門広場へデモ行進
8月25日	竹下首相訪中（～30日）
1989年	
1月6日	方励之が鄧小平宛てに書簡
1月7日	昭和天皇崩御
2月26日	訪中したブッシュ米大統領主催晩餐会、方励之出席を阻止
4月14日	北京大民主派学生、「民主サロン」開催
4月15日	胡耀邦急死、学生の追悼活動
4月18日	中南海・新華門前で学生と警官衝突（～19日）
4月25日	リクルート事件を受け竹下首相が退陣表明
4月26日	『人民日報』社説、学生運動を「動乱」と断定
4月27日	天安門広場で大規模デモ
5月4日	趙紫陽、アジア開発銀行総会演説で学生に同情
5月13日	天安門広場で学生のハンスト開始

露口洋介（駐中国日本大使館二等書記官・日銀）2019年５月17日、東京都渋谷区。

鶴岡公二（駐米日本大使館一等書記官・外務省）2022年５月17日、オンライン。

中江要介（駐中国大使）2008年12月26日、東京都渋谷区。

橋本逸男（外務省邦人保護課長）2022年５月９日、東京都台東区。

橋本恕（駐中国大使）2009年４月11日、埼玉県三郷市。

原田親仁（駐ソ連日本大使館一等書記官・外務省）2022年３月９日、メール。

福井一（住友商事北京駐在員事務所駐在員）2022年４月12日、オンライン。

封従徳（北京大学大学院生）2019年５月29日、東京都中央区。

浦志強（中国政法大学大学院生）2012年７月３日、2013年12月18日、2014年１月27日、北京市。

槙田邦彦（外務省中国課長）2014年４月２日（東京都千代田区）、2019年11月５日（千葉市）、2021年６月５日（オンライン）、2022年５月４日（千葉市）。

南隆（駐中国日本大使館一等書記官・警察庁）2020年９月15日（東京都中央区）、2022年４月４日（メール）。

美根慶樹（駐中国日本大使館政治部長・外務省）2021年９月22日、東京都北区。

宮本雄二（外務省情報調査局企画課長）2022年３月２日、オンライン。

姚監復（中国共産党中央農村政策研究室研究員）2014年２月27日、北京市。

劉暁波（北京師範大学講師）、2008年７月３日、北京市。

劉蘇里（中国政法大学講師）2014年２月27日、北京市。

「サミット第15回アルシュ会議」外務省外交史料館（2020-0554～2020-0556）、2020年12月23日公開。

2020年12月23日公開のファイルは https://www.mofa.go.jp/mofaj/annai/honsho/shiryo/shozo/pdfs/2020/gaiyo.pdf
「橋本大使の中国赴任」外務省外交史料館（2020-0842）、2022年4月12日公開。

「海部総理米国訪問（1990年）」外務省外交史料館（2021-0524）、2021年12月22日公開。

https://www.mofa.go.jp/mofaj/annai/honsho/shiryo/shozo/pdfs/2021/gaiyo.pdf

【インタビュー】（　）は本書登場当時。

青木俊一郎（北京松下カラーブラウン管有限公司営業部長）2019年5月21日、大阪市。

阿南惟茂（外務省中国課長）2009年3月13日、東京都千代田区。

井川原賢（中島敏次郎駐中国大使秘書・外務省）2019年5月10日（東京都千代田区）、2022年3月22日（オンライン）。

池田維（外務省情報調査局審議官）2014年2月7日（東京都港区）、2022年4月30日（電話）。

王丹（北京大学生）2019年5月28日、東京都大田区。

尾坂雅康（全日空北京支店営業マネージャー）2021年7月19日、2022年3月23日、千葉県我孫子市。

郝建（北京映画学院教員）2014年2月26日、北京市。

笠原直樹（駐中国防衛駐在官）2019年5月15日（電話）、同16日さいたま市、2022年3月18日（メール）。

片山和之（駐中国日本大使館二等書記官・外務省）2022年2月5日、オンライン。

國廣道彦（外務審議官）2010年7月7日、東京都港区。

栗山尚一（外務審議官・外務事務次官）2013年10月4日、東京都渋谷区。

呉偉（中国共産党中央政治体制改革研究室処長・研究員）2016年4月2日、北京市。

佐藤重和（駐中国日本大使館一等書記官・外務省）2019年2月20日、2020年9月3日、東京都文京区。

諏訪一幸（北京大学に留学中・外務省）2022年3月9日、オンライン。

谷野作太郎（外務省アジア局審議官・局長）2013年10月3日（東京都千代田区）、2022年4月1日（同新宿区）。

版社、1997年。

人民日報

【主な日本外交文書（年代順）】

「北京・西単の『民主の壁』や『北京の春』など中国の民主化運動に関する文書」外務省情報開示請求（2021-00186）、2021年10月11日公開。

「中曽根首相の靖国神社参拝を受けて中国で起こったデモに関する文書」外務省情報開示請求（2021-00187）、2021年11月2日公開。

「中曽根総理中国訪問（1986年）」外務省外交史料館（2017-0638～2017-0640）、2017年12月20日公開。

https://www.mofa.go.jp/mofaj/annai/honsho/shiryo/shozo/pdfs/2017/gaiyo.pdf

「1986年末の中国学生デモに関する文書」外務省情報開示請求（2021-00188）、2021年11月2日公開。

「竹下自由民主党幹事長の訪中（1987年）」外務省外交史料館（2020-0033）、2021年4月22日公開。

「田紀雲中国国務院副総理訪日（1987年）」外務省外交史料館（2020-0055）、2021年4月21日公開。

「胡耀邦共産党総書記失脚に関する文書」外務省情報開示請求（2021-00189）、2021年12月21日公開。

「日中関係（日本大使の赴任）」外務省外交史料館（2020-0034）、2021年4月22日公開。

「竹下総理中国訪問（1988年）」外務省外交史料館（2019-1222～2019-1223）、2019年12月25日公開。

https://www.mofa.go.jp/mofaj/annai/honsho/shiryo/shozo/pdfs/2019/gaiyo.pdf

「日中関係／要人往来」外務省外交史料館（2020-1005）、2022年4月12日公開。

「胡耀邦前共産党総書記死去に関する文書」外務省情報開示請求（2021-00190）、2021年12月3日公開。

「天安門事件に関する外交文書」外務省情報開示請求（2019-00786）、2020年7月31日公開。

「天安門事件」外務省外交史料館（2020-0545～2020-0552）、2020年12月23日公開。

「対中国円借款」外務省外交史料館（2020-0553）、2020年12月23日公開。

【中国語文献】
陳一諮『陳一諮回憶録』香港：新世紀出版社、2013年。
鄧小平『鄧小平文選1975—1982』北京：人民出版社、1983年。
封従徳『六四日記——広場上的共和国』増訂版、香港：溯源書社、2013年。
韓洪洪『胡耀邦 在歴史転折関頭』北京：人民出版社、2009年。
「北京近期局勢紀事」（転自《半月談》1989年第11期）『瞭望』1989年22～23期。
《李先念伝》編写組・鄂豫辺革命史編輯部編写『李先念年譜』第6巻、北京：中央文献出版社、2011年。
満妹『思念依然無尽——回憶父親胡耀邦』北京：北京出版社、2005年。
銭其琛『外交十記』北京：世界知識出版社、2003年。
「和平撤離 無人死亡——六月四日天安門広場清場当事人訪談録」『人民日報』1989年9月19日。
王丹『王丹回憶録——従六四到流亡』台北：時報文化出版、2012年。
呉仁華『六四事件全程実録』上・下巻、台北：允晨文化実業、2019年。
呉仁華「六四屠殺事件真相研究」『六四事件三十周年研討会——中国民主運動的価値更新與路径探索・論文集（上）』（2019年5月18—20日、於・台湾大学凝態科学暨物理学館国際会議庁）
呉偉『中国80年代政治改革的台前幕後』香港：新世紀出版社、2013年。
楊継縄『鄧小平時代——中国改革開放紀実』北京：中央編訳出版社、1998年。
楊振亜『出使東瀛』上海：上海辞書出版社・漢語大詞典出版社、2007年。
余傑『劉暁波伝』香港：新世紀出版社、2012年。
張剛華編『李鵬六四日記真相』附録李鵬『関鍵時刻—李鵬日記』香港：澳亜出版、2010年。
張黎群他主編『胡耀邦伝（1915—1976）』第1巻、北京：人民出版社・中共党史出版社、2005年。
張良編著『中国「六四」真相』上・下巻、香港：明鏡出版社、2001年。
趙紫陽、杜導正序、鮑彤導言『改革歴程』香港：新世紀出版社、2009年。
中共中央文献研究室編『陳雲年譜』修訂本、下巻、北京：中央文献出版社、2015年。
中共中央文献研究室編『鄧小平年譜（1975—1997）』上・下巻、北京：中央文献出版社、2004年。
中共中央文献研究室編『毛沢東年譜（1949—1976）』第3巻、北京：中央文献出版社、2013年。
中共中央文献研究室編『周恩来年譜（1949—1976）』下巻、北京：中央文献出

六四回顧録編集委員会編『証言　天安門事件を目撃した日本人たち――「一九八九年六月四日」に何が起きたのか』ミネルヴァ書房、2020年。

【日本語 / 論文・雑誌記事・資料】

井出耕也「日本人が体験した「血の日曜日」」『文藝春秋』1989年８月号。

王丹（大熊雄一郎訳）「天安門事件の歴史的意義」石井知章・及川淳子編『六四と一九八九――習近平帝国とどう向き合うのか』白水社、2019年。

岡田晃「香港に来た実力者・王光英」『文藝春秋』1984年６月号。

笠原直樹「新米武官の6.4事件」1989年作成。

河村武和「世界の相互依存を象徴する『アルシュ・サミット』〈会場建築〉篇」『外交フォーラム』1989年７月号。

呉祖光「〝中国の吉永小百合〟が殴られた日」『文藝春秋』1988年８月号。

古森利貞「中国問題に対する外務省の対応」『外交フォーラム』1989年８月号
櫻井良子「天安門広場　百万人の汗　取材日誌」『文藝春秋』1989年７月号。

佐藤重和「北京緊急レポート（Ⅰ）銃声下の北京で」『外交フォーラム』1989年７月号。

佐藤重和「天安門の花火」（ドキュメント　そのときの私――外交最前線でみた世界の大展開）『外交フォーラム』2008年11月号。

城山英巳「外交官の中国認識はどう外交政策に反映されたか――天安門事件外交文書から見る『望ましい中国像』」『中国研究月報』2021年５月号。

城山英巳「防衛駐在官メモが語る『六四天安門事件』――『勇気ある市民』流血の記録」（上・中・下）時事ドットコム、2019年６月。

諏訪一幸「1989年６月27日付「報告・供覧」から読み解く日本の対中外交」『中国研究月報』2021年５月号。

「「中国のサハロフ」支援（リポート・中国改革派）」『アエラ』朝日新聞社、1989年３月14日。

唐家璇「中国外交のドン独占インタビュー――田中角栄から小泉、小沢まで」『文藝春秋』2010年４月号。

橋本逸男「北京緊急レポート（Ⅱ）北京異変！邦人保護に全力投入」『外交フォーラム』1989年７月号。

丸山松幸「現代における儒教」小島晋治編集責任『岩波講座現代中国第４巻　歴史と近代化』岩波書店、1989年。


朝日新聞、読売新聞、毎日新聞、日本経済新聞、産経新聞、東京新聞、共同通信、時事通信。

趙紫陽、バオ・プー他（河野純治訳）『趙紫陽極秘回想録――天安門事件「大弾圧」の舞台裏！』光文社、2010年。

張良編（アンドリュー・J・ネイサン、ペリー・リンク監修、山田耕介、高岡正展訳）『天安門文書』文藝春秋、2001年。

中島敏次郎（井上正也他編）『外交証言録　日米安保・沖縄返還・天安門事件』岩波書店、2012年。

中曽根康弘（インタビュー伊藤隆・佐藤誠三郎）『天地有情――五十年の戦後政治を語る』文藝春秋、1996年。

中曽根康弘『自省録――歴史法廷の被告として』新潮文庫、2017年。

中曽根康弘（聞き手・中島琢磨、服部龍二他）『中曽根康弘が語る戦後日本外交』新潮社、2012年。

ベティ・パオ・ロード（金美齢訳）『中国の悲しい遺産――この四十年の検閲なき証言』草思社、1992年。

姫田光義『中国――民主化運動の歴史』青木書店、1990年。

ジェームズ・A・ベーカーⅢ（仙名紀訳）『シャトル外交――激動の四年』上巻、新潮文庫、1997年。

ジェームズ・マン（鈴木主税訳）『米中奔流』共同通信社、1999年。

明報出版社編、エス・エル・エス訳『ドキュメント天安門――全記録　民主化運動、血の結末』新泉社、1989年。

村田良平『村田良平回想録』下巻、ミネルヴァ書房、2008年。

毛里和子『新版 現代中国政治』名古屋大学出版会、2004年。

『柳谷謙介オーラル・ヒストリー』上・中・下巻、政策研究大学院大学C. O. E. オーラル・政策研究プロジェクト、2005年。

矢吹晋編訳『チャイナ・クライシス重要文献』第1～第3巻、蒼蒼社、1989年。

矢吹晋編『中国のペレストロイカ――民主改革の旗手たち』蒼蒼社、1988年。

矢吹晋編著『天安門事件の真相』上・下巻、蒼蒼社、1990年。

山崎豊子『『大地の子』と私』文春文庫、1999年。

楊継縄、辻康吾編、現代中国資料研究会訳『文化大革命五十年』岩波書店、2019年。

読売新聞社中国特派員団『天安門燃ゆ――激動の北京現地報告』読売新聞社、1989年。

劉暁波（横澤泰夫他訳、序・子安宣邦、劉燕子編）『天安門事件から「08憲章」へ――中国民主化のための闘いと希望』藤原書店、2009年。

ジェームズ・リリー（西倉一喜訳）『チャイナハンズ――元駐中米国大使の回想1916～1991』草思社、2006年。

参考文献

【日本語文献】

青木俊一郎『朱鎔基総理の時代』一般財団法人アジア・ユーラシア総合研究所、2017年。

池田維『激動のアジア外交とともに——外交官の証言』中央公論新社、2016年。

岡部達味『中国は近代化できるか——社会主義的発展途上国の苦悩』日本経済新聞社、1981年。

小川平四郎『北京の四年——回想の中国』サイマル出版会、1977年。

尾坂雅康『天安門事件 北京動乱の60日——ある駐在員の記録』2021年12月31日（自費出版）。

尾崎庄太郎訳『中国民主活動家の証言——魏京生（29歳）裁判の記録』日中出版、1989年。

加藤青延『目撃 天安門事件——歴史的民主化運動の真相』PHP エディターズグループ、2020年。

刈間文俊他編『立ちあがる中国知識人——方励之と民主化の声』凱風社、1989年。

ヘンリー・A・キッシンジャー（塚越敏彦他訳）『キッシンジャー回想録——中国』下巻、岩波書店、2012年。

國廣道彦（服部龍二、白鳥潤一郎解題執筆者）『回想「経済大国」時代の日本外交——アメリカ・中国・インドネシア』吉田書店、2016年。

高文謙（上村幸治訳）『周恩来秘録——党機密文書は語る』下巻、文藝春秋、2007年。

国分良成『中国政治と民主化——改革・開放政策の実証分析』サイマル出版会、1992年。

城山英巳『中国 消し去られた記録——北京特派員が見た大国の闇』白水社、2016年。

城山英巳『マオとミカド——日中関係史の中の「天皇」』白水社、2021年。

宗鳳鳴（高岡正展編訳）『趙紫陽——中国共産党への遺言と「軟禁」15年余』ビジネス社、2008年。

谷野作太郎（服部龍二他編）『外交証言録 アジア外交——回顧と考察』岩波書店、2015年。

城山英巳（しろやま・ひでみ）

1969年生まれ。慶應義塾大学文学部卒業後、時事通信社に入社。中国総局（北京）特派員として中国での現地取材は10年に及ぶ。2020年に早稲田大学大学院社会科学研究科博士後期課程修了、博士（社会科学）。現在、北海道大学大学院メディア・コミュニケーション研究院教授。『中国共産党「天皇工作」秘録』（文春新書）でアジア・太平洋賞特別賞（2010年）、戦後日中外交史の調査報道などで、優れた国際報道に与えられるボーン・上田記念国際記者賞（2013年度）を受賞。著書に『中国臓器市場』（新潮社）、『中国人一億人電脳調査』（文春新書）、『中国　消し去られた記録』（白水社）、『マオとミカド』（同）がある。

天安門《てんあんもん》ファイル
——極秘記録《ごくひきろく》から読《よ》み解《と》く日本外交《にほんがいこう》の「失敗《しっぱい》」

2022年7月10日　初版発行

著　者　城山英巳《しろやまひでみ》
発行者　安部順一
発行所　中央公論新社
〒100-8152　東京都千代田区大手町 1-7-1
電話　販売 03-5299-1730　編集 03-5299-1740
URL https://www.chuko.co.jp/

ＤＴＰ　市川真樹子
印　刷　図書印刷
製　本　大口製本印刷

Published by CHUOKORON-SHINSHA, INC.
Printed in Japan　ISBN978-4-12-005549-2　C0036